北京上河卓远文化传播有限公司　出品

褶子

Le Pli

汪民安 主编

1

河南大学出版社
HENAN UNIVERSITY PRESS

图书在版编目（CIP）数据

褶子 / 汪民安主编 . — 郑州：河南大学出版社，2017.12

ISBN 978-7-5649-3181-0

Ⅰ.①褶… Ⅱ.①汪… Ⅲ.①艺术理论 Ⅳ.①J0

中国版本图书馆 CIP 数据核字 (2017) 第 327516 号

本丛刊由  主办

褶子

主　　编	汪民安
责任编辑	杨全强　张引弘
责任校对	傅红雪
封面设计	周伟伟

出　　版　河南大学出版社
地址：郑州市郑东新区商务外环中华大厦2401号　邮编：450046
电话：0371—86059701（营销部）　网址：www.hupress.com
制　　作　北京大观世纪文化传媒有限公司
印　　刷　河南瑞之光印刷股份有限公司
版　　次　2018年6月第1版　　　　印　次　2018年6月第1次印刷
开　　本　889mm×1194mm　1/32　印　张　10.75
字　　数　180千字　　　　　　　　定　价　48.00元

版权所有，侵权必究

（本书如有印装质量问题，请与河南大学出版社营销部联系调换）

目录

一、专题：光艺术

现象学与艺术引论　　　　　　　　　　　3

何谓"光与空间艺术"？　　　　　　　　31

几乎空无一物：光、空间和现象学的语用学　　48

布鲁斯·瑙曼的世界　　　　　　　　　　63

光线—空间—色彩：

　奥·埃利亚松的灯光装置艺术实验　　　102

"从容不迫"：欧文与埃利亚松的一场对谈　　118

詹姆斯·特瑞尔：火山之下　　　　　　　137

论詹姆斯·特瑞尔：空中的眼睛　　　　　149

与珍妮·霍尔泽的谈话　　　　　　　　　171

对话电子艺术大师——吉姆·坎贝尔　　　194

二、人物：黑特·史德耶尔

为坏图像辩护	201
太多的世界——因特网死了吗？	214
跨越屏幕：变革中的图像	230
地球的垃圾邮件：从再现中抽身	239
黑特·史德耶尔：未来之后的后电影散文	252

三、人物：庄辉

祁连山系	279
庄辉访谈（一）：不在此地	286
庄辉访谈（二）：每个阶段做每个阶段的工作	311

四、经典文献

肉身公式	325

一、专题：光艺术

现象学与艺术引论

罗宾·克拉克 文　裴潇雅　赵文 译

现象学的：(ca.1825) 是一个与现象学相关或者使某物成为现象学的形容词。

例如 a：通过感觉感知而不是通过思考或直觉。

例如 b：关注现象而不是假设：（那些）出众的、非凡的。

——《韦氏大学词典》第十版

在上世纪六十至七十年代间，光成为在洛杉矶工作的艺术家的一个较大的松散附属组织的主要介质，与通过制作离散物体的概念相比，他们对感知问题更感兴趣。无论是通过导入流动的自然光，还是在人造光中嵌入物体或建筑物，或是通过使用反光的、半透明的或透明材料与光互动，这些艺术家都创造了在受众中刺激更高感知意识能力的情境。"光与空间的艺术"、"氛围艺术"和"环境艺术"是一些术语，这些术语既可以被创造并用以描述这项工作，也可以被称作

"现象学的"。那些在上世纪六十至七十年代，把视觉和触觉感知的力学和心理学效应运用到他们的审美实验中的洛杉矶艺术家，借一系列具有挑衅性的问题和一种流行的时代思潮的特性与他们的时间和空间联系起来，尽管一般来说，他们拒绝"他们是一个组织化团体的一部分"的观点。这些艺术家通常以一种适度的方式（一束光、一层玻璃、一桶树脂、一扇开着的窗户），从事一种审美上的味蕾清洁，摆脱上世纪中叶绘画艺术史的重量和重的厚涂颜料——它在纽约和旧金山已经完成了有影响力的实践。那些直接与光共事或者通过操控透明、半透明和反射性材料与光共事的洛杉矶骨干艺术家：包括那些参与架构创建虚拟空间的人（罗伯特·欧文、玛丽亚·诺德曼、埃里克·奥尔、詹姆斯·特瑞尔、道格·惠勒），那些强烈而简明地把光作为主要材料的人（迈克尔·阿舍尔），那些将其实践强烈根植于表现的人（布鲁斯·瑙曼），这些实践既有其自己的，也有成为其作品参与者的参观者的；以及那些通过长期使用例如玻璃（拉里·贝尔、玛丽·科西嘉）或塑料（彼得·亚历山大、罗恩·库珀、克雷格·考夫曼、约翰·麦克拉肯、海伦·普什吉安、德韦恩·瓦伦丁）等材料来处理光的人，这些材料包括聚酯树脂、树脂玻璃和玻璃纤维。本文将通过提供过渡作品和重要展览的有选择性的历史来梳理这一领域的早期发展史，这一历史曾用来定义产生于在六十至七十年代十数年繁荣发展之下的南加州现象学作品的独特特征。

走出绘画

一些与现象作品相关的艺术家通过一种对绘画的练习来达到他们的成熟风格。二十世纪五十年代末，罗伯特·欧文（美国人，1928年出生）是这一团体最资深的艺术家，他创作了大量带有身势以及质料的绘画作品，这些作品与抽象表现主义产生了强烈共鸣。他把这些作品描述为"丰富的、巨大的和创作是令人激动的"，却又把它们视为是"未解决的"，并且开始对从作品中消除表象感兴趣。经过一系列的还原实验后，欧文达到了一种漂浮在某单一领域上的平行线模式。像将要在这里讨论的许多作品一样，线画相当值得重视。观察者的目光在接近画布顶端和底部的平行线间游移，而这样做可能会把所有作品都视为视觉能量的一个领地。在一种超越可见的标记制作和传统的画布框架的努力中，欧文创作了一系列运用了小的、色彩鲜艳的、精致的点画作品。这些点画从远处呈现为一种白色单色画，但是合上它们时我们可以看见它们组成了对比色的可替模式，这一模式作为建立在线性绘画诸要素之间的更辩证的动态的对立面，建立了一种全方位的视觉振动。为了突出效果，这些画布总是形状差异很小，中心计划缓缓前进，并且朝着边缘稍稍回倾。欧文解释说，在此期间，他从对"图像和意义"的一种强调转向了对"看的整个过程和感知本身"的一种研究。在这一程度上，他停止了画布创作而开始转向先在铝中，然后在丙烯中进行的碟盘制作。像点画那样，碟盘也是稍有凸起的，为进一步强调它们的曲率，它们被安在离墙约 20 英寸的位子上。铝盘似乎在它们被安装的墙前徘徊，而丙烯盘则似乎在墙前蒸发。在特定光照条件下，丙烯盘没有可见边缘，并似乎消融于周围的环境中。到二十世纪七十年代初，欧文放弃了他那关注"位置限制"作品的画室，这些作品是用来对给定位置或情形的特定条件做出反应的。这些作品通过利用玻璃和光（有时是自然的，有时是人工的，有时是两种光的结合）带来一种对废弃空间的关注，有时也会纠正画廊里的空间尴尬。在1976 年出版的《自然光的玻璃块》中，欧文用一块玻璃的巧妙干预改善了艾摩斯特市马萨诸塞大学阿姆赫斯特分校大学美术馆（现为当代艺术博物馆）又高又窄的混凝土中庭的氛围。作品精心制作以确保光从中庭之上广阔、明亮的天窗轻柔地照进之下相对晦暗的野兽派画廊。

道格·惠勒的成熟作品也上演了艺术对象的消失，他的实践带来了一种身临其境的体验。像在洛杉矶从事光作品的许多艺术家一样，惠勒（美国人，1939 年出生）是上世纪六十年代初乔纳德艺术学院的一名学生。他原本打算成为一名插画家，并表现出作为绘图员的灵巧，但却在某一刻开始专注于绘画，这种绘画最初是抽象表现主义的（他早期受了德·库宁和罗斯科的影响：前者影响了其流体绘图技能，后者带给他强烈的浪漫主义色彩）。1962 年，惠勒创作了之后被描述为"突破之作"的作品，这部作品迅速催生出他现在为人所熟知的清新和质朴的美学。该作品把生物形态和力学图像结合在一起，在推崇球状形式的金属画中暗示一种热烈的、不成熟的机身。这些形式在随后的作品中被浓缩成一个出现在某一必要白色区域边缘的子弹状的符号,激活了像吸引或排斥性磁铁之间的空间那样的空间,如1963年的一幅未命名画作。构成的张力一部分通过惠勒对白色画布的过度喷漆而产生,这种过度喷漆从不同的角度、不同层次的色调来进行,表面上的小块因此可以捕捉和反射光,而不仅仅像阅读颜色那样。惠勒解释说他"感兴趣的是锐聚焦的、精确的、锁定的图像之间的对比,以及它们如何将时空与一个不确定的领域相联系"。在这个系列的结尾,象征性完全消失了,惠勒制作了一组未命名的"晶片"绘画,之所以这么命名,是因为在这些几乎单色的作品中,所能立即看到的只有方形或晶片,它们在画布的四个角落里出现,如1964年的一幅未命名的画作。这种方形芯片先用一种有油灰刀、干砂湿砂混合层的方式将哑光介质涂在画布上,然后用颜料喷涂。画布被拉伸的框架条大约有4.5英寸深,并用一种分层、撒砂和色素沉着的相似过程处理。这部作品的深度和抛光边缘强调了它的三维性。空间歧义通过将画布上的抛光元素与半透明的无差异区域对比来实现,难以看见的颜色在作品中心闪闪发亮,通过对温和特调色调的应用,它们似乎像蒸汽轨迹一样柔和地围绕在画布的边缘。

惠勒的一个关键的过渡性作品是1965年的一幅未命名"光画布"。画布主要是白色的,然后按上面提到的方法过度喷涂,但是没有任何符号或抛光的元素。光画布上的对比,不是通过绘画出的图像,而是通过背光提供的;画布是带有霓虹灯的背光式的，它被嵌在一个倒转的贝维尔树脂框架之中，从离墙五英寸的地方投射。这一效果暗示了日食或一些其他明亮光源的光谱遮蔽。对惠勒来说，放弃画布而直接用塑料和光进行工作，这是迈开的一小步。惠勒把这些作品的早期版本称为"人造的作品"，这些作品把喷漆混涂在有着脆边和霓虹管的树脂玻璃盒上，我们可以在他1968年帕萨迪纳艺术博物馆的个人展览上看到这样的作品。这种人造作品逐渐演变成了更具诱惑力的"光线套"，在真空成形的丙烯和氩填充的霓虹管上喷漆。虽然人造作品的边缘（包括物理和光的质量）都是坚硬的，但套子的弧形边缘会发出柔和的漫射光。套子的中心被理解为空洞，存在于周围墙壁的视觉平面上。在1968年《时代》杂志的一次采访中，惠勒说："我想让观众站在房间的中间，看着这幅画，如果你走进来，你会感觉进入另一个世界。"最近，惠勒解释说他的作品的氛围是受他在沙漠中长大的经历影响（他在亚利桑那州的环境下成长），他作为飞机驾驶员和他的父亲（一名通过小型飞机接送病人的医生）飞来飞去。惠勒那些细腻又富有诗意的、将技术信息与计划以及由他假设或想象的提升作品的观点相结合的画作，讲述了他的沙漠经历，并表达了他对航空事业的毕生兴趣。其中一幅绘制于1970年前后的无题画，描绘了用一架小型飞机在天空中画出一个立方体的过程。画作中央的一个菱形地形图在平面上显示了立方体的印记，而当一系列的弧线显示了飞机的飞行轨迹时，将立方体的每一面都刻画上是有必要的。像幽灵似的出现，在纸的背面作画并且通过大气层显示,这是惠勒第一架飞机的一个草图,标注为"160IAS Lockhaven 黄色 Bellanca Cruisemaster14-19N6592N#2045"。从这一时期起,惠勒的光环境同样也能传达意识的联想。关于他的光装置,惠勒评论说:"你对这些作品反应的方式是你拥有的一种感官体验。如果你把它量化,它就像发生在我身上的、当我身处有声音和光的沙漠之中时的某种东西。"

作为乔纳德学院的一名学生,拉里·贝尔(美国人,1939年出生)最初也是画家。他早期的油画以手势笔触呈现的简单形状为特色,如1959年的画作《贝尔的房子》。从那里开始,他逐渐消除笔触的纹理,将不透明的颜色(稀释的酒漆)涂在未涂底漆的画布上,掩蔽形状以创造直边平行四边形。这类作品的一个例子是1962年的《小白马靴》,它的左上角和右下角被省略,暗示了一种三维形式的等角投影。事实上贝尔这段时期的所有画作都是这个主题的变体,它是一种来自于可能(确实地)呈现贝尔标志性三维玻璃立方体雕塑的二维形状。尽管在某一正式的层面上,我们可以将这种方法与上世纪五十年代和六十年代初在东西海岸进行的各种几何抽象艺术的实践联系起来(例如,纽约的埃尔斯沃斯·凯利和弗兰克·斯特拉的画作,以及约翰·麦克劳林在洛杉矶创作的画作,都使人信服),贝尔解释说他的灵感来自于一个特殊的建筑元素,即他位于加州威尼斯海洋街的工作室的长方形天窗。很快他就在画中嵌入了描述立方体形式的镜面,例如1963年的画作《她曾是一个小女孩》,并且在1964年,用反光的椭圆来装饰立方体。贝尔说，他从绘画过渡到雕塑的转变是从"制作量的幻想到创作量"的转变。

案例研究：一些现象作品的海外之旅

到二十世纪六十年代末，拉里·贝尔、罗伯特·欧文和道格·惠勒都推崇创作环境作品，而把绘画抛之脑后。在洛杉矶、纽约以及欧洲，这三位艺术家都完成了与光相关的大型个人展览，并被邀请于1970年春天在伦敦的泰特美术馆展出作品。展览组织者迈克尔·康普顿在随行的刊物上，阐明了在展览前立即投入现场装置布置的艺术家们所面临的主要挑战之一：

> 这不是目录，因为这儿没有工作列表。这个展览将包含三个空间，三位艺术家将在其中创造他们的艺术。在写作的这一刻，我们不确定他们会做什么，我们也不知道他们做什么来吸引我们。因此我们不能试图帮助您感知它。所以这也不是对该艺术的一个真正介绍。它不打算被理解，除非您看完展览。

该展览于1970年5月5日至31日展出，并取得了巨大的成功。鉴于康普顿的文章是提前写出的，并没有实际地讨论展览的内容，事实上，正是通过展览评审和对泰特档案材料的评审（策展人和艺术家之间的通信和建议，以及参观者给博物馆的诸信件），我们这些没能参观展览的人，才可以了解它的意义。这个目录再现了一个展览的计划视图，这个展览被划分为三个连续的画廊，分别为贝尔、欧文和惠勒所准备。

贝尔最近这样描述他的泰特装置："一个镜面玻璃管反射的光线。管子靠近天花板，很难看到。当你靠近光时，它看起来会后退，因为你事实上在远离实际的光源。这个房间创造了一种空虚感，其地板和墙壁都涂成了黑色。"该展览的评论并没有提到贝尔所描述的前进/后退的动态，但他们都对空间黑暗的、近乎崇高的体验发表了评论。三位评论家用相似的方式描述了他们的空间体验："我所见过的最黑暗的黑暗……远在我头顶之上、在海湾的对面，是两条细长的冷线，它们对缓和黑暗没有任何帮助，但至少它们向我证明我没有失明"，"一个带有光谱装饰的焦油黑环境"，"描述是很难的，因为黑的墙和缺少光——除了在高高的天花板的狭窄地带之外；以及宇宙中有两颗微弱的恒星，它们使得行走充满危险，并且让人联想到在黑暗中摸索的方式"。

进程的第二步是一位评论家注意到了欧文的画廊："特点是三个刷白的凹室，以及一个从每个凹室的墙中心投射出的塑料材质的大型凸起碟盘。巧妙的照明使碟盘投射出四个完美的圆形、轻微重叠的阴影以及在白色和灰色之间创造幻觉的微妙色调关系，其凸出的碟盘与墙面齐平。"另一位作家在考虑贝尔和惠勒装置之间的间隔时研究了欧文作品的特点："在这两个极端之间，是一个有着三个由罗伯特·欧文设计的建筑的房间。这些作品可以作为个人作品来阅读,但它们在此的功能主要是创造一种挑剔的模棱两可的气氛。光变成一种新的材料;新材料又被融合到光中;一种处于全黑(贝尔)和全白(惠勒)之间的蒸汽式的中间地带。"

在泰特展览上,惠勒的装置是最复杂的,正如他在泰特目录中再现的示意图所示。穿越欧文的画廊,就有机会进入入口左边和右边的小房间。这些房间都是惠勒的光线套之一。一直往前直走,穿过走廊,人可以进入一个全白的空间。地板上铺着白地毯,白光从天花板下方的一个小玻璃片里透出来,地板随着人的走近而稍微向下倾斜。根据惠勒的说法,这种感觉是"从木板下来走进时空"。后墙是弧形的,其两边都是由凹槽处的灯光放射出来的淡蓝色的光。一位评论者解释说:"光即展品,但入侵的观察者获得的是一种强化后的存在。"

进一步沉浸:詹姆斯·特瑞尔的光线环境,玛利亚·诺德曼和埃里克·奥尔

和贝尔、欧文和惠勒一样,詹姆斯·特瑞尔(美国人,1943年出生)认为光是他在二十世纪六十年代工作的主要介质。1966年,特瑞尔搬进了一个工作室,这个工作室位于毗邻圣莫尼卡的海洋公园主干道和小山街道角落的门多塔酒店。特瑞尔在这里的作品包括了一系列日间和夜间表现作品,在

著名的作品《门多塔旅馆里的停止符》中,他控制了自然光和人工光的流动,为参与的观众提供了由户外(包括商业霓虹灯招牌和过往车辆的前灯)进入工作室的光线。这些表现的时间特性要求观众按照指示进行空间移动,并把它们与舞蹈和音乐联系起来。特瑞尔在题为"门多塔音乐"的一系列作品中画出了《门多塔旅馆里的停止符》的许多变化。这些风格变化从示意图的机械渲染到丰富多彩的、充满活力的色调水彩,展示了在《门多塔旅馆里的停止符》中所体现的科学实验与唤起的身临其境的体验的结合。

《门多塔旅馆里的停止符》为对特瑞尔的诸多光作品的研究服务,包括他的投影、浅层空间结构和楔形作品。至于角落投影,如1966年的作品《阿福鲁姆I(白色)》,这张图像是用高强度投影仪拍摄的,从空间内的某些位置观察,它似乎呈现为一个三维空间。投影仪没有被隐藏,这样观众就能很容易了解图像是如何被创造出来的,但即使有了这个知识,三维错觉仍然存在。特瑞尔的浅层空间结构,如1970年的《卡在红色和蓝色》,扭转了这种效应。在他的投影作品中,特瑞尔用光来暗示三维物体,在如《卡在红色和蓝色》的浅层空间结构中,光被用来在视觉上把房间的面积从三维空间削至二维。在这些作品中,长方形的开口被剪成假墙,安装在距离画廊角落一小段远的地方。隐藏在角落临时墙后面的是彩色的荧光灯管。灯管的强烈辉光充斥在带有迷惑性角落的室内空间,并弥散进画廊中。虚空和固体是倒光的;在墙壁本身似乎消失的时候,切开的负空间看起来是固态的。这一系列的楔形作品也为观众提供了固体和虚空的内容。在这些装置中，光被用来与一个易碎的对角线轨迹相遇，似乎结构化地划分了空间。

在门多塔工作室之外，詹姆斯·特瑞尔的公众曝光率在二十世纪七十年代中期有所受限。他于1967年前往洛杉矶开展工作室访问，人们邀请欧文、惠勒和特瑞尔来参加一个市立小组的表演。欧文和惠勒同意了，但特瑞尔拒绝了——等了差不多十年他才在阿姆斯特丹举行了个展。除了在重大时期内为特瑞尔的作品提供有价值的入门书外，德·王尔德为特瑞尔的市立展览所组织的目录还展示了在博物馆环境中安装一个基于灯光的作品展所面临的挑战。该出版物包含了一个对楼层计划的注解，记录每个作品是如何安装的，以及需要对现有建筑物进行的调整，包括对许多火灾警报的拆除。展览感觉是一种身临其境的体验，其通过楼层计划的标记而凸显，暗示了随着参观者从一个房间走向另一个房间，颜色是如何光学性地相混合的（例如"粉色到氙蓝色"）。

另一位大量从事自然光工作的艺术家是玛丽亚·诺德曼（美国人，1943年出生于德国）。她的第一个个展是在1972年的帕萨迪纳艺术博物馆完成的，她在那里建造了一间长长的房间，把它漆成黑色，并允许一小部分自然光从北面进入空间。房间的下半部分是"空洞的黑色"，而平行的白色光层可以从上方被感知。诺德曼工作环境的听觉成分对她也很重要；在描述这项工作时，她写道："声音的背景：落水和遥远的街道。"

尽管她的早期作品主要诞生在洛杉矶，并在这个背景下形成，但从 1974 年开始，诺德曼在欧洲找到了比在美国更稳定的工作支持。在接下来的几年里，她在欧洲做了许多短暂的工作以保持对光和环境的关注，并得到了一些述行色彩。在她最近的作品中，有一个故事是这样写的："在一个位于[根特]历史中心的、任何人都可以偶然经过的街道上的房间里，可以找到八个板的位置：银镜、彩板……一切都是可移动的。"

尽管她的实践依赖于参与工作的参与者的积极参与——事实上，对于迈克尔·奥平来说，诺德曼是"把建立人际交往作为其介入的一个重要主题的先驱"——诺德曼也坚持某种程度上的孤立。她拒绝了参加这个"现象学的"展览的邀请，解释说她不愿意让自己的作品呈现在一种团队语境中。

在上世纪七十年代，埃里克·奥尔（美国人，1939—1998）也在南加州和其他国家做了一系列短暂的装置。一个类似的作品是 1972—1973 年的《零质量》，一个主要用纸创造出来的像房间一样的装置。与欧文、特瑞尔和惠勒的作品一样，奥尔的房间也处理视觉感知方面的问题，但又与他们的许多作品不同——特别是在二十世纪七十年代，当他们的投射中使用的技术逐渐变得更加复杂时，奥尔的这部作品已经用简陋的材料完成了。只用一大卷摄影背景纸和适度的人造光，他在一个画廊里就建造出了一个圆形或椭圆形的圈地（圈地的尺寸可根据背景而变）。无论作品之外可获得的光是明亮还是晦暗的，它最终都借助允许他们的眼睛完成调试的参观者，通过进入空间再穿过纸墙而被感知。这一调试可能需要很长时间，而且一系列的光效应是逐步展开的。光线的刺孔可能出现在观察者面前，不得不处理从杆子到圆锥视觉及光余象的转换。当参观者失去了一种对房间边界和其身体可能性的绝对感觉时，就可能出现一种与空间相融合的神秘感受。在2009年的一个秋夜，我在法国农村体验了装置于一个石头谷仓里的这类作品的一个版本。那是个无月的冷夜，在我们能够彼此看到对方之前，我和两个朋友站在作品里近一小时，因为我们的眼睛已经适应了几乎完全的黑暗。它是一种意识的定义，或者是一种几乎无法察觉的经验。1998年去世的埃里克·奥尔与禅宗佛教有关，他把这些作品视为冥想的空间。要想体验它们，就需要参观者安静地专注于自己的感知机能。

不情愿的现象学家：迈克尔·阿舍尔

尽管迈克尔·阿舍尔（美国人，1943年出生）以他的"情境美学"（质疑博物馆之类机构的结构及其假设的一种方法）实践而闻名于世，但在二十世纪六十年代，他的探索与那些更一致地认同光和空间装置的艺术家的探索并驾齐驱。他的早期作品包括一个始于1966年的亮红色、热成型的、反射式的树脂玻璃雕塑，以及1969年在拉霍亚艺术博物馆的一场个展——阿舍尔设计了一种使用光和声音的装置。为了这个装置，墙壁和天花板被漆成了白色，地板也覆盖上了白地毯。音响设备包括一个音频振荡器、一个放大器和一个发出低频音调的扬声器，它们被隐藏在一个凹室里。墙壁与声音轻轻地共鸣，而声音喑哑的地板和天花板往往会减弱效果。蓝色凝胶、扩散器和偏光器被附加到周边的灯光中，用来在房间里产生一种柔和的有色光。关于这部作品，阿舍尔随后写道："光盾把光引向地板的中心，在这里，光均匀地散落在走廊上。光的强度从中心向墙面逐渐降低。……与光一样，声音的使用让参观者将空间理解为静态的、触觉的、形式的结构（这是这一时期南加州的一种主导趋势）以及它的暂时性和动态的概念。"阿舍尔的装置在一定程度上与欧文之前在同一画廊举办的碟盘展进行了对话。与欧文使用固定的客体（碟盘）来创建一个整体效果相比，阿舍尔努力创造一个客体的自由环境体验："为了应对这样的作品（欧文的碟盘），我的作品采用一种比较形式化的出发点，但它能在真实的空间和时间里显现。"然而，阿舍尔的批判并不是专门为欧文的作品或其他从事"现象学"的艺术家而保留的，他很快也对自己在拉霍亚的努力表示了不满。"这项工作变得具有问题性：它不是根据作品现有的物质条件而发展和继续的，而是通过对预定材料和原则的使用而发展起来的。"在这个意义上，阿舍尔可能被认为完成了对现象学审美形式的一种简短又极不情愿的实践。

褶子

肢体动作：布鲁斯·瑙曼

虽然传统上与欧文、特瑞尔、惠勒和其他在此讨论的艺术家没有联系，布鲁斯·瑙曼（美国人，1941年出生）于二十世纪六十年代末和二十世纪七十年代初展出的许多有影响力的作品却在关注光以及光与建筑和人体的关系；瑙曼在其所有作品的形式中处理感知及颠覆性期望。瑙曼从加州大学戴维斯分校获得了艺术硕士学位，并在1965年作为那儿的一名学生，展示了一场名为"操纵荧光灯管"的表演（这场表演为的是其录像能在1969年重新上演）。为了达到这个效果，瑙曼把管子放在不同的位置上大约一小时。他的动作很慢，面无表情。这部作品融合了声音，但所有这些都是可听见的，是管子的金属壳被定时拖过地板产生的刮擦声。这部作品的幽默与许多现象学作品的目标形成了鲜明对比，那些作品往往旨在产生一种更高的意识状态。1971年3月，他在拉霍亚当代艺术博物馆创办了一场名为"肢体动作"的现场展览，他借助"绿光走廊"，为博物馆参观者提供了表演者的角色。这条走廊从地面到天花板，长40英尺，宽12英寸。除非他们恰好是一个小孩的尺寸，否则参与者必须经侧边通过，在所有的"点"上体验与墙进行的物理接触。走廊的内部亮着明绿色的荧光灯，它们几秒钟后就变换成耀眼的白色。当参观者出现在日光下的走廊尽头时，他们体验到的是一种粉红色的，几乎是紫红色的余光。这幅作品的效果因其处于靠近博物馆入口的位置而增强，它穿过了画廊的整个长廊，并将参与者放置在一个海景的玻璃画廊里,这样一旦他们的眼睛重新适应,他们就能注视到整个海洋。就像《在拉霍亚绿色画廊凝望天空和海洋》一样,瑙曼仔细地考虑了余光对观众的影响。这幅图显示了作品在画廊中的位置,以及颜色的光学混合。在彩色铅笔画中,瑙曼注意到当人看向白画廊墙以及实质为存在于作品上方的白天空时,所看到的走廊的绿色和粉色余光;以及当透过粉色余光看向蓝色海洋时所看到的紫色调。瑙曼也注意到作品中的音质;他写信给从他那里获得了作品的朱塞佩·潘扎,"绿色的光片上需要一个坚硬的表面,这样声音就能被反射回来,带给室内一种'现场'感。"如果有人很容易出现幽闭恐惧症,那么与视力的适应伴随而来的是一种离开走廊时的身体解脱感。在一篇名为《非人类学》的文章中,策展人兼评论家玛西亚·塔克对瑙曼的作品这样写道:"不涉及空间的概念,但却伴有对它的感知……它与视觉的影响相似,但当你经过一个商店橱窗时,你不能立即在其反射表面上认出自己。"换句话说,瑙曼的作品常常表现出一种参与熟悉事物的陌生感,从而提供了重新思考一个人看世界的预设方式的机会。

走向一种科技的崇高性:玛丽·科西嘉

贝尔、欧文和惠勒起初都是画家,但当他们把光当作一种媒介时,他们就放弃了画布。玛丽·科西嘉(美国人,1945

年出生）与他们不同的是，她一直把她的实验与绘画背后各种各样的媒介相联系。从上世纪六十年代末开始，科西嘉就使用与透明玻璃微珠混合的颜料来作画。玻璃珠捕捉、反射和折射光，使参观者对画布的视觉印象取决于他们在房间里的位置和可利用光。当观察者看着这幅画，同时移动其方向或远离它时，就会产生动态的效果；程式出现并发生改变。当参观者从科西嘉的一幅微珠画旁走过时，画迹会在某些时刻变得清晰可见，然后消失于一个未分化的表面之中。在二十世纪六十年代晚期，科西嘉还创造了一些光盒，这些光盒带来了与之相关但更引人注目的闪烁效果。这个系列的一个典型例子是 1968 年的无题画作（太空＋电灯）。这幅作品约有 45 平方英尺和 4 英寸深。外部结构是一个透明的树脂玻璃盒；内部是一个有着大致相同周长的白色树脂玻璃框（它已经经过磨砂，具有细微的纹理）——尽管只有一半深——因此，在它的前面和后面都有一个明确置于树脂玻璃鞘内的空间。在白盒子里有六十六个平行的垂直杆排列成三组。每组包括两个冷的白色霓虹管，其中间夹着一个作为垫片的透明丙烯酸棒。整个盒子通过四个均匀间隔的单丝从天花板上悬吊下来，这样它看起来是悬浮的——是与墙或电源没有任何物理连接的悬浮。在墙之后（必须是专门建造且相当薄的）是一个装有四个特斯拉线圈的柜子。线圈发出的高频能量穿过墙壁并点亮灯管。能量的一点冲力，让灯管在垂直和水平上同时闪烁。特斯拉线圈发出一种噼里啪啦的静态声响，这种声音大部分因屏障墙而变低沉，而霓虹管发出的嗡鸣声在靠近作品时可以听到。这部作品高雅又略带威胁，让人想起了那种疯狂的科学家的实验。作为对光和能量效应的一种文学探索，它是在此讨论的作品的语境下的一个非凡成就。然而，科西嘉在短暂的一段时间后放弃了这种工作模式，取而代之的是在绘画方面有可能的直接触觉参与。

塑料

在二十世纪六十年代和七十年代，彼得·亚历山大、罗恩·库珀、克雷格·考夫曼、约翰·麦克拉肯、海伦·普什吉安和德韦恩·瓦伦丁都探索了树脂的透明、半透明和反射性质，以制造在空间中专门与光条件发生反应的客体，这些客体正是在空间里被显现出来的。在这些艺术家中，考夫曼（美国人，1932—2010）是最早把工业塑料与严格的艺术实践相适配的人。考夫曼在洛杉矶的鹰石郊区长大，在这儿，他是沃尔特·霍普斯（洛杉矶费卢斯画廊的创始人，后来在帕萨迪纳艺术博物馆担任策展人）的朋友。考夫曼和霍普斯可以访问沃尔特和路易丝·阿伦斯伯格的现代艺术的重要收藏，包括马塞尔·杜尚的主要作品——他对他们两人都有很大影响。自上世纪六十年代初起，杜尚《新娘被她的单身汉剥光了，甚至》（也被称为大玻璃；1915—1923）的图像和素材，在考夫曼于树脂玻璃上创作的生物力学形式绘画中获得了共鸣。考夫曼对该领域的长期贡献始于1964年，当时他将真空成形的塑料作为他的媒介。这位艺术家在接受迈克尔·奥平的采访时解释说,是塑料使他可以创造出材料本身支持的形状。考夫曼的"气泡"雕塑最为人所知,它将色彩的微妙渐变与广泛的透明度、半透明和反射率结合在一起,就像我们在1968年的一幅未命名的作品中所看到的那样。叠加在一个水平菱形上的圆形边缘是对同一形式的另一种、更球状性的实现。泡沫以透明的塑料形式开始,它们被从背面喷上了丙烯酸漆。光线经表面反射,但也穿透表面,从作品后面的白墙或白底板反射出去。一份短小的、无题的研究报告显示,考夫曼在另一种媒介中探索了他的树脂雕塑的无形透明。尽管气泡曾经优雅而傲慢,但气泡作品也可以展现出一种旺盛的、源于科幻小说的幽默感,这种幽默感通过考夫曼1966年对另一幅未命名草图的注释展现出来。在这幅画中,考夫曼把一个气泡雕塑描述为"你可以乘坐的艺术",以及一个"在房间里移动并撞入墙中的悬浮物"。

罗恩·库珀(美国人,1943年出生)以他的"光陷阱"闻名于世,其中包含了树脂和玻璃纤维。这些作品的一个例子是创作于1968年的作品《#547月8月2日的密度》。库珀把这部作品的背面涂上白色颜料,创造出透明的通道来制造边缘,然后应用了超过60层的清晰的、红色的、蓝色的和黄色的透明树脂,每层厚度约为1/16英寸。在制作这些作品时,库珀同时从他喷涂的每一层树脂中留存了一些样品,以记录这些层的顺序和颜色(他将这些样品的收集描述为"事实之后的绘画")。作品表面的颜料分布不均,但被调和以创造一种虹彩效果。光在前后表面来回反射;因此库珀使用了"诱捕"这一术语来描述这些作品。参观者们站在作品之前,而光位于其后,他们既可以看到他们在顶面的反射(它是巧妙的而不是高度反光的),又可以看到他们通过顶面反射到后表面的影子。虽然阴影在边缘是模糊的,但它比反射更明显。作品的整体颜色可以被描述为淡金色与柔粉色和绿色亮点的调和;表面有一个粒状的微光,像糖、盐或沙子那样捕捉光。库珀和道格·惠勒在 1969 年的昆萨尔·杜塞尔多夫的"展望 69"展览会的相邻画廊里展出了他们的作品。惠勒展示了一种光线套,而库珀则展示了一种光诱捕。库珀回忆说,惠勒所有作品都在发出光,而他自己的作品则吸收光。

彼得·亚历山大(美国人,1939 年出生)也是使用塑料以创造感光作品的先驱。亚历山大受训成为一名建筑师,并在决定成为一名视觉艺术家之前,在理查德·纽佐尔的工作室短暂工作过。亚历山大的建筑模型经验表现在他的第一个雕塑中,它们是一些包裹在树脂玻璃盒里的石膏风景。在 1971 年的一次采访中,亚历山大解释说:"这个想法是,你可以通过观察盒子来把自己投射进这些风景中。"……它从未在石膏中起过作用,所以它的扩展是试图在其他媒介中解决它。亚历山大转向的另一种介质是投射聚酯树脂,创作作品如 1970 年的《橘色楔子》和 1968 年的《粉红楔子》。像亚历山大的许多细长圆柱一样,《橙色楔子》的底部看起来色素密集,而它越接近顶部则越苍白。因此,尖端似乎消失了,就像雾中的一个船杆。相反,《粉色楔子》是一种亲密型作品,是一部可以被手持的作品。这作品就像棱镜一样,很大程度上是透明的,它随着人围绕它的移动而用棱角发射出千变万化的效果。从某些角度来看,一个鲑鱼色的三角形出现在楔子里——在场又缺席。《时代》杂志的一位评论家如此描述亚历山大的树脂碎片的化学性质:"尽管对这些形式有精确的处理,但出现在这里的材料是如此感官浪漫化,以至于形式唤起了巴洛克的鲁本斯,而不是机械的牛顿物理学。想象一下,如果你想要一种奇异的、感官的几何学。"

亚历山大对消失诗学的研究也包含了一系列修长的、壁挂的树脂条。这些作品中心最厚,而边缘处逐渐变薄。光线穿过薄薄的边缘,使得树脂条看起来会融化进它们的支撑墙里。这些混合作品并不是真正的绘画或全然的雕塑,而是与建筑和它们所处展示空间的可用光融合在一起的,就像从1966年亚历山大工作室的一幅作品装置视图中可以看到的那样。当被这样看待时,这些树脂条就停止作为离散的客体,而变成环境作品。

在这里所讨论的艺术家中,海伦·普什吉安(美国人,1934年)在树脂中完美地塑造了球体。从上世纪六十年代初开始,普什吉安已经使用树脂来制造碟盘、球体和平面作品,这些作品传达了一种深度的神秘感。从1968年到1969年,一个未命名的聚酯树脂球体展现了她能够通过实验、试验和错误来完成的微妙色彩和抛光表面。虽然原始表面是这些作品的一个重要组成部分,但其表面本身并不是普什吉安的主要关注点。和她的同伴一起用树脂工作,普什吉安被描述为一个"完成恋物癖"的艺术家——这是一个她拒绝的术语。她解释说:"重点不是全然地完成,而是要透过作品来看。'完成恋物癖'让我们听起来有些病态。"普什吉安的球体大小适中(直径一般为 8 英寸),但它却是房间里强势存在,它可以根据可用光和参观者相对于作品的位置彻底改变特征。当从四面八方间接照明时,它们会显示出最佳的优势。普什吉安还创造了更大的、更精细的色素沉着的丙烯酸盘,以及一系列的壁装板,它们每个都以一种浅色的、带状的树脂形式为特征,并嵌在深色树脂层中。在普什吉安的面板中,带状的形式可以捕捉光线,创造一个类似于照亮的、弯曲的走廊的容积空间。

在普什吉安邀请人来探测其树脂作品视觉深度的地方,有很多约翰·麦克拉肯作品的前景表面和反射。麦克拉肯(美国人,1934—2011)最著名的是他的几何雕塑(立方体、金字塔和"木板"——高的、细长的、像梯子那样随意靠在墙上的客体),它们用聚酯树脂、玻璃纤维和/或涂漆做成。作品如 1966 年的《三部分的麦克拉肯蓝块》,从某些角度看,它是一种钝化形式,而从其他角度看,它反映了周围的环境,并且看起来不像是一个固态客体。

麦克拉肯的作品可能是好玩的运动、流行的颜色,如《全裸的芬芳》——一件来自 1967 年的亮粉色板材雕塑;也可能是更严厉的,如 1974 年庄严、暗黑的作品《九木板 IV》。在这一将颜色和形式相结合的主题上,麦克拉肯说:"我一直认为我的作品主要是使用纯形式来进行表述。与此同时,你必须从某种东西之外来创造形式,因此我用了色彩。而且,在我的作品中,由于我想要精神上的感官和触摸能力,所以我也使用抛光表面。抛光表面(我不知道我第一次使用它们时是否知道这一点)给作品带来了一种表面上的透明和虚幻,一种心不在焉。麦克拉肯的虚幻表面的最杰出例子之一出现在 1974 年的《五画作 IV》中。这个壁挂式的作品有一个黑色的聚酯树脂。从某些角度看,其表面是不透明的,从其他角度看是高度反光的,它似乎揭示了巨大的深度。作品创作过程中的一个愉快的意外,是往作品中密封进许多微小的气泡或微粒。当它们捕捉光线时,它们就会在一个没有月亮的黑夜里隐约显出一个星系。

德韦恩·瓦伦丁(美国人,1936 年出生)被公认为从事树脂艺术工作的技术大师。瓦伦丁最著名的是他的巨板、巨墙和柱形雕塑,其 1978 年的作品《金刚石柱》可以算作是一个艺术名作的例子。它差不多有八英尺高,近四英尺宽,最宽的地方大约一英尺深,边缘则为半英寸宽。它覆盖的是一颗锐利的金刚钻。当人从两个宽边中的一边观察它时,所看到的四个角落都是圆的,而穿过了中央接缝的边缘角落却是锐利的。这个雕塑既极其沉重又极度脆弱,造就了一个非常不切实际和不可能的客体。它是一个变色龙般的东西;它随着你站的不同位置而全然改变。在某时它是不透明的,而在其他时候则是半透明或透明的。在这个作品内有一些占据了约 80% 内质的东西,从大多数角度看起来像一个菱形或一个克雷格·考夫曼气泡的垂直调整。它有与作品整体周长相呼应的圆形边缘。它带来了海洋的隐喻：浮游生物，或者是漂浮在肥沃胶状物上的蛙卵。它是蓝绿色、绿蓝色、淡紫色、模糊青铜色的，并且在某些地方十分清晰。其中心形态包含一些小斑点，它们暗示了一窝蜂群、一个蜂房、一团微型昆虫、一些花粉或灰尘。潜伏在这个朦胧空间里的是一系列高度聚焦的棱镜效果，出于研究的目的，通过来自制作的"走过雕塑的人"短视频的静物被呈现出来。摄像机在雕塑的前面，随着它向作品后面移动，一组令人眼花缭乱的光学效应在几秒钟内被捕捉到。尽管这部作品看上去是透明的——当一个人第一次走到它后面时，他就消失了——这是因为，那个看似贯穿作品的清晰视角，实际上是另一边的反射。接下来，他在穿过右手那边时是可见的，然后在他面朝的左边缘和右边缘同时可见三次，但是在中心捕获到的反射使他面临另一种方式。他继续走过去，最终消失在银幕上。

从瓦伦丁的柱体研究中我们可以学到什么？它揭示了一些正被讨论的树脂雕塑与浸入式光装置密切相关的方式：它们通过把光拉进来、通过将光再次反射回来、通过透明和不透明的以及固体和液体的方式与周围环境发生作用。通过这种对立的二分涵盖，瓦伦丁的《金刚石柱》（像更包容光环境的罗伯特·欧文、詹姆斯·特瑞尔、道格·惠勒和其他人那样）实例化了所有现象学体验的核心、模糊性和偶然性。

褶 子

现象学的：一个路线图

这篇文章是作为对"现象学的"展览中参展的艺术家以及随后的四篇专访的一个简介。在被讨论的作品中可以看到，每一篇文章都作为自己的窗口或镜头来运行，而不是仅由线性叙述构成。在《隐形架构：光的房间和空间》中，迈克尔·奥平把他在二十世纪七十年代体验的某些第一手的作品与三十年后的观察相结合，用来描述迈克尔·阿舍尔、罗伯特·欧文、玛丽亚·诺德曼和詹姆斯·特瑞尔的装置方式，这些方式可以说表现了一种"建筑去毒"。在《几乎空无一物：光、空间和现象学的语用学》中，戴纳·舒尔德（Dawna Schuld）把欧文、诺德曼、埃里克·奥尔和特瑞尔的作品与实用主义和现象学哲学联系起来。斯蒂芬尼·汉诺的文章《非物质的材料》认为在这种情况下，"媒介不是信息"，并且认为包括彼得·亚历山大、拉里·贝尔、欧文、克雷格·考夫曼、约翰·麦克拉肯、海伦·普什吉安在内的艺术家虽然率先在他们的艺术中使用了工业材料，但这仅仅是一种对于结束的创新方式。与前四篇文章不同的是，阿德里安·科恩的文章《作品与语言》是一篇具有原创性思想的文章，它根植于更传统的艺术史方法，探讨了将感官体验转化为语言的困难和隐患，并特别关注贝尔和欧文的作品以及相关文章。紧随文章之后的是一个有精选插图的展览历史和一个记录了特色艺术家作品的精选参考书目。展览历史的构成依照年份而不是艺术家，所以它展示了这些艺术家当时计划的方式有时也会存在于一种巨大的孤立中；历史也让人敬爱，令人惊讶的是，在欧洲，尤其是在伦敦、德国和荷兰，有一些对这项工作的早期的和有力的支持。我们呈现这些解释性文章和这份文件的目的是双重的：在现象学的作品的第一个专题研究中提供原创性研究，并突出二十世纪六十年代和七十年代在洛杉矶工作的这一类艺术家的非凡创新能力和持久的影响。本次展览和出版将作为盖蒂基金会的一部分，它的倡议《太平洋标准时间：1945—1980年洛杉矶艺术。同样的，现象学的》是一个探索并记录南加州现代主义历史重要方面的历史性项目。然而，值得注意的是，这里讨论的许多艺术家仍在继续创作雄心勃勃的新作品，并在当今的艺术界保持着引人注目的力量。

事实上，在此讨论的作品所具有的重要性的一个指标是它对后代艺术家的影响。欧文、特瑞尔、惠勒和其他人作品的 DNA，在众多杰出的国际年轻艺术家的作品中以不同的方式显现。例如，塔拉·多诺万（美国人，1969年出生）2003年的作品《薄雾》是一种对光反射和吸音环境的深度使用。奥拉维尔·埃利亚松（丹麦人，1967年出生）受泰特现代美术馆的委托于2003年创作的《天气项目》，大规模地处理了阳光的物理、象征和社会属性。金守子（韩国人，1957年出生）受马德里水晶宫的委托安装作品2006年的《呼吸吧——一个镜子女人》，通过现有的玻璃建筑，放大了光的棱镜反射率来创造一个沉浸式的光环境。拉斐尔·洛扎诺·亨默（墨西哥裔加拿大人，1967年生）2008年的《脉冲坦克》，利用参与者的脉冲，通过一个包含于空间里的传感器来操纵光线。

斯宾塞·芬奇（美国人，1962 年出生）2009 年的装置《月色（威尼斯，2009 年 3 月 10 日）》使用了威尼斯双年展上的现有建筑条件，以及在某个特定时刻的参考光线。对于那些在上世纪九十年代和二十一世纪初长大的艺术家来说，与他们的前辈相比，他们从事的把光作为媒介和现象学的问题往往与一种更具自我意识的社会实践捆绑在一起，但是他们保留了对环境、大气以及专业队伍的关注，这一关注是六十至七十年代产生于南加州的光与空间作品的永恒印记。

何谓"光与空间艺术"?

简·巴特菲尔德 文　万明科 译　李楠 校

我所知觉的真理,不是各类几何图形,而是各种存在方式。

——莫里斯·梅洛-庞蒂

艺术之目的,很可能是寻找对其自身必需性的削减。(第二种译法:艺术的终极目的很可能是放弃对"艺术"的追求。)

——罗伯特·欧文与詹姆斯·特瑞尔

导言

二十世纪六十年代中期,在南加利福尼亚州,一群艺术家频频开始认真探索光与空间艺术。虽然他们都知道彼此在从事此类创作研究,但他们并不互相模仿,也不彼此抵牾。

他们每个人，开始抛弃各自对艺术真理的固有认识，并致力于建立一种结构，以之来仔细审查新的真理形式，或者说对他们而言更加"真实"的各类真理。过去，这项创作仅局限于一个很小的艺术圈里，在近三十年之后的今天，却被视为当代艺术史上重要的发展里程碑。

尽管，"艺术"和"客体"这两个术语实际上是同义词，然而十五年来，这些艺术家本质上并没有生产任何新客体。起初，他们运用明暗、光影、时空、动静、火光、烟雾、网布、绳索进行创作；后来他们开始使用更加复杂的介质和方法。许多年来他们用过各种材料：绝缘镀膜玻璃、冷光或磷光材料、树脂玻璃、涤纶聚酯纤维、树脂、丙烯酸塑料、玻璃纤维、霓虹灯、探照灯、高强度氙放映机等。这些材料制成的艺术品不容易收集，也不能运送到某场所展览，除非该场所是该艺术品构思的一部分。在大多数情况下，艺术家们视自己作品如白板，并希望观众们能够把他（或她）的独特体验刻写其上。在此情况下，蒙德里安（Piet Mondrian）不再是挂在墙上的作品，恰恰相反，观众业已置身于蒙氏作品之中。

这些艺术家中比较重要的有罗伯特·欧文（Robert Irwin）、詹姆斯·特瑞尔（James Turrell）、道格·惠勒（Doug Wheeler）、玛丽亚·诺德曼（Maria Nordman）、拉里·贝尔（Larry Bell）和埃里克·奥尔（Eric Orr）。另有一批艺术家，如德韦恩·瓦伦丁（DeWain Valentine）、布鲁斯·瑙曼（Bruce Nauman）、哈普·蒂维（Hap Tivey）、苏珊·凯撒·沃格尔

（Susan Kaiser Vogel）和汤姆·伊瑟尔顿（Tom Eatherton）。他们在此领域的探索，尽管准确而言与第一批艺术家并非同时并存、彼此类似，但有时又兴趣趋同。近年来，以丽塔·阿尔布奎克（Lita Albuquerque）和皮特·厄斯金（Peter Erskine）为代表的新一代艺术家开始涌现。尽管这些艺术家竭力回避，但其作品还是被冠以下列各种名号：实验艺术、情景艺术、知觉艺术、现象艺术、特定场域艺术、氛围艺术，或者简单地称为光与空间艺术。他们的艺术创作的相似性并不表示他们团结一致，事实上，要理解这些艺术家的作品，关键是要认识到他们既没有形成一个团体，也没有促成一个运动，更没有发表共同宣言。然而，即使他们从未联合成整体，却彼此见证了数量惊人的作品的问世。他们在保持独特自我的同时，又真诚钦佩彼此的艺术贡献。

本书将要讨论的艺术家们获取知识的方式是试错：两者相较取其一，再与第三者比较——不断反复权衡直到感觉正确转化为事实正确。在这个意义上说，他们当中许多人是艺术家，更是哲学家。例如，罗伯特·欧文曾经说过："任何人，任何时候，只要坐下来……思考'我为什么会在这儿？我要说什么？我要干什么？'他就完全表现出哲学家的特质……审视自己在世界中的存在……哲学的真谛就是审视自我记忆里那些难忘的时光、审视当下境况里自我的存在状态。"

这个过程接近于阿克塞尔·马德森（Axel Madsen）对现象学富有启发性的阐述：

褶　子

现象学是一场运动，理解人的思维方式并重新定义人与自我、人与世界的关系。现象学并不试图解释和分析现象，而是通过描绘事物——现象——回到事物本身。从而把狭义思维推而广之为一种新的、更加直观的对我们存在的把握。现象学意味抽身世外，悬置一切判断，以本能直觉来把握事物和理念。

自艺术诞生之初，我们"如何观看"对艺术而言就至关重要。岩洞人知道如何绘画：只要以某种方式把一个头、四条腿和一个尾巴组装起来就构成了一匹"马"；文艺复兴时期，人们发明了焦点透视法，首次为平面绘画带来了景深感；又过了三百年，掌握了科学色彩理论的印象派画家创作了全新的色彩感和运动效果；再后来，立体派画家力图表达一种更加复杂的视觉概念：从不同的视角同时表现出某客体的多个面。

当代艺术史是一部激进史。在此之前，艺术是体系完备的造型艺术，并力求在广义的宗教背景上突显其哲学与诗学思想。然而，过去的150年里，艺术家们已经逐渐从根本上摒弃了这种艺术，通过质疑"绘画要表达什么？""我们要表达何种现实？""真理是什么？"等，我们慢慢地深入，废除了旧有艺术创作的整个过程。我个人对当代艺术的理解是：这是一个逐渐专注于做艺术家唯一可做之事的过程——从艺术史里有什么开始，细查它的体系与结构本身并将之抛弃。这个步履维艰的过程一点点剥去艺术结构自身，这里一部分那里一部分，直至露出我们现在手中所剩之物：存在、环境、意图设置。

——罗伯特·欧文

笔者的时代，物理学新发展所引发的时空观变化已经再一次从根本上改变了人们的思维方式。对东方哲学的接受和宽容进一步加深了对形而上存在的人的理解。认知的扩展造就了艺术表现力的扩展，艺术不再是假象与错觉艺术，甚至也不再是抽象艺术，而很可能是比二者都更加人性的艺术，因为艺术成形于观者的直接参与。

理解这种新的艺术形式需要审视当时存在的各种观念——那些基于"艺术即假象"理念之上的观念。几个世纪来人们所学的逻辑不鼓励主动怀疑：我们已经习惯于接受这种视错觉并形成条件反射。然而新艺术形式不单单是数学透视、貌似真实的意象，或者画家的迷人笔触，而是追求真实、追求不同的存在状态，这才是促使我们发现某作品具有吸引力的东西。是这种真实，而非原本的刻板真实才引起我们的反应。正如加斯东·巴什拉（Gaston Bachelard）所强调的："心灵运用白日梦来理解诗的意象。"正是在白日梦中，光与空间艺术作品的参与者（观众）慢慢摈弃了理性的结构化真实，不知不觉进入了全然迥异的感知状态。深入"做梦人和梦境的双重深度"之中，光的呈现、色彩的感知、空间的感受就浮现出来，比任何一板一眼的真实呈现都更加真实。

褶 子

当代艺术史中形象和姿态的呈现正逐步减少。俄国至上主义画家卡西米尔·马列维奇（Kazimir Malevich）在1915年写道："在过去的千年中，艺术家一直尽可能忠实地描绘物象，传达出该客体的本质和意义；然而在随后的立体主义时代，艺术家把客体连同它的意义、本质和目的一起破坏掉了；一种新的画面从它们的碎片中诞生，物象客体因一种新的艺术文化而烟消云散。"看起来马列维奇和其他俄国艺术家比如埃尔·李西斯基（EL Lissitzky）的探索最终导向了一种无客体艺术。然而十月革命打断了他们突破性的研究，一种新的存在艺术而不是观看艺术随着冬宫的暴风雨被一扫而净。

至上主义运动中断后，又过了一段时间这种原初的冲动才重新以现象学艺术形式出现。在这段暂歇期，这条道路上涌现了众多艺术作品，瓦西里·康定斯基（Wassily Kandinsky）和彼埃·蒙德里安也步入此领域。随后，"黑色修士"艾德·莱因哈特（Ad Reinhardt）创作了一批作品，很好地阐释了他本人对这条艺术路径的理解。但不要忘记，正是至上主义为光与空间这种知觉艺术提供了最重要的参照体系。

在马列维奇和埃尔·李西斯基宣告一种隐含形而上学意味的新艺术的同时，由蒙德里安和特奥·凡·杜斯堡（Theo van Doesburg）所领导的荷兰风格派（De Stijl）艺术家们正尝试创造一种新的、普适性的艺术语言。上述每个群体的信念都是乌托邦式的，都力图把艺术整合进生活的方方面面。从这些观念演化而来的室内环境艺术至少从哲学上说，是许多光与空间装置艺术作品的先声。

何谓"光与空间艺术"?

当我们介绍某种特殊类型,以及它们彼此间的特殊关系时,我们会用这些说法/记号:空无、混沌、非自然、生成空间,亦即秩序、肯定性、雕塑形式。记号集合的结构与规模给予空间某种特殊张力。通过改变这些标记,我们就改变了空间的张力,来自于独一无二的空洞的张力。

——埃尔·李西斯基

这些空间艺术作品中最重要的是由埃尔·李西斯基在1920—1923年间创作的被他称为Prouns的系列作品。Proun是"确立新艺术的规划"(Project for Affirmation of the New)的缩写,它被定义为绘画和建筑之间的交点。埃尔·李西斯基的Proun空间最初是为1923年的大柏林区艺术展创作的,1965年由其他艺术家重建。这个作品是一个边长约9英尺的立方体,光线透过天花板上一块半透明嵌板照进来,每面墙上布置着二维和三维至上主义元素的不同组合:水平或垂直长方形板材、相互交叉的杆棒、小球等等,有些嵌板几乎从地板延伸到天花板。观众在房间里走动,很快就会发现没有一个适合观看的固定位置,立方体内的六个面已经变成了一个整体。甚至连半透明的天花板也因为其上一根标记四分之一位置的黑杆被整合进作品。

乍看之下,整个房间更像是建筑而非绘画或雕塑,但它实际上是建筑、绘画和雕塑三者的完美融合,与光和空间艺术家创作的那些特定场所的、具建筑特色的作品之间的联系如此清晰可辨。的确，如鲍里斯·布罗茨基（Boris Brodsky）所言："之后出现的所有那些将观众与环境联系起来的当代环境艺术实验，都源于这次尝试。"

> 但愿艺术家们把全部注意力集中于平衡形式与色彩上，这样的艺术效果永不可能差强人意，即使艺术表现力在极大程度上取决于所使用的材料时也应如此。但若要这样的情形大规模发生，首先必须净化社会生活本身，只有纯净的社会生活，方能以最自然的方式生出新式的美。
>
> ——蒙德里安

光与空间艺术先声的又一个至关重要的室内环境艺术作品是蒙德里安的《沙龙夫人，德累斯顿》（*Salon de Madame B. a Dresden*）。蒙德里安 1926 年设计出这个作品，但是直到 1970 年在纽约佩斯画廊展览时才得以按当初设计制成。这个房间与其说是真实的、活生生的起居环境，不如说是蒙氏理念六面体的成功运用。蒙德里安说过其灵感来自于他生活和工作的场所——工作室的空间感。米歇尔·索弗尔（Michel Seuphor），这位工作室的常客，详细地描述了这件作品：

> 这个房间颇为宽敞，天花板很高，采光很好。蒙德里安用一个黑漆面橱柜把这个房间分隔为不规则的两部分。橱柜被一个长久不用的画架遮住了大部分，画架上面盖着大块灰色及白色纸板。另外一个画架靠在巨大的

后墙上，墙面经常发生变化，因为蒙德里安总是在上面尝试他精湛的新造型主义技术。第二个画架全白，专门用来展示画好的油画……还有两个大藤椅，也漆成白色；光可鉴人的地板上铺着两块地毯，一块红色，一块灰色。

光与空间艺术家也属于另外一个传统——自然光在艺术中的应用，也就是卫乐比·夏普（Willoughby Sharp）所称的光线主义。他说，光线主义诞生于1734年12月21日圣托马斯节那天。神父洛迪斯·伯特兰·卡斯特尔（Ludis Bertrand Castel，1688—1757）……在巴黎他的书房向朋友们展示世界上第一个有色乐器——羽管键琴，也称作拨弦古钢琴。这个乐器有五个八度音阶，琴键与一组透明带相连，烛光透过带子发出幽幽光亮。

从那时开始直到二十世纪五十年代晚期，光线艺术作品具有这样的审美特征：即以机器为中心，以奇观为主导，带有运动艺术的元素。因为几乎所有的作品至少都在光照下闪烁并摇曳生姿。这些特征把早期仅使用光线创作的艺术家与光与空间艺术家区分开来，因为大部分光与空间艺术家并没有意识到他们前辈所做的努力。随后的许多技术实验，比如把艺术与技术结合，对光与空间艺术产生的影响微乎其微（尽管罗伯特·欧文和詹姆斯·特瑞尔都是1971年洛杉矶艺术博物馆艺术与技术展的重要参与者）。尽管许多艺术家业已发现：复杂技术的确是创作的源泉，他们使用材料的方式也的确令人叹为观止，但是痴迷奇观、追求技术硬件的艺术状态却没能给南加州艺术家带来宁静,也没有产生他们所期望的、随之而来的巨大哲学影响。

二十世纪六十年代,南加州许多重要艺术家开始使用玻璃纤维、丙烯酸塑料、涤纶聚酯纤维和玻璃进行艺术创作,很快就形成了一场被称为"洛杉矶玻璃和塑料"的非正式艺术潮流。艺术家以一种高度复杂而又细致的方式来表达当地人对光线、空间和色彩的关注,这些透明材料及其非物质性外观成为艺术家创作材料的理想之选。尽管这项创作仍然以物质为基础,但它要经过认真思考和反复改进,因而实验性十足。

与将玻璃和塑料大量引入艺术创作相伴随的,是绘画和雕塑的界线开始瓦解。许多画家的作品在某种程度上就是雕塑,而事实上所有雕塑家通过其作品也显现了画家的思索。南加州使用这些介质的画家有查克·阿诺尔迪(Chuck Arnoldi)、罗恩·库珀(Ron Cooper)、罗恩·戴维斯(Ron Davis)、约翰·迪尔(Laddie John Dill)、克雷格·考夫曼(Craig Kauffman)、艾德·摩西(Ed Moses)和海伦·帕什吉安(Helen Pashgian)。每一位画家都在探索塑料的模糊性或半透明性,还有塑料能在多大程度上透光。(这样的分类不免有些混乱,因为帕什吉安既从事雕塑也画画;准确地说,考夫曼早期的造型作品被当作墙塑,而非绘画。)雕塑家有皮特·亚历山大(Peter Alexander)、拉里·贝尔、居伊·迪尔(Guy Dill)、道格·艾杰(Doug Edge)、弗莱德·埃弗斯利(Fred Eversley)、罗伯特·欧文、德韦恩·瓦伦丁(DeWain

Valentine）和道格·惠勒（Doug Wheeler）。（这个名单分类同样也不准确，因为在某种程度上欧文一直是画家，他在二十世纪六十年代晚期创作的丙烯酸系列作品是他的第一批雕塑作品。）

"洛杉矶玻璃和塑料"运动起初被误解是为富人定制昂贵装饰品，到二十世纪七十年代初人们才认识到：该运动是通向更精致更复杂的艺术的阶梯。这些作品背后的技术支持源于工程学和航空航天工业，如今被用以创作比之前十年更为精致、更不同凡响、知觉体验更为丰富的作品。当然，这些新作品技术上也更加困难，在许多案例中都是隐而不显。

大约同一时间，尽管二者源于不同理念，但西海岸艺术家创作的玻璃和塑料作品与东海岸艺术家的极简抽象派雕塑共享一些元素。西海岸艺术家的作品外表魅惑、色彩丰富，虽不符合正统的极简主义标准，但却如极简主义作品一般，表现了"减到最本质"的理念。东海岸艺术家希望艺术对象与其材料密不可分，而西海岸的艺术家则追求理念与对象的分离，他们的作品使人联想到水面的涟漪、树隙的光影、斑驳的月光。正如梅琳达·沃茨（Melinda Wortz）所说："南加州艺术家的作品显现出一种假象，凝定形式因倒影或光照而消解或变形……这种效果乃是周遭光线和物体本身相互作用的结果，换句话说，这些作品本身就包含了其所在场所的空间和光，而不是把有色光错觉描绘在画布上。"

光与空间艺术家主要关注的不是色彩自身，而是对色彩的感知。运用色彩，从来都不是为了色彩而色彩，而是基于这样的信念：色彩不仅是视觉信息，不仅是象征，更是自然存在。起初，只有特瑞尔和哈普·蒂维较多使用色彩，尽管特瑞尔也有作品很少或几乎不用色彩，而蒂维关注各种各样有关色彩的现象。欧文早期运用色彩进行创作，但是他很快认为其不必要而放弃了；最近他又重新把色彩视为作品不可或缺的一部分，完全忘记了自己还创作过二十个纯白作品。拉里·贝尔给自己的立方体作品的每个面敷上各种薄薄的颜色，还给其重要作品《冰山及其影》(*Iceberg and Its Shadow*) 外表面涂上透亮的宝石蓝。玛丽亚·诺德曼（Maria Nordman）也在其多个作品上使用色彩，比如说《79年6月21日这一天：从黎明到黄昏》(*6/21/79*, *One Day Only*, *Dawn to Dusk*)，在这件作品中阳光穿过彩色窗户倾泻而下。对道格·惠勒而言，色彩仅仅是光晕，因为甚至连"纯粹"的白色也不是真实的白色。埃里克·奥尔则倾心于铅色和金色这些算不上颜色的颜色——它们有着神秘的寓意，表示他对炼金术的兴趣——以及他本人血液的颜色。布鲁斯·瑙曼在他的《绿光走廊》和杜尚风格的霓虹灯作品《窗或墙上的符号》中也使用颜色。德韦恩·瓦伦丁在他的室内环境作品中以折射方式使用色彩。对苏珊·凯撒·沃格尔而言，丰富细腻的色彩是其作品冲击力不可或缺的源泉。

加州自身环境对于光与空间艺术的影响也不容忽视。阳光灿烂的天空、波光粼粼的水面、柔软舒适的沙滩是对加州感知的一部分，正如地铁、摩天楼、网格状街道是对曼哈顿感知的一部分一样。住在南加州一定会感受到这奇妙无比的柔和色彩与宽广空间。这里的光线令人难忘,甚至烟雾也没了负面的视觉属性:在雾霭中,缕缕浅粉、嫩黄、湖蓝层次倒置,比那里的晴空丽景更蔚为壮观。当人们无法容忍城市的喧嚣和车水马龙,总有沙漠可以远遁,置身于寂寥无垠的沙漠,放松自己并重获精神。

哈尔·格里克斯曼(Hal Glicksman),其专业领域集中于加州艺术圈——主要是帕萨迪纳美术馆、洛杉矶美术馆、波莫纳学院、奥迪斯艺术学院——因此他与我们此处讨论的艺术家保持着紧密联系。他反对那种认为加州的光线在这些艺术家作品中占有中心地位的说法。

> 南加州探索光之现象的艺术家并非是对这里自然光特性的反应。大多数艺术家主要利用人工光进行创作,直到后来才将自己的艺术探索扩展到利用有限的外部光照。他们的作品肯定不是对南加州明亮清晰光线的回应。事实上,要是所有这些发生在纽约会更讲得通。比如说那里一切都以室内环境为导向。更确切地说,他们对光现象的着迷与他们对东方神秘主义的兴趣相关,还与由华莱士·伯曼(Wallace Berman)早期所阐释的艺术形式和其他强调灵性及沉思的艺术形式相关,以及与当时的航天工业相关。

航天工业科学家当时正努力研究宇宙飞船中宇航员所遇到的各种各样感知问题。这些科学家研究沉思的方式非常科学化，就差把佛家禅宗放到试管里分析了。该神秘主义教义一直以来认为，人不能证实任何事物，甚至连描述也不可能。伴随着科学家们对脑波探测和感觉丧失的研究，他们尝试将神秘现象具体化、量化，以便能够体验微妙的内省现象，达致感知会变敏锐的"虚静"状态。与此同时，艺术家们也在从事类似的研究，并通过合作项目的方式与科学家保持畅通交流。

笔者认为，即使格里克斯曼（Glicksman）所说的很多是实情，他本人参与艺术和技术项目也会使禅宗和航天工业的结合（充其量是种奇怪的结合）在他的观点中显得过于突出。别忘了，在艺术与技术实验或艺术与技术项目有瓜葛之前，众多现象学艺术家的创作一直进展顺利。许多光与空间艺术家也了解佛教，但是他们大部分人明显是以世俗方式来研究佛教教义精神性的一面。除了蒂维曾经在日本寺院住过一段时间，算是一个真正的佛教教义践行者之外，其他人都不是。大部分艺术家对佛教的态度不过是知识分子的好奇，但是他们都坚决否认其艺术有任何精神性的意味。

> 人们总是说我是精神领袖，而其实我从未以此自诩。将"禅"这个词与我的作品联系起来只会把问题搞复杂。这是个语言学问题——听到"禅"这个字眼会想到阿伦·沃茨（Alan Watts）在加州湾索萨利托的船屋[1]。当然，

---

[1] 哲学、心理学、宗教（印度教、佛教、道教、禅宗）作家。60年代在索萨利托渡船生活和工作，他的名字通常是与60年代的反文化运动和艺术联系在一起的。——译者注

何谓"光与空间艺术"?

> 阿伦·沃茨与禅宗都没错,但是即使他们两者之间充满神秘而不可分的暗示,也与我的艺术探索毫无关系。
>
> ——罗伯特·欧文

倘若仅是为了理解艺术家的作品,就把作品与不符合本意的东西牵强附会在一起,会严重地损害艺术家的声誉。最重要的是,从一开始就应认识到光与空间的艺术不是简单的模仿,而是独特的创新。早期艺术家——至上主义者也好,光线主义者也罢——留下的遗产,在某种意义上已经被耗尽。因此光与空间艺术家要继续前进,积累他们自己的美学资本。

> 我认为,历史不应致力于生产易逝的东西。曾经之事的留痕、记忆,可以小心进入,并打开历史中那些利害攸关的时刻,谁知道历史会以何种方式转变?艺术家花了太多时间思考此事,结果因此耗尽自身。阿尔·赫尔德(Al Held)就曾说过:"历史是魔鬼,而所有艺术家都是浮士德。"
>
> ——帕特里克·艾尔兰

在二十世纪六十到八十年代期间,相对而言,东海岸新闻界对光与空间艺术家的作品毫不知情也不感兴趣。到七十年代末,不能也无法再忽视光与空间艺术的重要性了,东海岸的新闻界才出现一篇关于加州重要艺术家的权威报道。(颇具讽刺意味的是,这些艺术家在国际上取得了很高的地位,但很久之后才在美国国内得到承认。他们许多重要的展览是在欧洲举行的,而非美国。最后人们终于看到情形有所改变。)缺乏批评界关注反而产生了积极的影响:正因批评界无人过问,加州的艺术家们慢慢发展、深思熟虑进行创作,才能形成他们非凡的个性。

在过去二十年间,艺术领域的深刻变革产生了一种新的意识:环境在感知过程中发挥着重要作用。博物馆或美术馆展出艺术品是传统意义上对作品的认证和赋权;荒滩僻壤上三块比例匀称的巨石与野口勇(Isamu Noguchi)雕塑公园里陈列的类似石头传递出的信息肯定不同。

> 艺术家创作无非两种情形:要么他对过去坚信不疑,将之视作他的遗产、他认为完美的东西;要么,他发现自己因不可言明的冲动要反对既有成见,并宣称占有艺术。在第一种情形下,他舒适安顿于传统艺术形式中,并重复其中的神圣模板;在第二种情形下,他应该乐于偏离经典传统,并以给作品增加明确反经典规范的注脚为荣。
>
> ——何塞·奥特加-加塞特

欧文提出了"艺术是质询行为"的理念。根据这种理念,在沙漠、森林、空地或工作室私密空间中进行的私人研究和公共视阈展出的艺术品一样真实、一样切实可行、一样重要。探索永不生产有形艺术客体但可以丰富艺术母体,促进其他艺术语言的发展。这样的艺术探索实际上比创作有形艺术品更为重要，因为它们提供粗糙的理念，经过必不可少的浓缩后获得其最终形式。

梅琳达·沃茨把光与空间的艺术家称作"空无建造者"：

> "空无建造者"的最高境界是对材料的超越。他们把艺术中的自然和视觉事件几乎缩减为无，或者至少创造出一种虚无。他们激励我们去分享这种知觉——如此重要的知觉，超越了各种说不清道不明的意识状态所在的常识经验层面，使我们有机会认识那不熟悉的、未知的或者无法言传的知觉层面。这些恰恰就是我们的文化最少提及的存在状态。

知觉艺术家乐于提出这些问题，用欧文的话说，就是："乐于把问题留给未来，并赋予其作品远大于审美价值的东西……"

几乎空无一物:光、空间和现象学的语用学

达瓦娜·舒尔德 文　葛璇子 译

简言之,实际上认知的现时并非窄如刀刃,而更像一个马鞍,有一定的宽度可以让我们坐定,并从两个不同的方向看时间。我们所感知时间的组成单元是一段绵延,它有船头和船尾,可以看向前方和后方。

——威廉·詹姆斯,《心理学原理》

2007年秋日的一个下午,圣地亚哥当代美术馆楼上画廊向参观者展示了一个空荡荡的空间。罗伯特·欧文在天窗下精心安装了一个无题的圆盘,这个圆盘从其背后的墙上凸出,又与墙连为一体,并被一个两英寸的金属质地的灰色水平线"一分为二"。右边的一大片白墙支撑起整个空间的光亮区。在参观者身后,一个标签说明,除圆盘之外这个画廊里还有一个作品——其名称是《方屋》。

有些人看到了这个标签,有些人没有;甚至,有些人注意到了这个作品,有些人却没有。事实上,右边的墙也是自

出机杼：一张薄纱干预了空间，它悬挂在空中，对这个空间中奇怪的尖锐角落进行了90度的修正。正如我们在圆盘前看到的一样，薄纱吸收了来自上方的光，呈现为哑光的固体。然而，从右边穿过装着圆盘的墙，参观者也许会为去物质化的感觉所震惊，她意识到她不仅能看到这堵墙，还可以穿过它。通过在空间中来回移动，或在或明或暗的光线中折返，人们可以意识到自身的感知能力有无限的灵活性。

在这种情况下，参观者不仅可以从适当的角度看到简单的几何体，也获得了满足感。然而，《方屋》在现象学上的变幻交替并不能引起所有人注意，很多参观者路过薄纱/墙——以及这个空间——却没有注意到它。对于大部分墙体来说，这就是它们的命运。

因此，此中奥妙是什么呢？为何要费心为这些心不在焉的人设计一些他们不甚在意之物呢？美国实用主义者约翰·杜威在1934年写道："过度接受阻碍了经验走向成熟，反而是一些无关痛痒之事被放大。人们感受不到任何意义，尽可能多的印象聚集在一起，被人们当作'生活'，即使这些印象仅是浅尝辄止。"

二十一世纪我们依然精神涣散，我们的经验仍旧是鸡毛蒜皮之事。光与空间艺术在杜威时代直至当代发展起来，其本身就是一种经验艺术。正如《方屋》和由欧文、詹姆斯·特瑞尔、道格·惠勒、玛利亚·诺德曼和埃里克·奥尔等人设计的在感官上有挑战性的作品表现出的一样，其实什么都不呈现才能最大限度地表现（人们的）关注形成的机制。这就意味着它们的某些艺术效果将被最大还原（因此，光与空间艺术经常被描述为美国西海岸极简主义艺术）。但这种还原主义式的工作反而又能使审美最大化。作品展现的也许只是一堵白墙，但它却可以通过引起人们的注意，让人们打开"感觉与智慧"的交流通道。

现象学美学和艺术，特别是极简主义艺术有着长期且复杂的关系。莫里斯·梅洛－庞蒂的哲学研究旨在创建知觉第一的哲学观念，光与空间艺术的从业者和历史学家都对他有极大兴趣。现象学与美国实用主义学说都拒绝对事物做出定义，这在很大程度上是因为相较于结果，二者都更重视方法。威廉·詹姆斯的描述很恰当："实用主义倾向于使我们的所有理论变得不再僵硬。"

同样，梅洛－庞蒂和埃德蒙德·胡塞尔认为现象学是内省的一个程序，而不是一种严格意义上的学说。近年来，现象学和语用学在神经现象学这一新兴领域有所重叠，该领域旨在开发一种用于研究亲身经历的科学方法。神经现象学明显承袭了胡塞尔的理论，胡塞尔追求一种研究现象及物自体本身的科学。他假设我们可以将自己作为观察者进行训练，以悬置先入为主的偏见而直接思考正发生的经验，尽管在常态下这样做非常困难。减少了干扰物、强调表面的平凡、排除先入之见，光与空间艺术就处在这样一种现象学的立场上——对一切事物的存在进行"悬置"，或将其放入"括号"中存而不论。因此，尽管"光与空间"是一个实用且有历史依据的名称，但用它来命名这类艺术依旧有误导性，因为它忽视了一项重要的必需要素，那就是感知。然而，称之为感知艺术，又忽视了感知内嵌到周边环境当中的方式。因此，也许更合适的称法应当是"现象艺术"。

现象艺术不是对现象学哲学的描绘，也不是现象学哲学的某种书面形式的模拟或注解。一些艺术家精通胡塞尔、梅洛－庞蒂等人的认知哲学，作为这样一个群体，他们的艺术与其说是对现象学的展示，不如说是将它们自然化了。这形成了一种内省行为，即促使人们将自己作为身体去体验，而不是仅仅拥有身体。梅洛－庞蒂写道："感知行为一出现，我们自身已不在场了；相反，我们将自我建立在感知行为内，以便分析主体及其身体和他的外部世界之间的特殊关系。"

我们读杜威的著作时可以发现，现象学方法和实用主义方法之间的对应关系变得很明显，"简而言之，艺术以其自身形式将主动行动和被动承受、能量的输入和输出的同一关系统一起来，这使经验得以成为经验……艺术家在工作时表现出感知者的态度。"探索现象艺术的挑战提供了一种解释，它不会缩小或错误地界定相遇，因而不会使"内省在语言后面消失殆尽"。因此，对于我们这些研究光与空间现象的人来说，有必要进一步探究还原、加括号和自然化在理论与实践上意味着什么。

褶 子

还原与剥夺

广义的"光与空间艺术"的一些艺术家,他们的工作方式严肃地挑战了构成极简主义艺术的常规要素,"极简"这个术语依旧适用于描述现象艺术,这些现象艺术赤裸裸地展示了我们的经验,因此,它也是还原的。在这方面,光与空间艺术作为一种基本的现象学实践在漫长的极简主义艺术实践史中占有重要位置。尽管近年来艺术史的研究很重视极简主义艺术,但是进入研究视野的大多数展览和作品主要集中于二十世纪六十年代极简主义的初期实践中。然而,二十世纪六十年代的极简主义艺术并没有它声称的那么简约。

也就是说,任何宣称极简主义艺术都是还原的论断都指向两个重要的问题:第一,还原是什么意思?第二,什么(如果存在这种事物的话)被还原了?问题的一部分是极简主义创造了一个有自主性而不可分化的客体(其典型形式是机械加工的立方体)。这就是理查德·沃雷姆在创造极简主义艺术这个术语时的论断。实际上,当还原与仅由客体或事物组成的作品相关时,自然就会产生事物本质属性的问题。相比起将客体与其属性联系起来,我们将经验和它们的属性联系起来,极简主义的使用定义将会是非常不同的。现象艺术的客体不再是一个独立自主的事物,更像是偶发的经验;是一个"时间性的客体事件":它取决于时空的变化,并且只能在"似是而非的当下"实现。

对原始经验的直接研究在二十世纪六十年代和七十年代

得到了艺术家和认知科学家的追捧。特别是欧文和特瑞尔协同心理学家埃德·沃兹进行的实验,它们成为莫里斯·塔尼曼在洛杉矶美术馆 1968 年至 1971 年艺术项目的一部分。在相关实验中,为了引发一个不会太过分散以至于主体无法介入的原始经验,感官刺激被极大地削弱:换句话说,感觉被剥夺了刺激。消音室——用于心理和航天工程研究的隔音建筑——成为探索在一无所有的情形下人们可以做些什么的绝佳场所。在这个三角研究中,消音室与其视觉等效物甘兹菲尔德实验相互配合,将光分配在无差异的环境中,从而让实验主体去体验纯粹的色彩。

除了欧文和特瑞尔,道格·惠勒、玛利亚·诺德曼和埃里克·奥尔将大量时间投入在消音室以进行经验测试,有时会通过遮光来进一步强化体验(奥尔甚至建立了自己的个人空间以供冥想)。值得注意的是,这些实验强调了反思不仅是个别装置的预期结果,更是现象艺术实践的一部分。尽管加州大学洛杉矶分校的学生参试者在消音室被隔离了四分钟、七分钟或十分钟,欧文和特瑞尔还是宣称在里面一次性待了几个小时。通过这个过程,二人极大地拓展了他们的参与能力。所有类似的感官剥夺训练中,最引人注意的是这些实验增强了艺术家主体的注意力。如果在一个阳光明媚的下午,两个小时的日场电影会给我们带来短暂的失明,那么在黑暗与寂静中待六个小时会令世界显得异常嘈杂。

对于光与空间艺术的观众/参与者来说,这次实验的重大成果在于,无论我们是否注意到,艺术作品都会在知觉上影响我们。欧文早些年运用了薄纱的作品有力地证明了这一点。1970年至1971年，欧文将被阻隔的光——局部挂着薄纱的天花板——和与视线等高的线装置在纽约现代艺术博物馆内，他将薄纱平行地悬挂在天花板下方，让从天而降的光散射开来，令一个原本不起眼的昏暗画廊焕然一新。

此外，由欧文增设的冷暖色交替的白色荧光灯巧妙地割裂了参观者对空间体积的感知。在描述这个装置时，欧文说："人们走进那里，什么也没有看到，于是离开，接着进入下一个画廊……并且说'我从没发现这里的光线这么差——雕塑上到处都是光影'。他们不会进行任何联想。但是我离开时，感觉已有一些东西萌芽，而且这些东西只需注意一下即可。"这项工作重置了知觉的现状，这使博物馆的参观者离开作品的时候不知所措，进而改变他的注意能力。这样的作品在思维的起始阶段——被称为意识边缘的经验外围，一个意识和无意识相交互的交汇地带——发挥作用。因此，知觉的边缘是有动态意义的。

在涉入一个模糊（或可能普普通通）的环境时，我们的知觉能力越来越接近边缘地带，并感觉任何对比都更趋极端。我们会情不自禁地注意到这些极端的对比。以往不起眼之物变得显眼，整体反而看起来没有引人注目之处。

同在1971年，泰特美术馆一个精心制作的装置中，道格·惠勒同样对通过调整位置的方法打破参观者的平衡感有很大兴趣。他通过设置一个非常微妙的倾斜地面，让参观者向一堵40英尺的用于甘兹菲尔德实验的墙壁靠近。他说："我这么做是为了让你在空间的特定地点停步,并使由此至彼的转换在无意识的状态下进行。为了达到这个效果我必须帮你减减速。"惠勒的解释也强调了这样一个事实:一种知觉艺术必然也是一种时间艺术。那么我们应当如何从一大串浑浑噩噩的活动中过滤出时间—客体—事件,以便对之进行内省审查呢?

将时间放入括号

惠勒对空间中建筑细节的关注指向了现象艺术的另一个重要方面:它的他者性,它所扮演的空间角色反而也起到了隔离时间经验的作用。艺术家的一些运用了光的早期作品作为展览环境中的客体而保持一定的自主性。在这些"装配的作品"(1966)中,一个浅且暗的"盒子"里罩着霓虹灯。

这些盒子由硬边有机玻璃制成,背面采用白色和黑色漆层喷涂,如此一来盒子内的氖管只能从边缘透出光线,增强并破坏了传统画框的线性清晰度。这些大型(超过 7 平方英尺)作品像画作一样挂在墙上,从各个方向将光散布在画廊内的空间。正如威廉·威尔逊在他的评论中预见性地写道的:"即使做出改进,正常建筑也无法做到一尘不染。每一个不完美的细节都会成为污点——地板线条所损坏的光泽,房间的种种不规则之处。地板上的脚印污秽似圣餐外褂上的泥点。"也许很明显的是下一步就要占据和调节空间本身。1968 年,惠勒开始更认真地钻研作品的周边环境,消除诸如拐角等分散注意力之物,将展示墙与周围的墙壁、天花板和地板分开,有效地将参观者包围在作品中。

对展览现场做出这样的处理起到了实际的效果:保证了艺术品需要的原始的干净环境,参观者在进入装置前,通常要先脱下鞋子。虽然这一细节看似无关紧要,但这个简单的行为在他开始充分感受作品的效果之前就已经改变了参观者与作品的关系:它是参观开始的标志,引起了参观者对作品的敬畏感。这种对参观者态度的关注既是同化的,也是令人信服的,它与惠勒创造的环境不同,后者吸引你过来仅仅是为了驳回你追求清晰性的愿望,并将你再次推回原点。

《无题》(1969年)安装在一个20×20平方英尺的白色房间中,这个房间的墙壁之间没有形成角度,而是在交界处微微弯曲。正对入口的墙壁中央,安装着一个8×8平方英尺的正方形霓虹灯——由一个半透明的塑料外壳包裹并将光扩散——使整个房间充满朦胧的紫色和看起来明亮的光。一开始,我们几乎不可避免地被吸引到方形灯前,但是越接近它,我们越是发现其轮廓消散在房间氛围中。然而,房间中"抖动的空白"增强了在场感。只有当我们退回门口的起点时,方形灯的几何形状才能再次显现出来。

事实上,这次经验中最引人注目的特点是光有了具体形状,仿佛悬浮在云中的感觉。这种感觉的效果是,参观者可以惊讶地看到清晰的轮廓,而非雾里看花一样朦胧。当我们离开装置并穿上鞋子时,也进入了一个相对而言有清晰边缘的世界。由此，在超现实的时空中，门槛处这个节点的设置将光和感觉作为一种奇异的经验悬置起来。

这种效果并没有在惠勒那里消失，他在随后的作品中（如先前提到的泰特美术馆的作品）一直在努力对过渡性空间扮演的角色做出进一步探索。

詹姆斯·特瑞尔的作品《阿克顿》（1976年）是一个早期的"空间分割"作品，它同样提供了一种让我们理解如何以审美的眼光建构经验并使其成为内省对象的方法。此外，这个装置的重点也是最容易被忽视的部分：其入口是一个分界。为了充分体会在这个空间中迷茫的乐趣，我们必须先穿过一个比公共区域更昏暗的小走廊，再通过一个开放式的门道。

仅仅如此，门就已然暗含了有意识选择进入装置、对装置内部构造的期待或预想。由此，我们标记了面前的经验事件，与之前经历的事件的区别。这个过渡带将光线相对充足的公共区域与稍暗的卵灰色的"视觉空间"（特瑞尔命名的装置中第一个中转区）区分开。此外，由于门的顶部比视觉空间的天花板低几英尺，有效地隔绝了公共区域的噪音，使装置内部显得更加安静，并增强了差异感。

在视觉空间内，有一个"感觉空间"，这是一个与视觉空间有相似尺寸的空间，它只能间接地透光，穿过一个起初呈现为与内墙齐平的深灰色平面或面板的长方形门洞才可进入。由于感觉空间的无序，与视觉空间相比，参观者对感觉空间的体验更加个性化。参观者只有逐渐习惯黑暗并走近"深灰平面"，才可以看到这里的第二个入口并进入它，在此刻，参观者不由自主地想证实这个新的感知事实——经过证明他发现眼睛是靠不住的——他会在空荡荡的空间里挥手。

接下来参观者会有一个愉快的意识：人们仅仅通过重新确立身体相对于感觉空间的位置，就可以再次体会到这种幻象。这种有意识地保持知觉变化的能力同样也是特瑞尔很多投影作品的特点，尤其是作品《白色》中的"方块"，它像纳克幻觉一样，当它向左或向右旋转一步时，这个方块可能会被有意识地操纵去逆转它的棱角，或将其还原为面向我们的被投影的立方体。没有哪种解释是绝对权威的。

同样，当我们站在《阿克顿》的视觉空间内时，会意识到彩色面板并非"真实"的。正是这样的意识，让观看行为本身受到关注。我们的关注对象不再是墙上的形象，而是特定情况下我们如何处理自己的感知机制。

惠勒设计的环境和特瑞尔的《阿克顿》经验中所建立起来的知觉序列——进入、迷惑、察觉、出现——是一种有效的现象学还原实践。当我们考虑到这些参与者没有受过事前训练，就更是如此了。

将虚空自然化

光与空间艺术不会将光与空间作为媒介来处理，它要讨论的是参观主体的个人感觉的适应能力，这种适应能力可在感觉经验完全被剥夺的情况下通过延伸自己的经验而遭到

"扭曲",而感官剥夺则是一种连续的对完全的黑暗和沉默的感知经验。特瑞尔某些更加昏暗的空间分割作品刺激了参观者的迷惑感,对参观者造成伤害。在这些作品中,光线昏暗、视野模糊、方向难辨,甘兹菲尔德实验呈现的图样中虚幻的可靠性加剧了这种影响。

这样的环境不仅适用于控制注意力,而且它的前提基础是经验即知识。

因此,一个人不知道空白的感觉,不去测量它的现象的——自然化的——维度,即空间、时间和感知的话,他就不能了解空白。

由此,沉浸于其中一个空间就是一种实践手段,可以了解黑暗是如何成为我们经验构成的一部分的。正如许多光与空间的艺术家,包括特瑞尔和奥尔所做的那样,玛丽亚·诺德曼对空白进行实验,一开始她在自己的工作室,将圣莫尼卡工作区划分为两室的序列:一个过渡性的前厅,及其上方的一个黑暗的冥想空间。1975年,她受邀在位于意大利的朱塞佩·潘扎别墅中安装了一个类似的空间:"瓦雷泽厅"是一个两室格局的特定地点装置,其中的空白引发了人们对过渡形式和新兴形式的关注。

艺术家再次运用前厅来标记一种转变:即由公共空间进入新的确定的经验,这里很明显诺德曼也关注环境声的功能;外部声音减弱了但并未完全消除,这样鸟鸣和其他游客的闲谈声可以穿透这种环境声音,并确保这种转变不是杂乱无章的。

当穿过第二道门，参观者会突然陷入黑暗，在这个空间，房间大到参观者无法立刻通过触摸来估计其尺寸。他们唯一的选择是等待自己适应这里的光线。几分钟之后，正常视力即可适应黑暗，房间里两个发着微光的平行线勾勒出空白的边缘，且平行线中间呈现出几近全黑的一大片，其两边微微发亮的立方体开始映入参观者眼帘。不熟悉的事物开始成形，我们测量其尺寸，开始了解空白。到瓦雷泽厅与诺德曼的其他类似装置的游客很热衷于讨论黑暗如何变成包裹的柔软。

诺德曼的建筑介入促使了空白能够在一个特定地点精确地循环。相比之下，埃里克·奥尔的作品《零质量》是可移动的空白，它的尺寸可以调节，这意味着其容量一次性不超过五人，它建造在一个简易的椭圆形框架上，然后把相纸排列在墙壁、地板以及天花板上。在一个特定场所，地点不定、光照不定，《零质量》以此为参观者提供了一系列用以思考的空白。在《零质量》明亮的情况下，辨别空间构造的显著特征仍然很困难，视觉体验由杆体视觉（暗视觉）转换到了椎体视觉（明视觉）。在其极暗的环境中，一个人的视力只能由完全失明发展到视杆细胞可以感受到弱光的程度。

《零质量》测试观察者的耐心：它展现一个人的知觉限度，却没有给出解决方案。相比之下，诺德曼的"瓦雷泽厅"是用承载时间的方法来识别事物，即，从现象学的角度对这一空间所进行的合理化处理。勾勒出中间空白部分的线条以一种令人满意的方法消解了经验，与欧文的《方屋》给人的感觉相差无几。奥尔有很多类似的作品，如其所为，他用几何形状"驯服"空白。但是在《零质量》中，我们将自己交给我们自身的感知方法。在这个高度还原的作品中，我们也许能体会到梅洛-庞蒂所言的"原始体验"。奥尔自己的术语称其为"原始物质性"或前解决状态。

在《零质量》中，黑暗所具有的意义就在于强调，在所有现象艺术中，无论其亮度如何，不确定性是如何能够有效地发挥作用的。一旦我们发现我们置身于明显的空白之中，这种空白就会破坏那种稳定的自我感觉。而这种自我感觉在空白之外的空间中是确定无疑的。在这些解释中，虚空的本质主义更重视这种空白而非话语。

突出的是，我们是根据自身与周围环境的关系程度来感知整体与（很有讽刺意味）自主性。其结果是一种不确定的关系，我们自己与周围的空白环境几乎没有什么和谐关系。——试想，如果一开始，我们就被虚空包围，我们应该向什么做出回应？又为什么要做出回应呢？奥尔的长期合作伙伴托马斯·麦克艾弗里断言：希腊的怀疑论和古印度的佛学（中观、中道）都在虚空中发现了一种方法：即悬置意见，并将自己向纯粹的可能性敞开。

这又与现象学将现实"存而不论"的做法相似：调查者/参与者拒绝偏见——这些偏见是直接参与事物而形成的——因此，对时代采取怀疑的态度，或者是悬置判断。这种积极而无为的状况有着"脆弱的时间性"。它要求观察主体有敏锐的注意力，这种注意力在日常的纷扰中容易被瓦解，但是在诺德曼和奥尔建造的空间中却得以持留。

欧文、特瑞尔、惠勒、诺德曼和奥尔创造出一些情景：经验陷阱、通过迷惑引起注意、通过感知来拉长意识，等等，他们借此将现象学付诸实践。很多现象作品通过其惊人的无序和感觉剥夺来发挥作用，进而从身体上消耗参观者的耐心。与此同时，这些特有的还原让我们能够测量经验，而这种经验是那种日复一日的心神涣散所无法获取的。杜威指出，经验大多是一致的，要对经验保持警惕。一个现象艺术作品要求我们审视我们对世界的认识是如何被塑造的，不是仅仅将世界作为一个客体，而是要将它看作具有时空维度的身体经验。没有我们可以参与的特定客体，我们就只能从动态的感知介入来思考作品。此外，我们要记住这些作品：我们的敏锐感觉，目前被安置在精妙的意识边缘，较之我们扔在后面的世界而言，它遭遇的是一个更加明媚生动的世界。

布鲁斯·瑙曼的世界

简·巴特菲尔德 文　李楠 译

这是布鲁斯·瑙曼的故事,我就是
布鲁斯·瑙曼的故事。真的艺术家
留下来帮助世界。我不喜欢
会飘远的羽毛,也不喜欢那些
会飞走的蝴蝶。
(第一段第二种译法)
此乃布鲁斯·瑙曼之歌,由我来吟诵
布鲁斯·瑙曼。真正的艺术家
给世界留下作品。而不是
轻飘飘的羽毛,或蝴蝶。

他让霓虹闪烁,他为双手赋形
他赢得学生们爱戴
他伸出灵活的手指,众人为之震颤
我们愿为他高唱赞美之歌

褶　子

布鲁斯叮曼
咚瑙曼
布鲁斯瑙曼
(最后三行第二种译法)
叮叮咚咚瑙曼
敲敲打打瑙曼
我们高唱瑙——曼

远离他的家乡印第安纳
人们似乎很惊讶,
对待这么一位艺术家
你们可否严肃点啊?
谜之回答如下:
布鲁斯咚曼
吟唱咚曼
布鲁斯瑙曼
(最后三行第二种译法)
叮叮咚咚瑙曼
哼哼唱唱瑙曼
我们高唱瑙——曼

他的名字在每个人舌尖传唱
他振动羽翼掠过大地嗡嗡响。
脱去你的短绒快快成长

来一起歌唱赞美老叮咚

布鲁斯叮曼

咚瑙曼

叮咚曼

(最后三行第二种译法)

叮叮咚咚瑙曼

敲敲打打瑙曼

努力创作瑙——曼

不论你做啥

我们都爱你

不论你做啥

呼叮呼

呼叮嘭

(最后三行第二种译法)

砰砰敲

叮叮打

敲打敲

希尔比·"印度"·肯尼迪[1]与唐·维特克/作[2]

---

[1] 美国人常会给自己起一个有趣的中间名,并给这个中间名加引号以示与传统中间名区分。——译者注
[2] 题诗,参见《布鲁斯·瑙曼故事》,1968,希尔比·"印度"·肯尼迪与唐·维特克所作的打油诗,布鲁斯·瑙曼艺术家档案,旧金山艺术学院档案馆。

褶　子

　　布鲁斯·瑙曼的作品这么多彩多姿，也难怪被冠以身体艺术、观念艺术、怪诞抽象艺术，恶臭艺术[1]、光线艺术、极简艺术、过程艺术、情景艺术等名号。他创作使用的原料也无所不有：视频、电影、静态摄影、全息摄影、乳胶、霓虹、水泥、石膏、木头、蜡、金属箔。显然瑙曼不是那种仅从事光与空间作品创作的艺术家，然而，只要他涉足此领域，他必居于风格最冷峻者之列。他的作品非常独特：干净简约，剔除了一切不必要的矫揉造作。也许，将其作品与本书中其他艺术家作品区分开来的首要特质在于他对作品的控制度。出于对开放环境的不信任，瑙曼设定了极为特殊的作品体验方式。为了确保参与者欣赏作品的反应与他本人的反应一致，他可谓费尽心思。

　　他成为享誉国际的艺术家已超过十五年。尽管如此，他仍然比其他光与空间艺术家年轻。1966年毕业于加州大学戴维斯分校，获得美术硕士学位之后，他开始在旧金山艺术学院教书，并投身艺术事业。同年，他在洛杉矶尼古拉斯·王尔德画廊（Nicolas Wilder Gallery）举办首展。不仅如此，也在这年，露西·利帕德（Lucy Lippard）在纽约费斯巴赫画廊（Fischbach）举办的那场重要的"怪诞抽象艺术展"也展出其作品——在戴维斯分校期间制作的玻璃纤维雕像。塑像犹如蠕虫一般的外观表现出与人的身体器官的联系——这一主题始终延续在他的职业艺术生涯中。他的作品破碎、生猛、未

---

[1]　funk art，也译作非理性艺术、悖理艺术、恐怖艺术。——译者注

完成；它们或是呈融化状，或是好像还没做好，或是颤颤巍巍地挂在天花板或者墙上。瑙曼通过这些作品传达一种理念，即默许他人制作出外表粗糙、意义开放和未经打磨的作品。

瑙曼在戴维斯分校曾展示过一些行为艺术作品，在尼古拉斯·王尔德画廊的首展之前，他就已经开始为自己拍摄影片。这些影片展示他在自己工作室里来回踱步、拍球玩、打发无聊时光的影像——他艺术生涯的另一个主题。

从一开始，瑙曼就选择做一名现象学艺术家（artist-phenomenologist）或者概念艺术家，而不是一名只会创作的艺术家。通常而言，他的作品中可看的东西很少，但是可思考的东西经常有很多。这一特点到七十年代愈加清晰明确。要想准确了解瑙曼的作品主题始于何处又终于何方非常困难；因此我下面的讨论仅限于其与光线和空间有关的艺术作品。

窗或墙上的符号，1967；黑，1968；光亮中心，1967—1968

"布鲁斯·瑙曼1965—1972作品展"，洛杉矶市立艺术馆，1972.12.19—1973.2.18

纽约惠特尼美国艺术博物馆，1973.3.29—5.13

瑙曼回顾展墙上挂着一幅巨大的粉蓝双色螺旋霓虹灯管装置。螺线之间有"真正的艺术家帮助世界揭示神秘真相"的句子。初读这个句子，我觉得瑙曼让人不明所以、不知所云，继而又觉得他作品中流露出的自高自大让人愤怒。甚至，作品里还有一点威逼利诱。正如彼得·普雷根思（Peter Plagens）所说，"如果这件作品是真正的艺术，那么一定有什么神秘真相隐藏其中。作为观众，我们要么被胁迫着，不得不寻找并思考，直到找到这一真理；要么可能就会说'这是什么鬼，我才不要看呢'并走开。但是事实上，我们永远不知道哪一种才是该有的反应"。[1] 可以肯定，瑙曼把他的观众不偏不倚地放在他希望他们在的地方——令人不适的边缘地带、既深刻又粗俗的边界。他解释说他的意图就是"将它展现出来，试探观众是否相信它；有些类似人们愿意相信但是无法相信的东西"。[2]

在光与空间艺术家中，瑙曼独树一帜。他把光当作作品的语法来运用，而不是用于营造氛围。在《窗或墙上的符号》这件作品中，他使用霓虹灯——刺眼、俗艳、廉价——来强化作品效果。瑙曼其他那些使用霓虹的作品，如《我的姓垂直拉伸了14倍》、《我的名字，仿佛写在月亮上》，不仅是使用光进行创作的观念艺术作品；它们开始处理概念化空间；它们非但不与本书所说的通常意义上的光与空间作品不同，而且还为这些作品奠定了基础。理解这些作品（瑙曼的名字写在月亮上会是什么样子？）需要思路开阔，有点像在概念与

---

[1] Peter Plagens, "Roughly Ordered Thoughts on the Occasion of the Bruce Nauman Retrospective in Los Angeles", *Art Forum* 11, (1973. 3): 55.
[2] Nauman, Jane Livingston and Marcia Tucker, *Bruce Nauman: Work from 1965 to 1972*, Los Angeles: Los Angeles County Museum of Art; New York: Whitney Museum of American Art, 1972, p. 31.

知觉之间频繁转换，瑙曼希望观众的身体也参与到欣赏的作品过程中，而不仅仅是在理论上思考作品。

作品《黑》连接了瑙曼的观念艺术时期与无客体艺术时期（也称作室内环境时期）。这件作品高4英寸，约5英尺8英寸见方，正如简·里维斯顿（Jane Livingston）所解说的，"它是一块2500磅重的方形钢坯，永久置于室外空间。它的底面——当然根本不可见——铭刻着'黑'这个字"。[1] 瑙曼本人这样评论这件会让人产生不祥预感的作品：

> 《黑》是第一个与剩余感（a leftover feeling）相关的作品。自那时起，这种感觉一直存在于我的作品中。要明确说明这种感觉很难，"只要是这类信息在作品中都不好处理"。当然，搭建一个无法进入的地方比较容易——一个无法控制的地方。有点像是对宇宙本身的思考。[2]

《黑》沉闷封闭。光的缺席，暗示了别的东西，比如幽闭恐惧。这件让人感觉不吉利的作品，反而很安全。我们可以思考它却无法参与它。《黑》这件作品具有一种神秘气质，远比瑙曼后来的某些作品更独特。"我喜爱这件作品的沉重感。我觉得自己给这件作品起了个不错的名字，并把名字置

---

[1] Livington, ibid..
[2] Nauman, ibid., p. 22.

于一个无法看到的底面……要是现在创作这个作品,我很有可能不这么干。在底面留字会将思路引到底面,思考那里会是什么样子。"[1]

创制中心(centering)对瑙曼而言很重要。这一点最早在《光亮中心》等作品(1967—1968)中就初露峥嵘。普雷根思这样评价这件极具智识气质的作品:

> 《光亮中心》……重点在于四道极亮的探照灯由上往下照在地板上的一片金属上。这种恐怖感伤害到了我,因而我想大声喊出来。无论对瑙曼的介绍里,还是艺展目录中,或是其他展品中,我都无法找到线索证明他是故意要把恐惧置于此处。有可能是因为:(1)他并没有安置恐惧于此处,那不过是我脑中所思;(2)他的确将恐惧置于该处,除了我无人知道;(3)他没有如此这般做,恐惧就在那里。[2]

四道探照灯光固定照着作品中央,似乎永远不变。凝视作品,观众会不由地思考中心的观念——至少我理解艺术家意图如此。但是普雷根思的观展经历却是切齿之痛。这一点也许就是瑙曼作品的冲突:无论他怎么费心设计,他仍然无法控制观者的反应。

---

[1] Nauman, Willoughby Sharp, "Nauman Interview", *Arts Magazine*, 44 (March 1970): 23.
[2] Plagens, *Roughly Ordered Thoughts*, p. 55.

走廊表演，1969 展于"反幻象：过程/材料"，惠特尼美国艺术博物馆，纽约，1969.5.1—6.1

录像片段展于利奥·卡斯特里画廊，纽约，1969.5.19—7.6

在瑙曼的职业生涯早期，他拍摄过一些录像，用于继续探索身体雕塑。有一部录像与本主题有关。这件作品记录了艺术家本人在走廊里走来走去的影像。瑙曼在自己的工作室搭建了一个28英寸宽[1]的走廊，两边是平行的高8英尺、长20英尺的墙。建造这个狭窄走廊的最初目的不过是搭建拍摄道具。之后，瑙曼发现其神秘的结构魅力，决定将它在惠特尼画廊（Whitney）展出。显然，那些不熟悉瑙曼的观众对此作品困惑不解：

> 卫乐比·夏普（Willoughby Sharp）：我觉得，人们不知道这件作品的本意是想让他们走进去。
>
> 瑙曼：是，要认识到这一点很难。我原本也没有打算把这点写下来，或者画个箭头引导人们进入，因此走廊就一直敞着口（暗示可以进入）。这件作品对我很重要，因为它让我想到这点：一件参与性作品可以不必因为参与行动本身而改变。
>
> 夏普：这个走廊只能从一头进入吧？
>
> 瑙曼：是的，它直直地通向墙，像个隧道……（在

---

[1] 约71厘米。——译者注

录像中）我向着摄像机镜头非常慢地走近又走远,一次只迈出一步。我双手紧扣在脖子后面,展示出一种非常夸张、构图上左右对称的动作……你看,摄像机镜头的位置在正中,于是墙可以从两边被拍摄进屏幕。工作室的其他部分很难看到,大部分时间我的头部也不在镜头里,像是被砍掉了。灯光从上方投下,照亮整条走廊,并在我身侧形成阴影。[1]

走廊里的空间狭窄（28英寸只够成人身体勉强通过）,但是作品效果却很祥和,没有一点幽闭感。因为走廊20英尺的长度提供了呼吸空间,墙面中性的暗灰色调也缓解了紧张感。

L型或V型走廊,索纳本画廊,巴黎,1969
为康拉德·费舍画廊所作的吸音作品（也叫吸音墙）,1969
康拉德·费舍画廊,杜塞尔多夫,1970.2.3—3.3

当瑙曼不再满足于雕塑身体之后,就开始创造可以将身体安置于其中的环境——依然通过控制环境来使参与者尽可能接近艺术家本人创作时的体验。这些环境结构粗糙,内部完成了但是外部未成形。与其他光与空间艺术家不同,瑙曼对打磨外表和细加工材料毫无兴趣。他的作品结构就功能而

---

[1] Nauman, Sharp, "Nauman Interview", p. 23.

言足以提供观展体验，但是完成度不高导致不能吸引对作品本身的关注。所以，不是作品的结构构成作品，而是对作品的体验构成作品。

这组展于索纳本画廊（Sonnabend）的吸音装置作品非常特殊：通过加衬垫或是层层包裹来隔音，直至使整个空间变得无声无息；或者是通过将人类发出的声音与室内声音混合从而做出非常饱满的声音氛围。所用的材料也很简单，用吸音棉将两面九英尺[1]高的墙连同扁式扬声器一起包裹起来。这两面墙沿着画廊某个墙角的两条边排列，并在拐角处合拢。置身其中时，视觉效果就像走在两面巨大的床垫中。瑙曼这么描述这件索纳本画廊展品："一面大型的L字或V字墙挡住了索纳本画廊的两面墙。"这面墙与画廊的墙齐高，里面包裹着非常薄的扁扬声器。这件作品设计了两种不同的声音录音：一种是喘气声；另一种是交替进行的击打声和笑声，而且观众无法判断声音发自哪里。这件作品非常具有威胁性——尤其当它发出喘气声的时候。[2]

> 卫乐比·夏普：你的反常是有意为之的吗？
>
> 布鲁斯·瑙曼：有时，我秉承此态度来探究事物——就像把内里翻到外面看看是什么样子。有点像努力去做自己不想做的事，把自己置于陌生的情境下，以抵抗的

---

[1] 约2.74米。——译者注
[2] Nauman, interview with author, 1979—1981，除非另有说明，艺术家在文本或侧边所用的内容均来源于此。

姿态来发现到底在抵抗什么。有点像是一种疗法。

夏普：所以，你试图违反自己的本性，违反人们的预期：展示作品背部或看不到的地方。

瑙曼：是的，而且我总是以积极的态度看待作品。我很奇怪为什么人们总是从相反的角度打量作品，还认为我是一个异端。

布鲁斯·瑙曼，卫乐比·夏普，《瑙曼访谈》，
《艺术杂志》44（1970.3）：26

步入该作品内部，参观者只能感到（确切说是听到）：好像有个人在房间的某个地方——也许是在画廊后面。显然，这个人（不管他是谁）竭力逃跑却未成功，正在挨打。能听到被打的声音，然后是变态的大笑声，之后又是暴打声，最后是让人撕心的声声叹息。这种声音产生的威胁效果远甚于恐惧。玛西亚·塔克（Marcia Tucker）曾经讨论过"瑙曼给听觉施加不同压力，并对心理造成各种紧张感"。她说：

> 瑙曼曾经说过，自然界中也存在这种类似的境况。当风暴或大雨将至时，大气中的压力会发生变化并持续几分钟。据说，在某些特定地区，这一状况正是造成普遍情绪不稳和自杀率上升的原因。
>
> 也许，瑙曼所感兴趣的这种"情感超载"可以用上述术语来解释，但是，还有一个不易阐明的原因，即，瑙曼能在多大程度上往此作品中加入自己的思想

和感觉——也就是说，该作品的私人成分有多少。毕竟对瑙曼而言，这种特质才是基础性的，即使它无法测量和评价。[1]

有意思的是，当瑙曼意识到，令人倍感窒息闷热的风（像西罗科风）所携带的正离子能引发紧张，他就开始有意仿制这种会造成人心理不安的（正离子）空气。埃里克·奥尔则与他相反，减控能带来平静祥和的负离子。瑙曼没有像奥尔那样给画廊注入真正的离子空气，而是营造出某种心理氛围。这种一反常态的特点隐藏于瑙曼的许多作品中。

《两个房间》，空的、密封的、私人的，1970
《绿光走廊》，1970
朱塞佩·潘赞·德·毕欧莫博物馆，瓦雷泽，意大利，1970年安装

进入《两个房间》的布展空间，观众们能在监视器中看到另一个房间——一间锁着的屋子，谁也进不去。同时，另一架摄像机把观众所在房间的图像传送到这个锁着的房间里，给不存在的观众看。通过这件作品，瑙曼邀请观众进入房间却又把他们关在外面。这件作品无疑是与瑙曼经常提及的自己说话太多、自我暴露太多、需要将部分的自己隐藏起来等

---

[1] Marcia Tucker, "The NAUMANology", *Artforum* 9 (December 1970): 42.

问题相关。

《绿光走廊》是瑙曼室内环境作品系列中的一个代表。这件作品内容丰富、带有威胁性,所用的手段简约。这些特点结合起来使其成为瑙曼最重要的作品之一。《绿光走廊》这件作品很高,又细又长。走进作品陈列厅,观众可见一个狭长的独立走廊。这条走廊不通向任何地方,它的内部倾泻着黄绿色的光,令人目眩,就像是著名的日辉牌油漆泼了下来。虽然没有禁止观众进入的指示牌,但是这件作品却有一种拒人于千里之外的攻击性,没人愿意进去。诚然,作品就是要让观众参与的,因此,有的观众就试着走进去。可是,这并不容易。比如说走廊就很窄,人们只能侧身挤进去,像螃蟹那样横行,一步一步挪动着走完四十英尺[1]。一旦走到里面,高饱和的绿色吞没了一切:把肌肤变成暗淡无光的死灰;不断刺激双眼,令人产生幻影和刺痛感。当有观众终于侧着身缓慢挤过走廊并终于走出来的时候,刹那之间,就会有不一样的东西出现:由于视网膜补色[2]效应,观众会看到整个大厅及里面的一切都变成了明亮而充满生机的品红色。

在意大利,《绿光走廊》这件作品在潘赞博物馆展览。于是,参观者从作品中走出来就能看到(走廊出口对着的)拱

---
[1]　约12.19米。——译者注
[2]　根据视觉理论,绿色和品红是具有相互排斥的色彩边界标度。黄绿色光以不变的强度刺激视锥细胞。所以当黄绿色光刺激消失后,人眼所见的是受到刺激的视锥细胞所能感受到的品红色。——译者注

形窗上部突然充满品红色。除了这一色彩技巧产生的视觉效果之外,博物馆窗外树木上筑巢的千百只鸟儿突然齐声鸣唱,使这件作品越发具有超现实感。作品内部的这种贫乏/过剩的感官刺激太过深刻,突然出现的尖锐鸟鸣声使观众不知所措,一瞬间几乎失去听力。

有几件作品则是设置情境,但是并不将其设置完整;又或者通过去除一些信息,使观众只能理解少部分,并止步于此,无法继续深入理解。这是一种充满张力的情境,我认为这是因为我个人害怕暴露自我,所以,我只能展示这么多。如果我多暴露一些,可能会失去自己的一部分,或者使自己脱轨。每个人都这样,因为我们害怕暴露自己。一方面,我们想把信息吐露出来,可是另一方面,我们害怕让人进入内心。

(布鲁斯·瑙曼,刊于让·巴特菲尔德,《布鲁斯·瑙曼:你的中心》,载《艺术杂志》,1975年2月,第54页)

《录音带:滚出我思想,滚出这间房》,1972

展于"布鲁斯·瑙曼:1965—1972作品展"及"1971—1981作品展"

库勒穆勒美术馆,欧特罗,荷兰,1981.4.5—5.25

《录音带》这件作品是瑙曼最具观念艺术特点、最让人感到不知所措的室内环境艺术的代表作。观众走进一间内壁白色、光线昏暗的房间后发现其中空无一物。由于沮丧，他可能会在房间里四处走走，竭力寻找艺术品的位置。然后，没有任何预兆，轻轻地传来耳语般的告诫声："滚出我思想，滚出这间房。滚出我思想，滚出这间房。滚出我思想，滚出这间房"，一遍一遍地重复。有些类似《吸音墙》作品中的笑声、打击声，以及长长的喘息。这件作品具有一种冷峻的气息，在真实与抽象之间萦绕。观众知道没有人被困在房间里面，但是这一点似乎也不是很明确。在此之后，又是毫无预兆，声音停止了，作品又成了简单的抽象雕塑。

《漂浮房间》，1972
美术品画廊，加州大学厄湾分校，1973.2
利奥·卡斯特里画廊，纽约，1973.3

> 我们正试着到达中心：就是正好位于两端中间的地方。
> 我们想把中心（几何中心）挪到此点。
> 我们想把重力中心叠在此点。
> 省省力气，别找中心，来个大反转。
> （大多数中心在视平线上方，看不到）
>
> 　　　　　　　　　　　布鲁斯·瑙曼，《漂浮房间》，
> 纽约利奥·卡斯特里画廊，展览册封面语

进入展厅后，观众会发觉自己面对的是第二个房间——

房间中的房间。这第二个房间大约有12英尺见方[1]，看起来几乎要填满第一空间。这个房间用钢索悬挂着，离地约有几英寸。只有一个门能进入房间，内部只有一种主色调——紫色。一对蓝白色荧光灯发出像薰衣草般淡紫色的光，照在内壁上，但也有几处扇形光区相叠形成弧形，显出一种柔和的奶黄色来。尽管有这些光彩，房间内部还是比外面要暗，所以如果观众在房间里往外看，可以看到外面笼着一圈光带。

坐在房中间的地板上，感觉舒适、浑然忘我、静心冥思。简单地说，就是心情愉悦地感受"存在"——没有时间、空间，没有此时此刻的存在。然而，即使这个相对宜人的空间也有心理边界，即瑙曼本人的空间感受。

> 我从心理学角度思考：如何在房间里坐卧，如何布置房间才感到舒适。我还对控制空间感兴趣。比如说：当你是小孩子时，你老是想走进地下室，里面的角落很黑，只有一个灯泡照着。你可能会弄出很大的动静，或者吹吹口哨什么的。等你长大成人了也会做同样的事情。从某种意义上讲，你是用自己发出的声音填满空间。这就是控制空间的方式。我认为这是非常真实的感觉，成年人也有。无论置身于什么空间里，我们都想让自己舒服点。于是就会试着这么做，并试图在某个方面认清这个空间。至少，会试着四处看看所在何处，怎么才能适

---

[1] 约13.37平方米。——译者注

应这里。像在《漂浮房间》作品中，只有一束照明光，下面四周一片黑暗，突然就会让人无法控制环境或者用自己的方式填满它。原因在于你被困在这个空的空间里，东西在外面——另一部分世界总是在外面，而你却无法与之建立联系。我发现，尤其当房间里面有光源的时候，一旦走进房间，待一会儿，再破门越界就会越来越困难，无论待多短的时间——比如十分钟左右——再要开门走出来都很难。待的时间越久，对外部可能正在发生什么就越不知道，甚至，即使你非常确定外面是自己的工作室也是如此，门总是关着。

这就是我所思考和处理的边界：这种边界会变成什么样子需要有公共空间与私人空间感，个体对这两种空间反应如何，两者不同之处是什么。

《黄色三角形房间（装有黄色灯光）》
利奥·卡斯特里画廊（市中心分馆），纽约
1973.11.20—12.11
圣安娜学院，圣安娜，加利福尼亚
1975.2.10—3.6

> 没死，站着没倒
> 他下刀爽快干净，刀刀精准，使我
> 头脑一片空白，身体微感
> 压抑，仿佛刹那间去了一个

隐感不舒服的地方，在那里
时间很短，身不由己；不等。

站着活着站着

他下刀精准，刀锋锐利

在我的指尖留下细小刀口

划过我双手手背，没有停顿

也不曾迟疑收刀[1]

在圣安娜学院展出的这件作品《黄色三角形房间（装有黄色灯光）》，观众进入一间传统的、光线充足的白色画廊空间中（尺寸约为35×23平方英尺[2]），却发现里面还搭建了一个三角形的房间。这个三角房间外墙（10英尺高、16英尺长的墙）毛坯面没有粉刷过，有点像是还没有完工的展品。瑙曼很多装置作品外部完成度不高，这种做法是为了服务于"削弱观看作品的重要性"[3]这一理念。与此相同，这件作品引导具有感知力的观众关注以下事实：不是房间本身而是对房间的感知体验使其成为艺术品。

这件作品在卡斯特里画廊的展出效果也与前述类似：观众从一个小得有些过分的门进入这个三角形房间，门槛比房间里面的地板要低几英寸。所以，从进入房间开始就有奇怪

---

[1] Bruce Nauman, *Yellow Triangular Room (Installations with Yellow Lights)*, (New York: Leo Castelli Gallery, 1973), exhibition mailer.
[2] 约75平方米。——译者注
[3] Nauman, Livington and Tucker, *Bruce Nauman*, p. 13.

的感觉。进入这个奇妙的房间后,一关上门,观众们突然感觉非常孤单。这个空间构思就是一次只容纳一个人。三角形的设计使得空间让人感觉紧张、压抑,因为三个角把空间都占满了。

与外面不同,房间内部装修完毕,内墙刷白。沿着天花板顶角线,安装着一个个8英尺长的荧光灯管,从中发出黄色的光。这个黄色光颜色浓得盖住了其他所有可视物,只剩下黄色。观众看不到物体,看不到阴影,也看不到其他颜色。就像《绿光走廊》中的绿色一样,黄颜色在这个作品中显得阴森诡异、令人无所适从。观众会感觉头晕,听力变差——这都是感觉被剥夺的结果。

对某些观众而言,《黄色三角形房间(装有黄色灯光)》过于暴力,黄颜色太具有攻击性。对另一些观众而言,这件作品算不上他们所理解的艺术品。还有观众认为这件作品与其艺术史源头的关系含糊不清。比如罗伯特·品卡斯-威顿(Robert Pincus-Witten)就从个人角度对瑙曼挑三拣四,说他的作品与马塞尔·杜尚(Marcel Duchamp)的作品失去了联系。

> 瑙曼用精英主义替代了民粹主义,不但如此,也没有了他之前作品中丰富的词语。现在,他就展示给我们一些情感箱匣[1],想象着能够借之向观众展示全新的色彩

---

[1] 原文为 sensitivity boxes,因为 box 在英文中有"剧场单间"、"棺材"等意思,所以此处,考虑到批评者讽刺的语气,译为"箱匣"。——译者注

与音效体验。他现在转而追求"哇哦"体验:"哇哦",听不到声音啊;"哇哦",黄色荧光灯呢;"哇哦",这间房建在对角线上呢。现在,他已经抛弃了杜尚;抛弃杜尚就是抛弃了他自己曾说的力求创作有趣作品的宣言,至少现在,他就是这样。[1]

《黄色三角形房间(装有黄色灯光)》这件作品的形状和它的空间体积的确带来上述体验,也让一些观众反应过激,比如迈克尔·奥平(Michael Auping)就是其中之一:

> 通过用一个定义完整的空间来定义另一个空间,瑙曼搭建了一系列内在关联的容纳空间并用它们来暗指我们所理解的各种内部空间和外部空间观念——画廊外面的空间,画廊内墙和三角形房间外墙之间的空间,以及三角形房间之内的空间。当我们以为三角形房间之内的空间是作品焦点的时候,观众会对画廊内墙与三角形房间外墙之间的空间好奇不已:到底从什么角度将这一空间看作是内部或是外部。而且,空间中的空间创造了一种压缩的感觉,使得空间密度加大,并引导观众修正对空间的理解。[2]

---

[1] Robert Pincus-Witten, "Bruce Nauman: Another Kind of Reasoning", *Artforum*, 10 (February1972): 31. A Footnote to this discussion indicates that the "Wow" concept was adopted from the terminology of the artist Mel Bochner.
[2] Michael Auping, "Bruce Nauman's *Yellow Triangular Room*", *Artweek*, March 5, 1975.

《皴裂土地／崩溃个体（皮囊／迫降）》[1]
尼古拉斯·王尔德画廊，洛杉矶
1973.12.17—1974.1.11

这件作品让人深刻认识到不由自主被推着移动的感觉：旋转感，扭曲感。作品由带子制作，从房间中心开始，旋转着逐渐展开，所以几乎环绕了整个房间。这带子在房间中心的起始位置只有两到三英寸宽，等到外端贴着墙时，逐渐收窄到不足一英寸宽。

瑙曼诗集被视为展览的一部分，最初我读到这本小书的时候，我感到这件作品带有隐隐的恐惧感：对蛮力和权力的恐惧。这件作品打破了我的平衡：我在精神上失控了。作品的一部分就是这种像坐过山车似的恐惧。一同展览发表的瑙曼诗作中有一段生动地传达了这种受惊吓的感觉：

> 旋转扭曲上升下降转进
> 转出向前转突然跌落
> 全身倒着转突然速度变慢控制力减小
> 坠下，这下完了，死定了。转着圈被推下
> 旋转上升转着圈上升被拧着向上转
> 脑子全乱了，又晕又昏，心乱大喊。

---

[1] 原文为 skin/sink，瑙曼在这里玩了一个文字游戏，换了单词中字母的位置。出于押韵和词义的考虑，译作"皮囊／迫降"。——译者注

我心里难受如刀绞所以我知道
你心里也是一样你的身体我们的身体
弧形的小段痛苦，慢慢拉长成圆环，然后
被压在一起，一直被压压压在一起
无法反抗[1]

《虚假沉默》
洛杉矶当代艺术学院
1974.9.16—10.24

和瑙曼的许多作品一样，《虚假沉默》的物理构造很简单：主要就是一个走廊，内墙表面没有抹平、刷着白色。在这个逼仄的空间中，一会儿黑，一会儿光线刺眼。诗意和真实深深地结合在一起，我对此有感于心。进入作品，沿着狭窄的幽暗走廊前行，我只能感到走廊尽头的灰暗，走廊中段不断有强烈的白光从两侧投下，稍微减轻了这个空间的紧张感。墙的结构让我感到很焦虑，随后再听到空间发出吟唱声，就更加困扰了：

我不出汗
我没体臭

---

[1] Bruce Nauman, *Flayed Earth, Flayed Self* (*Skin Sink*), Los Angeles Wilder Gallery, 1974.

褶　子

> 我吸气，不呼气
> 不尿
> 我不解大便，不制造任何排泄物
> 我只消耗
> 氧气，各种食物
> 我看，听
> 我不说话，不发出任何声音，你听不到
> 我的心跳
> 我的脚步
> 不表达，也不进行任何形式的交流
> 仅仅是一个旁观者、消费者、使用者
> 我的身体吸收所有的交流，思想，
> 吸干热与冷
> 我是吸收所有知识的两栖生物
> 压缩所有信息
> 不生长
> 我不会被感动

开始听起来，这些句子不像是诗句，后来逐渐变得有节奏感：

> 我不挑拣思想的类型和特质
> 我只顾收集，我不会调制
> 至于感情，没反应、不理会

面对各种状况，全无温柔情绪
身心遭受威胁，亦不本能怨怼
你不能接近我，你伤不了我
我能把你吸光光

接着，这个令人着魔的声音越来越大：

你伤不了我
你帮不了我
翻书搜本子
为我找一行字
阿拉帕霍 [1]
阿拉帕霍
你去了哪里？
我合上双眼将此刻铭记 [2]

听到这里，我受不了了，太需要一个能让我呼吸的空间了。我走到作品中心，一个个三角形房间，照明亮，刷得白，开启幽闭的门廊，立刻就解放了观众。我在房间里又等了好久，等我终于不再感到惊恐后，又回到走廊里，走完剩下的、越来越黑的 60 英尺。这个走廊作品的尽头是死胡同。我无路

---

[1] 印第安部落的一支，曾与白人多次交战。——译者注
[2] Bruce Nauman, "*False Silence*", *Vision* (Oakland Calif.) no.1 (September 1973):n.p.

可走，只好转身返回。

《牵强视角》
康拉德·费舍画廊，杜塞尔多夫
1974.12.16—1975.1.24

《矫揉造作的视角，讽喻与象征》
A画廊，维尼斯，加利福尼亚
1976.10.9—1976.11.13

1974年标志着瑙曼开始步入全新的创作领域。乍一看，新作品让人觉得困惑不已。室内环境那一类的创作方式被抛在一边，传统雕塑材料取而代之。从1974到1977年，瑙曼策划了一系列主题展览，从各个角度表现了这类作品。

《矫揉造作的视角，讽喻与象征》由康拉德·费舍画廊展出的《牵强视角》发展而来，但比之更加复杂。A画廊展出这件作品时，配文是这样的：

开放思想
封闭思想
等价思想
平行思想

开始，展览看起来就像是极简艺术：钢锭（6英寸高，

6×6英尺见方）初看是正方体，突然看起来又不像是正方体，而是其变形，勉强可以称作正方体。这种令人困惑的钢锭一堆堆地陈列在地面上，每组有四五个，排列歪歪斜斜，也没对齐。可见，整个作品给人的感觉就是非理性，不平衡（后来观众才得知作品下面有网格坐标）。更让观众困惑的是：作品标题中"讽喻与象征"的字眼暗示着诗意、观念，似乎与这件极简艺术作品没什么关系。梅琳达·沃茨（Melinda Wortz）在评论这件作品时猜测："瑙曼颠覆了几何学，这不妨被看作是（视觉或思想）讽刺观看系统的非理性。"[1] 我认为她所说的这一点，基本上非常接近普通观众所能理解的部分。

当然，作品还有一些其他的东西：将语言学和视觉元素奇妙地融合在一起。从七十年代早期开始——尤其是《皱裂土地/崩溃个体（皮囊/迫降）》、《完美岩石面具》、《矫揉造作的视角，讽喻与象征》、《虚假沉默》和其他的一些作品——瑙曼给他的作品创造出诗意和描述式的题目，还发表与作品相关的大量文字注解。遗憾的是，他那些谜一般的文字一点也没有解开谜底，反而把作品变得更复杂了。这些文字是作品的一部分，而不是对作品的解释。

正如厄温（Irwin）带我们看到的，有时，我们会想当然地以为某些艺术家占有某种材料——特种钢、塑料、霓虹，等等。《洛杉矶时报》刊载的一篇简短的未署名文章说："布鲁

---

[1] Melinda Wortz, "Los Angeles: Black Art and Mannerist Geometry", *Artnews*, 75 (December 1976): 82.

斯·瑙曼的《矫揉造作的视角》这件作品不过是把平行四边形的钢锭重新安排位置，造成了空间错觉。这不过是试图给其他艺术家的技巧附加神秘感和诗意罢了。"[1] 然而，对细心的观察家而言，《矫揉造作的视角》看起来并不像光与空间艺术领域之外的任何艺术家的作品。首先，这是一件室内环境作品，使用了四面直角墙来框住并强调它们的异常特点。其次，这件作品显然不是传统意义上的三维雕塑，因为它的主要诉求是观念方面的。

《完美岩石面具》

阿索·迈克比恩画廊，旧金山艺术学院

1975.1.9—2.22

阿尔布莱特-诺克斯·艺术画廊，布法罗，纽约

1975.9.26—11.9

索纳本画廊，纽约

1975.11

尼古拉斯·王尔德画廊，洛杉矶

1977.5.31—7.1

《完美岩石面具》是由14×15平方英寸大小的石灰石块制作，石块以不规则形状成组散落在地板上。说明文本刻在画廊的墙上，占据了整个作品。文本题目也是《完美岩石面

---

[1] "Artwalk", *Los Angeles Times*, November 5, 1976.

具》,内容很多,这里只引用六部分中的两段。

第二段

1. 这是我的幌子,忠于真理与生活的面具。
2. 遮盖面具下的痛苦和欲望
3. 面具遮盖孤独和想要人陪
4. 这是给掩护打掩护
5. 这是给幌子装幌子
6. 需要掩护
7. 需要幌子
8. 掩盖住需求的幌子
9. 唉,没什么面具能真正掩饰欠缺
10. 封套销毁之前什么也不缺乏
11. 销毁面具后方知欠缺太多

    纸包着石头

    石头打破面具

    啊,啊呀

12. 没什么好包裹的
13. 这是我的面具,遮盖我对真理的忠诚,

    (这是我的封套)

14. 我需要痛苦来使面具扭曲

    传达真理信息,以及信守生活的信息

15. 真理,改变我对人类陪伴的需要
16. 歪曲真理覆盖我的痛苦需要

17. 受现有真理和陪伴打击而痛苦，需要面具
18. 显示我没有痛苦的面具，无法贴紧我的脸
    只是浮在脸皮表面，罩着我眼、我牙、我舌
19. 欲望是我奢想
    （欲望麝香）[1]
20. 止住欲望
    撤回掩护
    欲求不再
    掩护消失
21. 人们死于暴露

第七部分

1. (这个年轻人，老是做任务，现在他发现任务是他唯一的性释放)

2. (这个年轻人，任务做不停，现在他发现任务是他唯一的性满足)

3. (这个人，老是被当成孩子，任务做不停……)

4. (这个人，老是做任务，现在他发现，任务满足他的性饥渴) 唤起需求

5. 这个人，总是被当成孩子，现在戴上石制完美面具，用它把欲望嵌入真理与谬误之间一直存在的狭小缝隙

---

[1] 原文是 musk of desire，上句是 desire is my mask。这里瑙曼玩了文字游戏，mask 与 musk 发音很像，所以这里为了切音这样译。——译者注

6. 这个人,总是被当成孩子,现在用他的石头制成他的完美面具,把他的欲望挤进(他的)真理与谬误之间一直存在的(他的)狭小缝隙

7. (这个)人(常被)当作(一个)孩子,因为发现他的完美岩石面具上贴了纸,发现他的楔子正在挤入(来自)从他所渴求的真理(想要的真)与他不欲求的谬误(不要的假)之间,他无法唤起他的满足感,无法欲求其需要,他继续进入需要填满的空隙,他释然于无须再追求人类陪伴。

道德
从石上剪下纸,解放了岩石对剪刀的伤害。
解放岩石对纸/剪刀/岩石/的压制(遏制)
缺乏上下文[1]

《完美岩石面具》令人着迷,这是一个有着雕塑艺术外壳的文本。幸而如此,倘若其作者是职业作家身份,分析这段文字就更要费心思了。我们通常总是隐藏我们的不安、我们的欲望,以及我们的真理与谬误。现在,瑙曼来了,敞开他自己——反而是我们这些观众茫然若失,不知所措。

---

[1] Bruce Nauman, "The Consummate Mask of Rock", 1975, typescript, Bruce Nauman Artist File, San Francisco Art Institute Archives.

褶 子

《钻石思想Ⅱ》
斯博隆·韦斯特·费舍画廊，纽约
1976.10.30—11.27

在《钻石思想Ⅱ》中，瑙曼展示了另一首很短的诗：

钻石思想 Ⅱ

石头的石膏外层
钻石思想
层层泪水
滚落包裹我
思想也坠落
把没有思想的泪珠
切成钻石形状 [1]

这场展览中，地板上有 12 个白色人造大理石块，围着一个巨大的钢丝网笼子堆着，形成迷宫般的通道和空荡的中心。笼子有成人大小，虽然有些压抑和幽闭恐惧感，但是可以进入。毫无疑问，正如一些明眼的批评家一眼看出的那样[2]，这

---

[1] Bruce Nauman, *Diamond Mind II*, New York: Sperone Westwater Fischer, 1976.
[2] Among them were Mona da Vinci, "Bruce Nauman", *Artnews*, 76 (March 1977) : pp. 142-143; and Kenneth Baker.

是向杜尚的《为什么不打喷嚏？罗斯·塞拉维？》[1]致敬。但是，这又不仅是致敬，这首先是告别，因为瑙曼将石块从杜尚的笼子里解放出来了。正如瑙曼写的句子，这些石块变成"泪水洒了一圈／落在我身周"。

《无题》，1980
"建筑雕塑展"，洛杉矶当代艺术学院主办
安装于巴克斯特画廊，加州理工学院，帕萨迪耶
1980.10.1—11.30

《黄色三角形房间（装有黄色灯光）》的多种安装方式给了瑙曼相关知识，在此基础上，他为"建筑雕塑展"创造了另一个更有冲击力（更让人印象深刻）的作品。这个作品在室外搭建，与瑙曼之前任何一件室内装置都截然不同。而且，乍看之下，它也不像之前的作品那样想要控制观众。当然，这第一印象很快被证明是错的。

观众们最初期望在画廊里看到作品，就像他们之前见过的那些瑙曼的作品。可是，令人不解的是：画廊里找不到，即使搜索庭院里或是画廊入口处也没有。然后，他们才能与作品不期而遇——在建筑后面，停车场外。

该作品初看上去是一个极简风格的巨型黑色立方体，约

---

[1] *Why Not Sneeze, Rose Selavy*，一个网状鸟笼中装着大理石块和其他东西的作品。——译者注

16英尺高[1]。但当观众走向出口时,发现它又不是立方体,而是正四面体(每一面都是等边三角形)。观众们靠近的正是它的三条底边之一。这是一种故意营造出来的变形效果。瑙曼把作品建在几条水泥路交叉的地方,这样就迫使观众只能从底边的角度来观看作品(前提是大家总是走正路)。陈列位置就在通往停车场的路上,又因为几乎没人走巴克斯特画廊的正门——大部分人是从停车场进入——所以,这个原本暧昧不清的位置实际充当了画廊的前门。

该作品十分强势,入口处极狭小,使得观众们不得不弯腰低头通过,好像是进入一所房子而不是一间屋子,而且这屋子还没有天花板,屋顶向天空敞开。站在每面都有的斜截面入口处向外观看,才会发现每处景物都被仔细框了出来。

该作品还有一些让人困扰不已的地方:一方面因为作品夸大空间、操纵空间,另一方面则因为各个入口处都安装的钠汽灯。这些灯白天看不见,但是却微妙地改变了空间内部的光线。随着白昼慢慢地消尽,它们的光愈加显著,直至在夜幕降临后达到最亮。从门口处、窗口处射出刺眼的黄光,让房子看起来像是某个疯子的游戏室。

瑙曼这些看似简单又互相关联的作品清晰地构建了他最看重的个人体验。在这些作品中有一种无法言明的内在公正性。瑙曼曾评价说:"当我所作的是一件有冲击力的作品时——我就是知道它是公正的,尽管其原因说不清道不明。

---

[1] 约5米多。——译者注

曾经，我对人说过，作品越简单，就越难以用语言描述，或者说其中的经验更复杂了。的确如此，当内在影响增强的时候，可说的东西变少了。"这种内在影响至关重要。对瑙曼而言，身体而非思想，是最初的重中之重，并将一直是感觉的工具。

《恶行与善举》[1]

斯图亚特博物馆，加州大学圣地亚哥分校，拉由拉市
1988.10.28 安装

《恶行与善举》给人印象深刻，也许称得上瑙曼迄今为止最重要的作品。该作品是为位于加州大学圣地亚哥分校斯图亚特博物馆创作。装置覆盖了查尔斯·李·鲍威尔结构体系实验楼的外墙顶部一圈。

瑙曼的这件巨型室外霓虹装置，由14个7英尺高的单词组成：7个恶行的词叠印在7个善举词上，共有88个英文字母，搭成一英里多长的霓虹灯，需要88个变电器控制。随着灯光明暗变化，这些词依序在建筑物顶端闪现，绕墙一周后回到起点再开始。愤怒／坚忍，贪吃／节制，贪婪／公正，骄傲／谨慎，懒惰／仁爱，妒忌／希望，色欲／忠诚，这些词是一组组颜色鲜艳的霓虹灯：翠绿、青绿、粉红、桃红、橘红、

---

[1] 此处由于原作者使用的是名词复数形式，为了与之相符，在善、恶后加上了行为来体现。而没有使用"恶"、"善"这样的抽象词汇。——译者注

正黄、正红、天蓝、紫红、橙色,以及浅绿色。

善举词汇相继从右往左绕楼闪烁出现,每个词停留 3 秒(7 个词共 21 秒)。全出完了之后,善举词霓虹圈每隔 7 秒开始新的一轮。两分半钟间隔之后所有 7 个词同时出现,停留 10 秒。恶行词汇则相继从左往右绕楼闪烁出现,频率略快,每个词停留 2.5 秒(7 个词共 17.5 秒)。全出完了之后,每隔 5.83 秒重新开始。两分钟间隔之后所有 7 个词集体出现,停留 10 秒。这两轮交叉重叠出现的词汇的视觉效果包括了所有不同词汇的搭配组合,偶尔所有词还会同时出现。这个作品展览期间每天从黄昏亮到晚上 11 点,还经常在有特殊活动的时候启动。

《恶行与善举》要求其观众思考何为永恒的真与高尚的价值观。这样延续了《窗或者墙上的符号》(真正的艺术家帮助世界揭示神秘真相)这一作品中的传统。同时,该作品让观众微微不适,因为他们被迫去思索 7 英尺高楼上闪烁不停的真理,那些无法避而不见的真理。

《宇宙中心》
新墨西哥大学,阿尔伯克基,1988 年安装

布鲁斯・瑙曼曾经指出了宇宙中心:就在阿尔伯克基,新墨西哥州。新英格兰州的耶鲁大道在新墨西哥大学校园的鸭塘附近走到了头。《宇宙中心》这座环境艺术雕塑正是为该校园而建。如果说瑙曼作品中有哪一件可以代表这位艺术家将不可触及的光与空间感觉和可触及的雕塑作品融合起来，那非此莫属。瑙曼补充道："我直到开始制作的时候才想到名字。毕竟，没人知道宇宙的中心在哪。这件作品把我们带出这个空间，并放在宇宙中心可能会在的位置。它把我们放在……无边的宇宙中，其实它也是个内部空间——只能去想象。"[1]

这件雕塑将"特定地点"的观念推到逻辑极致，它在比喻和实际两个层面上位于宇宙中心！任何地点都可如此这般宣称。但是，将这个点放在一个大学里，这种做法聚焦于对知识中心的关注。这个雕塑因而可以被理解为是对现今大学的批评。

这件作品是水泥浇筑的十字形走廊，灵感来自罗盘的四个基点，中间竖着与走廊一模一样的向天空敞开的垂直竖井，竖井另一头沉入地底，地坑的面上盖着格子栅栏。这个十字建筑是圆形土地的两条垂直直径，于是它有了宗教中轮坛的形式，也就是联系宇宙和人的符号。

在雕塑更有主观臆想特点的内部空间中，六个方向交汇一处……十字路口。当人站在中心栅栏上，抬头仰望四角蓝天，低头垂顾昏暗坑底的时候，会有一种被抬

---

[1] Nauman, Frank Zoretich, "Tunnel Vision," *Impact* (*Albuqueque Journal magazine*), March 8, 1988, p. 4.

升到万物中心的感觉。作品通过这种体验似乎要暗示：知晓这类界定我们的真实存在的现象——体积、重力、空间、时间、度量、生命、死亡——有限的个体可以与无限的宇宙重建联系。

爱德华·班杨，《阿尔伯克基日报》，1988年4月29日，第十版。

这件作品自一开始就争议不断——有趣的是，人们争论不休的原因不是因为它含义太多，而是它没什么内容——与《恶行与善举》相反，没有一点道德内容。《宇宙中心》通常被简单描述成三个水泥走廊。每个有50英尺长，10英尺宽，10英尺高。有两条走廊中间垂直相交。第三条是与地平面垂直的立井——顶部向天空敞开——通到地面下20英尺的深坑。坑底是越积越多的垃圾、闪闪发亮的硬币，有可能是人们为了许愿扔进来的。当地一个记者报道说："白天的时候……路人经常小心翼翼探头看走廊开口里面是什么，好像他们害怕里面有危险，比如飞驰的火车之类，会从这个雕塑里出来似的。"[1] 学校艺术馆主任彼得·沃什（Peter Walch）评论说："一个人所见者即是其所获者。这件作品对大多数人而言非常难以理解。你需要步入其中，仔细检查自己的身体和思想对光线和空间的反应。"[2]

---

[1] Ibid..
[2] Walch, ibid..

瑙曼的《恶行与善举》是否具有杜尚风格颇有争议；而《宇宙中心》使人自然而然联想到超现实主义。这位艺术家并非如某些批评家所言，是一位令人倍感乏味的天才，恰恰相反，这位艺术家的创造力变化无穷，而且一定会在每次转型时继续让我们困惑并不知所措。

光线—空—间—色彩:
奥·埃利亚松的灯光装置艺术实验

霍尔格·布鲁克尔 文　左依　李晓雪 译

> 有两束光线照亮了我们的世界。其中一束由太阳光产生,而另一束则是我们眼睛的光。正是两者之间密切的关系使我们能够看到东西。二者缺一不可,否则我们都将双目失明。[1]
>
> ——亚瑟·扎伊翁茨

我们的生活空间似乎广袤无垠。走着、站着或是躺着,在这个空间里人们都显得是沧海一粟。空气中弥漫着黄色光线,由外观看上去像一个圆形发光盘发射出来,空气混融于光,在空间里的密度变得更大。每接近太阳似的形状一步,我们都能感受到,由之而来的磁场效应越来越强。人们惊讶

---

[1] Arthur Zajonc, *Die gemeinsame Gcschichte von Licht und Bewusstsein*(《光与意识现象通史》), 2nd edn. (Reinbek 2001), p.13 (original edition: *Catching the Light : The Entwined History of Light and Mind*, New York 1993[原版:《追光摄影:光与心灵互相纠结的历史》,纽约,1993]).

异常,而不得不依赖于他们自己的感知,以及网上得来的一些参数。"他们是'实验机构'的活跃元素",奥·埃利亚松如是描述他的作品。除了参观者本身,这个实验机构还包含了伦敦市中心一家破旧的涡轮机工厂,200个单频灯,金属镜架上3000平方米的镜面箔和人造雾气。每个参观者一看到那个形体,就会很容易联想到太阳,这个形似太阳的物件是由镶嵌在半透明塑料板上的半圆灯泡有序排列而成的。当专门为此设计的镜面天花板反射它的灯光时,它就变成了一个整圆。也可以从更高的视角观视镜面天花板的构型。因此,一切导致这件装置作品的非凡效果的因素都一览无余。但是,关于这件作品的结构方式的知识,对它的艺术效果毫无影响。在这种氛围下,因果相互抵消,而关于光的本质问题至关重要:"通过这种方式得知,光的静止是心灵的首要本质,在非物质和物质之间难以抉择,用以表现一切事物的媒介是该媒介本身以外的他物,而非该媒介本身。"[1]

这个装置是埃利亚松以他2003年名为《水利工程》的作品为背景,为泰特现代艺术馆设计建造的[2],在很多方面这件作品在他有关光的作品里都堪称典范,甚至还可以说,是他之前所有作品中的典范。埃利亚松利用光、土、火、气和水等自然元素,集中展现大自然、自然过程以及(转换断层)对自然和自然环境的理解。然而,在他作品里呈现的气候或

---

[1] Hartmut Bohme, "Das Philosophische Licht und das Licht der Kunst"(《哲学之光与艺术之光》), *Parkett*, 38 (1993), pp. 8-15, p.8.
[2] 这一定义也适合于"光的装置与光的对象",参见本卷55—177页。

景观形态的问题决非自我参照,而总是着眼于那些有相同现象经历的人的参与:"我对个体、参观者和他们意识到自己所处环境之间的关系尤其感兴趣。"在我看来,核心问题正是这种关系、这种奉献精神,抑或是与作为科学主体之特定空间的正面交锋。[1]

这146个有关光的作品包含了镜面的作品,组成了埃利亚松的整个作品中最为广泛、最为复杂的主题。到现在为止,还不能把埃利亚松称为一个光线艺术家。他使用光或镜子元素的作品不能与他的其他作品,例如使用水、雾或风元素的作品孤立出来观照。相反,水、土、气和光线是密切相关的。当一个人试图移除一个领域时,例如移除主要以光为基础的作品时,这一点变得甚至是不言而喻的:其他元素以这样或那样的方式相互关联。然而,光和光线的体验确实发挥了举足轻重的作用。

从一开始,如同将作品的所有部分一并呈现给观众那样,在他的作品中所展示的对象就和类实验室里的"实验装置"一样显眼。在狭义上,只有与"机器"或实验情境形成现实的对抗,才能为可被理解的"作品"提供一个稳靠背景。

在埃里亚松的作品中,光具有它自己的"本质",构成了艺术家"实验装置"的一部分。他坚执地宣称,他正在研究的是"感知模型",而不是"感知本身"。这些模型再现了过

---

[1] Olafur Eliasson, "Just like in Pop Art, I steal natural phenomena and scientific representations: A conversation with Dieter Buchhart", *Kunstforum International* (November/ December 2003), pp. 190-207, p.195.

去一百年的历史空间。这是我关心的问题,也是我的问题。"[1]

尽管太阳本身仍然可以被称之为光的同义词,二十世纪与二十一世纪之交,埃利亚松使用具有多重可能性的宽频谱人为地制造了一种光,并使其具有"稳定性",通过对其反射、折断、弯曲,以将其置于不同的背景中。在他于哥本哈根学院学习期间创建的第一批灯光与镜子的作品中,这些基本特性也清晰可辨。在1990年,埃利亚松的首批作品中,其中一个有关光的作品既是简单的又是程序化的。《窗口投影》通过射灯透过遮光黑布[2],将窗户的框架投射到正对面的那堵墙上。透过"窗户玻璃"投射出的光线,从墙壁投射到另一间空房间,从而使人们对正常光线与人造光线之间的关系产生了困惑。因此,房间的特性彻底改变了。在类似的作品中,如《双窗口投射》(2000),以及更进一步的四窗口投射,空间深度的印象是由主题投影的多重层次产生的。一年后,《我在孤独和沉默中长大》这件作品完成:一个燃烧的蜡烛被放置在一个圆形镜子的中央。因为反射,它似乎在两端都燃烧着。因此,观察者失去了其与位置和空间的关系。这个作品概念的出发点是两端燃烧的蜡烛这个隐喻。从1991年开始的第二部作品——《崇拜者》有着相似的程序化特征。哥本哈根一家人们经常光顾的咖啡馆在天花板上挂着一盏聚光灯,

---

[1] Ibid., p. 206.
[2] 一副面具置于一盏特殊的聚光灯前,就可以造成投影。用玻璃制作的镜头遮光板产生了(有色的)幻灯片投影;用金属制作的镜头遮光板则产生阴暗投影。

这盏灯在夜晚尤其受人欢迎。它在地面上投射了一道光圈。来到咖啡馆的客人可以踏入到光池中。一个人进入光池的那一刹那,他在周围环境中的形象就得以突显。假设每个人都想成为某个人,或者代表某件事,那么这束光的作用就是让每个人都有机会表达自己。同年第三个作品《无限》也体现了这一基本理念,这一理念在此后的作品中也得到了更进一步的应用与发展:用 HMI 投影仪和一个带有蓝色滤光片的塑料镜头将大约 10 厘米长的蓝色光带垂直投射到墙面上。它是基于水平视觉的,并因此处于艺术家和接受者的源初"视野"中。这也是后来摄于 1992 年的《保持本色》这个作品以及同年的室外作品《期望》参照的基础。是什么让埃利亚松从绘画转移到利用光与空间创作这些作品呢?又是什么能如此激励他极其频繁地使用各种各样的光源、工具和装置来反射、弯曲和折断光线呢?八十年代末,当雕塑和客体成为国际辩论的焦点时,埃利亚松却兴致勃勃地探索客体和接受者之间的关系。为了使这个问题直达他作品的中心,他为获得某些短暂的效果而降低了对包括光在内的研究对象的强调。埃利亚松对光线的兴趣更多基于一种非物质化的过程,而不是对一个新物体的兴趣。他的目的是对客体非物质化,以便将焦点集中在观察的过程本身和感知的技巧上。在这个背景下,他开始更仔细地研究格式塔心理过程。

从一开始,如同将作品的所有部分一并呈现给观众那样,在他的作品中所展示的对象就和类实验室里的"实验装置"一样显眼。只有与"机器"或实验情境的实际对抗,在狭义上,才能为可被理解的"作品"提供一个可靠的背景。从一开始,在他的作品中所展现的物体,所有组件都呈现给观众,仅仅是像实验室的"实验装置"一样重要。"从狭义的字面意思上来讲,只有与'机器'的交锋或实验室的情景,可以制造'作品'能够被理解的语境。然而,还有其他方面:我从一开始就对光线感兴趣,因为它与空间状况相互影响。一方面,这意味着它可以作为一个独立的东西存在,比如一种投向墙壁的投影,一种光线投影。但另一方面,它也可以是所有光线的源头,负责整个房间的照明。这意味着我们有三种情景同时存在,也就是一个物体和一个现象主义者,以及它们的混合。从现象到空间之间的过渡也没有障碍。可以说空间和现象合二为一了。这样的想法在九十年代初激发了我对光线的兴趣。"[1]

埃里亚松对去物质化感兴趣的原因一开始并不是形式上的。他不是在寻找一种新的解决方案或另一种物体。他的目的是让作品和观众互动。他想要把观众的潜力强烈地激发出来,换言之,就是让观众和作品活跃起来。而他的时代,其他艺术家把观众置于作品之外,比如杰夫·昆斯的雕塑。与六十年代末和七十年代末相比,市场被对物体的兴趣占领。最重要的是,埃利亚松批评了缺乏道德和互动潜力的做法。对于埃利亚松来说,从长远来看,这种在广义上具有政治性的特点,使他转向了去物质化的物体。当埃利亚松谈到"从

---

[1] 2004 年 1 月 2 日,埃利亚松与笔者的谈话。

现象到空间的不可分割的过渡"或空间与现象的融合时，其实他的作品中就以各种各样的方式将此呈现出来了。怀藏这股精神，1993年的《美人》成为他最震撼人的作品之一。安装在另一个暗室的聚光灯发出的光照在人造水面上。如果观察者站在房间的特定位置，并从适当的角度看，可以看到彩虹。运动或位置的变化会影响光谱的颜色。阿内利·卢根斯已经注意到拉斯洛·纳吉莫霍伊的一件作品——《愿景》，并指出了它和埃利亚松作品在运动方面的可比性。

埃利亚松的目的是："使我们有运动意识，并将它们融入展览，使我们能够观察到我们所知道的东西并且了解我们知觉到的东西。"[1] "我们携带的"关于彩虹的知识，连同其他一切，都是基于艾萨克·牛顿关于把光分解为有颜色的光谱的知识。在1817年，诗人约翰·济慈以此为据，指责科学家用关于色彩的科学知识解释这种"诗意的"自然现象是一种掠夺和"乱七八糟的"行为。[2] 这个问题不需要再讨论了。相反，泰特现代艺术馆的半圆形灯通常被认为是"美丽的"，因为它与自然现象有关，尽管它具有明显的科学技术特点。同样的原理也可以应用于暗箱，在埃利亚松的一些作品中体现了出来：《暗箱》（1999）、《360度暗箱》（2000）、《天空暗箱》（2003）。约翰逊·克拉里在他的书中详细描述了暗箱固有二元

---

[1] Olafur Eliasson, "Liebe Besucherinnen und Besucher"（《可爱的女观者和男观者》）, in Olafur Eliasson, *The Mediated Motion*（《介导运动》）, ed. Eckart Schneider in cooperation with Gunter Vogt, exh. cat. Kunsthaus Bregenz (Cologne 2001), p. 11。
[2] 参见 Richard Dawkins,《星体二维码》("Bar Codes in the Stars")，本卷 11—12 页。

性的消失的可能性，不仅依赖于古斯塔夫·特奥多尔·费赫纳的科学著作，也依靠后来威廉·特纳的艺术作品。[1] 费赫纳成功通过测量导致感觉的刺激物测量了感觉。他的成就包括被称为"韦伯－费赫纳"的数学方程式，解释了感知和刺激物之间的功能性关系。有了这个公式，暗箱内外的分隔不存在了，导致了一种新形式的观感的合并。第一次定量地定义了主观性。[2] 随着暗箱的分离，一种"观众和世界的断定式的分离"被打破了。"距离的消解"使上述关于物体和观众的一致性被清晰表达出来。[3] 这种对通常的空间参与的理解和接受者的物理融合，不仅在"天气工程"的一开始就展现出来，而且在之前的作品中早有体现。

根据上面提到的《美》的实验计划中的彩虹现象，不同于色彩的呈现，一个特殊的方面更为引人注目：光为了完全可见要依赖于和物理的交互作用。因此，离开薄雾，埃利亚松也制造水的反射，例如上面提到的《无题》(1994)，诸如在《你依然保持你奇怪的确定性》(1996)中的水帘，《停止设计自由降落计划》(2002)中

---

[1] 譬如说，1860年，韦伯-费希纳定律将支配刺激与感官知觉关系的生理学规律形容为数学方程式。
[2] 参见Jonathan Crary，《视觉抽象》，本卷26—27页。
[3] "歌德、叔本华、罗斯金、透纳等人的作品皆为征兆，表明早在1840年前后知觉过程就以各种方式成为视觉的首要对象。而这正是因为，暗室发挥作用，恰恰让知觉过程隐而不显。透纳晚期作品无出其右地、非常确定地表明，知觉暗箱模式已经崩溃。似乎自天而降，透纳在十九世纪三十年代末和四十年代初的画作预示着：一个恒定的光源不可挽回地失落，一个光束圆锥体消解无形，而那种将观者与光学经验场所分开的距离消逝了。"参见Johnathan Crary，本卷25页。

的反射通道，《通过一种直观突然实现的方式》（1998）和《反重力锥》（2003）中的喷泉，以及《无题》（1998）中的其他装置一样，水服从于地心引力规律，换句话说是遵循自由落体法则。在其中一些"创构经验"中，通过使用闪光灯让水一刹那间被"冻结"，在这个特殊的情景中，好似是从时间的流逝中分离出来，以一种特殊的方式得以感知。

《1m^{3}光》（1999）也适合视觉化光线的语境。他们把24盏灯安排在一个充满雾气的房间，然后把射线控制在仅仅一立方米的空间内。雾在这里支持光的呈现，也可以反过来为无形的可见体积打底。埃利亚松随后解释这一现象："在这个意义上，艺术作品的去物质化和去客体化的思想并不是什么新东西。但是，我仍然想将观察者和现象学原则置于中心地位。如果我想要达成这个，我必须在适当的阶段上或暂时地诉诸认知原则，通过合成彩虹或者雾气，或者合成弥漫在空间、包围着观者的某些物质来实现这种意图。于是，观者而非图画和雕塑成为焦点。观察者和空间之间的相遇才是最主要的。[1]

从一开始，埃利亚松蓄意造成的观者与空间之间的种种相遇却通过不同路径发生。这些路径可能被定位在光与镜的作品体系之中，而且持久交错。我们暂时还必须依靠知觉模

---

[1] Eliasson 2003 (see note. 4.), p. 199.

式。自文艺复兴以来，从焦点透视观看的空间观念或者空间结构已经同相机的暗室相联系了。如果将这么一种空间还原为其基本元素，那么我们所面对的，就不仅是一块地板和一方天花板，还有面前的墙壁，以及退向背后墙面而渐渐变得狭窄的左右墙壁。在某些作品中，比如在《角落延伸》(2000)中，埃利亚松最大限度地利用这个个别的基本形体，其手段是通过遮盖的聚光将这些形体投射到长方形房间的多个墙面上。在这件装置品中，两束聚光灯都将白色正方形投射到毗邻的两面墙上，同时充分地利用灭点产生的效果。从房间的某个特殊位置看去，就好像是一堵墙上的灭点在绵延相续。在《三度空间投影》(2002)中，九束光线或明或暗，将具有焦点透视且有其独特主题的内在系列投射到一面墙上。随后，在《光的延伸》(2002)中，在一面墙的灭点上投影了房间两边的墙和前墙，覆盖着全部长度和宽度。所以，房内的观者发现参观的人数好像翻倍了。这就是 Remangine (2002) 的创作所遵循的终极原理。Remangine (2002)，尤其是那幅放大版中，十二盏聚光灯将从中央视野之中看到"几面墙"投射到至少宽达十米的一面墙上。每盏灯都用程控设备以独特的频率进行缓慢的开—关切换，以便让那些被构造出来、从中央视野展现房间，但仅仅只能见其部分的众多形象互相补充、彼此覆盖，这仅仅是为了在短促的时间间隔之中再次淡灭。空间要素的和谐运作证明了支配着中央视野空间构造的原理。

  埃利亚松在1990年的《心灵》中第一次提出"房间幻影折叠"概念。这一主题体现在《角落延伸》和《光的延伸》

这两件作品之中。这里有一面从地板到天花板覆盖整面墙的镜子，翻倍的不仅仅是房间而且还有人或者说是里面的人。在《暗淡的墙》（2004）中，实验装置同时适用于把镜子设在前墙和照射它的聚光灯之间的整个房间。镜子与在它后面的墙的测量值是成比例的，悬挂在发动机上，再安装在天花板上，一分钟旋转一次。过一会儿，通过镜子完全覆盖后面的墙，产生阴影，在它连续活动的过程中同时用反射光完全点亮对面的墙。只要这个看不见的边没有被点亮，观察者就成了镜子阴影协调活动不可分割的构成部分。反射影像取决于他必须立身的地方。

用单频光照亮的房间给我们提供了一种全新的体验，其方法或者是利用顶光或反射箔纸，比如《奇特的花园》（1997）、《你倒置的否决权》（1998）、《单色空间》与《多风角落》，或者是使用直接照射，例如《黄色走廊》（1997）和《单色空间》（1998）。观者知道房间里的东西有不同的颜色，他也仅仅只有能力看到黄色，但没能力区分除了黑色之外的其他颜色。[1]这种受限的感觉在《你倒置的否决权》中特别明显：通过间隔地开启聚光灯产生白色光束，在他们再次被黄色的光波叠加之前展现出真的颜色。在《你的无声奔跑》（2003）中，有一种在雾媒介和单频光之间的连接。雾在球形

---

[1] See also "Olafur Eliasson: 457 Words on Colour", in Miyake Akiko and Hans Ulrich Obrist (eds.), Bridge the Gap?, program book Center for Contemporary Art, CCA Kitakyushu, (Kitakyushu 2002), pp. 76 and 77, quoted in *Olafur Fluisson Colour Memory and Other Informal Shadows,* cxh. Cat. Astrup Fearnley Museet for Moderne Kunst (Oslo 200-4), p. 90.

体中生成，经过玻璃纤维结构，沐浴于单频光之中，正如整个球体的内部。

在《全色房间》(1999)中，观者的眼睛一会儿就适应了单频光的房间，他发现自己所置身的房间之中，色彩根据有色光谱模式而不断地改变。在《全色360º房间》(2002)中，观者甚至随着填色的圆形空间内的色彩持续完全改变而变化。在房间充满下一种颜色之前，参访者会沉浸在统治着知觉的色彩—空间连续体中半分钟之久，而摆脱了一切具体性的控制。实际上已经被包裹在色彩之中，这个装置让观者以自己独特的方式去体验纯色的交替变化。《全色360º房间》所依赖的两项原则——色彩的中介体验和环形房间结构——在另外两个作品之中得以发扬光大。

因而，在慕尼黑美术馆展出的《太阳天不下雨》(2003)也产生了同样的效果。支配这种装置艺术效果的原则，乃是空间似乎在借着这面染色的墙而无限延伸，及至遥远之地，而色彩的改变并不能同时影响整个区域，而显得好像是随着程控动画沿着墙面移动。

另一组（色彩）实验艺术品依据颜色互补原则：例如，《这是你的蓝／橘黄色的余像呈现》(2000)。一束聚光灯将一具橘色立方体投射在墙面上，延续15秒之后消失。一个蓝色"余像"随后在同一处出现。（第二项实验是由一道蓝色的光源随后产生一处橘色的余像。）这里也一样，埃利亚松的注意力集中于活跃的观者角色上。随后发生的，实际上是你用你的眼睛投射了一个颠倒的影像，一个补充的影像，于是你就成了一架投影仪。也就是说,这片余像向我们折返视觉,从而以这种方式创造了幻象。而我们成为光投影这种想法,真的让我感到万分惬意,因而我会将一片余像投射到空间中。[1]

其他实验作品也是以互补充色为基础的,比如《黄色和紫色》(2003)、《你的黄色和红色和蓝色》(2004)和《谁在害怕》(2004),其中包含一个或多个缓慢旋转且由彩色效果玻璃构成的圆盘,仿佛自由悬浮在空中。这束由一盏高亮的聚光灯投射而出的光部分反射在色彩之中,而弥漫于圆盘的光波反射着正对着投影仪的那面墙上的补充色,而成就了色彩投影。有色光投影的分层产生了新的配色。因此,参观者不仅要作为观察者参与实验,而且要成为他们自身表面的投影,他们在房内走来走去,就意味着他们同时既是客体又是主体。这里便体现了梅洛-庞蒂的现象学哲理:"如果没有一个人在此因缘际会,就什么事也不会发生,恰恰就是他以个体有限的视角赋予这个事件以合法性。"[2]

让我们回到完美圆形空间的原则。它不仅构成《全色360º房间》的基本形式,而且还构成了《360º期望》(2001)和《不稳定地平线》(2002)的根本取向。第一组圆形空间首

---

[1] "随后发生的事情是:你事实上用你的眼睛投影了一个翻转的形象,一个构成互补的形象,于是你就片刻之间成为一架投影仪。这就是图片反过来注视我们的可能方式,以及在我们之中创造事物的方式。我们成为光线投影仪,这么一种想法让我万分惬意,同时将吉光片羽投射到空间之中。" Olafur Eliasson, "Daniel Birnbaum in Conversation with Olafur Eliasson", in *Olafur Eliasson* (London 2002), pp. 6-33, quoted in *Oslo* 2004 (see note14), pp. 89 and 90.
[2] Maurice Merleau-Ponty, *Phanomenologie der Wahmchmung, Phanomenologisch-psychologische Forschungen*(《知觉现象学:现象学心理学研究》), vol. 7 (Berlin 1966), p. 467.

先证明，空间的容积和空间的方向对于埃利亚松的光实验是多么必不可少！在《360º期望》中使用卤素灯和灯塔型透视镜使窄带光投射在圆形房间的墙上。因为灯塔型透镜被安装在自动发动机上，略微倾斜，造成光的视野，随着倾斜运动移动来影响观者的平衡感。埃利亚松也开始研究外部空间方向的主题，比如他的实验作品《五向光》（1999）、《Lernacken 运动计时器》（2000）。

《阴影颠倒的塔》（2004）也是以圆形空间原则为基础。它有一个可以达到的、完全由光的成分组成的塔形建筑。它们指向中心并且交替暗淡，或者是通过一个控制器变得更亮。白光以相同的速度变换强度，以便眼睛习惯新的光。塔墙的深度使得周围空间的光是可见的，似乎是依赖于光成分的深度而更亮或更暗。实验针对观者的感受能力或感受习惯，同时致力于改变明暗对比，并且要求我们继续确保我们自己的知觉准确度。

动态之光，换言之，被控之光，早就被用于早期实验装置之中，用以突显光的构造性功用。在《光波》（2001）中，荧光灯按照等距离一个接一个安装成一排，依次点亮，以至于造成一种以慢步速度前行的印象。众所周知，用以解释光的现代模型乃是波动理论，其源可溯至 F. M. 格里马迪（1665）、R. 胡克（1665）以及 C. 惠更斯（1678）。根据现代定义，光的质量是由波长（λ）和频率（ν）组合构成，同时这增殖了的两个因素的大小决定了光速（$c, c = \lambda \cdot \nu$）。

光速，乃是当今通过光纤网络传输信息的媒介的速度，它与时俱进地决定了当代基于信息的社会之命脉。然而，人类平均的知觉能力也发生了剧变。保罗·维利里奥令人信服地指出，在政治经济和文化意义上的全球化时代，当代意义的传播呈现为"现实之波"。[1] 鉴于当代加速运动的发展概貌，埃利亚松的作品显示了我们当下生活的基本特征："他的装置艺术巧妙灵敏，展示出神秘的物化过程，而适用于一切形式的可能性。"[2]

在展厅的起点，穿过《单色房间》，一条通道经过一条狭小的长廊，穿过一条用刨光的不锈钢镜制成的螺旋式隧道，作品被命名为《2002你的螺旋式观景》。你一旦进入这个隧道，镜子就反射一个刚刚离开的房屋内的黄色光。随着观者前行，在隧道尽头而决定着空间构成部分的各种要素会渐渐明朗起来。感知变化正是埃利亚松艺术实验的基本现象。他的兴趣所在，乃是"对光的体验和对感知的感知"，最后还有对于历史相对性之中的体验与感知的敏悟。[3] 因为，见光是一种人文化成的现象，是一个非同寻常的养育过程。因此，唯一不变的是，埃利亚松将自己的纲领视为"环形计划"，其核心主题乃是见其所见，感知自己独一无二的感知过程："在真实体验所传递的知识与其创造的知识之间，存在着矛盾，我感兴趣的是观视过程，以及置身于社会之中我们观照自己生

---

[1] "自获得了'解放的速度'之后，远与近的观念都经历了剧变；那些'现实之波'现在传递着我们的即时感——政治、经济、艺术的即时感……" Paul Virilio, "Olafur Eliasson：An Exorbitant Art", in *Oslo*, 2004 (see note 14), pp. 85 and 86.
[2] Virilio 2004 (see note 17), p. 86: "他的作品宁静致远，让我们重新认识到表象之谜，它作用于一切形式的可能性。"
[3] Böhme1993 (see note 2), p. 14.

活的基本方式。"[1] 而且他还进一步补充说:"我们所关注之物,乃是主体本身,但它更多地关乎我们研究这个主题的方式。"[2] 这就意味着,与其说事物自在构造,不如说它们均涉他物。

于是,维利里奥令人折服地宣告:再现(表现)寿终正寝。[3] 在展厅的尽头,我们走进日光之中,到达一个观景平台,它位于空间的中央,竖起许多镜子,覆盖着展厅的整个天花板(《进进出出》,2004)。如果回首望去,看到那个先前描述的实验装置所坐落的"实验室",我们就会随着天气的阴晴变化,看到白云飘动,阳光灿烂。

---

[1] Eliasson 2003 (see note 4), p. 205.
[2] Olafur Eliasson in conversation with the author on January 2, 2004.
[3] Virilio 2004 (see note 17), p. 85.

"从容不迫":欧文与埃利亚松的一场对谈

奥拉夫·埃利亚松 罗伯特·欧文 文 戴雪 郭安娜 译

奥:我一直期望与您对谈,因为我们显然共有某些兴趣,比如对时间性的兴趣。时间性乃是我的艺术实践之中为数不多的重要元素之一,而且随着时间推移,其意义与意涵也在持久生长;我特别看重的,是您的作品之中那种赋予相对性以更高价值从而恰到好处地处理时间性的方式。窃以为,全神贯注于时间,对于客观性观念以及客体的"去物化"(dematerialization)产生了影响深远的结果。艺术作品既非封闭,亦非静态,它们从来就不象征着某种可能被显现给观众的真理。相反,艺术作品与时间巧通款曲、暗送秋波——艺术浸润于时间,艺术归属于时间。这就是我之所以常说我的作品乃是实验装置的理由;它们构成了参观者介入其中的结构。这些结构既不稳定又不可预知,而我们赋予它们的价值较之于我们当今所认识的且在经验型产业之中所遇到的东西远为相对。我认为,聚焦于时间性,对于这种行业可能构成一种危险。你和我的艺术作品,正在通过这么一种所谓"博物馆"的经验型产业而得以散播,而这种产业自觉或不自觉地致力于在其展品之中创造一种无时间感。而且,它们却是以我们的名义在创造无时间感。

欧:可是,如果它们真的做了,而且我们也让它们做了这件事,我们就铸成大错。

奥:确实如此!这就是我何以决定将这场展览取名为"从容不迫"(Take your time)的理由。从容不迫,喻义主动地介入空间和时间情境之中,博物馆之内或外在世界的空间和时间情境。它要求高度注意我们置身其中的环境的可变性。你可以说,这样一来就突显了对于这么一种事实的意识:我们的行为有一种特殊的速度,情境不同,行为缓急不一。问题是:这么一种对时间的介入是否得到了社会和博物馆的支持?通常的回答是否定的。所以,我认为,我们作为艺术家,有责任挑战博物馆的构型,因为它宣称要传播社会价值。

欧文:博物馆是一种非常古老、陈旧的模式,它被设立起来,在本质上以处理客体为使命。你和我并非客体的制造者,而一直在与经验过程相周旋。博物馆代表了一类特殊的价值,适应某种艺术制作而存在,而与我们所追求的则是另外一套价值。对此,博物馆必须同样做出应答。直到现在,还没有一套方法论体系能够解释这种艺术的现象性。

褶　子

奥：从学生时代开始，我便对现象学产生了浓厚的兴趣，因为这一学科可提供理解主观性的方式方法；通过这种方法，我们能够很好地融入周围环境，从而实现入世的目的。但我却意识到，将现象学奉为真理十分危险，因为人们或将陷入经验之中不能自拔，或超然于社会环境不食人间烟火，因为他们会将此诉诸现象性境况。当然，现象学作为一种更具活力的概念，一直都是我的创作灵感源泉。于我而言，现象学观念中最大的潜能就在于，人的主体性思维在周遭环境的变化中也会随之而变。我喜欢将我的作品视为观赏者的工具，观赏者通过它可以重新审视和重估自身与环境的关系——这可有助于更丰富地显现人与周遭环境的因果关系。然而，人们在几十年前却将现象学视作一种公式，这种公式决定了周围环境的构成。因而我认为，二十世纪九十年代的现象学更像是一种工具，帮助人们调和自身与周围环境的关系。在人与世界之间，现象学架起了一座理解认知的桥梁，让艺术作品、主体认识以及主体体验方面能够各美其美、美美与共。

欧文：艺术生涯的开始，我也曾怀有同样疑问。六十年代，我们的画作呈现衰败之相、没落之势，那时我便萌生出一个想法，即抽象的物应以抽象性艺术的方式表达——也就是纯粹的现象性表达。但这不过是为转移注意力罢了。依据同样的逻辑，我们也回避绘画的现实——从图画世界转向现象学的世界。这种逻辑同样也适用于物象实际，但这与物或非物的性质无关，主要在于我们如何观照不同情境之中的对象。一旦意识到这点，我们便能够到达一种境界，即眼中之物均为特定情境中的不同物象。所谓普通或"高雅"艺术可能存在——当然这种想法很迷人——但是，现实世界与乌托邦之间却存在一条不可逾越的鸿沟。事实上，事物普遍受到不断变化的周围环境的影响，因此事物普遍具有能动性，最终世间万物所具有的普遍能动性便成了一种实时知觉的材料。

奥：坦率地说，我没有异议。

欧文：我一直尝试调适不断变化的环境，也为现代艺术的发展尽心竭力。假如说，反思艺术史时不考虑任何抽象参照，那么置身艺术作品中间的观者便不必去了解作者，更不用去理解作品相关的背景知识了，这实在是一个巨大的进步。参照能够无限贴近社会层面，因为观者与作者的定位将趋向一致。这样一来，抽象性的参照便发生了变化，一转而成为经验之谈。我想说的是，这种情况是现象性的，是实时发生的。当下我们这个迷人的场景之中：一方面，我们谈论博物馆，但另一方面，从哲学层面讲我们确实涉足于此。在这场我们参与的博弈中，充满了各种各样的矛盾，千疮百孔，世界不会因我们的感觉方式而变化。我们的创造基本都含有变化的意味。但却有人将博物馆比作一个论坛。博物馆只能代表时间之中的一瞬间，终将成为历史典范。这才是博物馆进化的自然历程。收藏品越来越丰富，博物馆终归会展出惊人的艺术品——这种做法无可厚非——当这样做时博物馆便会失去其作为开放论坛的定位。在理想情况下,我们想要博物馆成为一个能够对话讨论的场所,在这里我们能够各抒己见畅所欲言。但一般情况下,博物馆能保持这样的状态所拥有的时间却短得可怜。无论如何,我们却还要参与其中,因为这是联系其他艺术家和解决艺术问题所必经之路。但同时,这么做便意味着我们做出了关键的让步。

奥:在我看来,博物馆既不是收藏所,也不是论坛。如果你将我们探讨的那些想法用于博物馆,那么收藏所就可能成为一个论坛,即构成一个公开讨论的平台。但我对于艺术欣赏者以及自我反思的体验也有着浓烈的信仰——我认为,在这些体验中也会有这样进行讨论的方式。

欧文:不错,你我都是第一流的乐观派。但我从未见过哪家博物馆为吸引眼球便将自己定位为论坛——集众的场所。我曾两次对博物馆范围进行过检测,第一次是 1970 年在纽约现代艺术博物馆,当时要求我为博物馆做一个装置——要知道,这在当时是多么不可思议。珍妮·利希特,一位魅力超群的女性,突然告诉我博物馆里有一片空置区供我摆弄。但她也非常遗憾地表示,因为这里并不在博物馆规划好的预算范围之内,所以无法提供财力人力支持,然后问我:您仍有兴趣么?我当然回答说"是的"。她直言大部分工作需要在博物馆闭馆后才能进行。说实在的,蜗居在一个简陋的斗室,紧挨着装满布朗库西(Brancusi)雕塑的陈列室,这项工作实属不易。我在傍晚现身，对要做之事毫无头绪。我只好进进出出观赏那些极其美妙的布朗库西雕塑。最终，我所能做的事情简直微不足道。一个带有深邃裂缝的天窗横跨整个房间，这成了这个简陋斗室的亮点之一，这条大裂缝的边上又有五行相配于天窗的日光灯，之间还有一些呈老式花格状渗出一些微光的裂缝（大约两英尺深），这些裂缝遍布于天窗表面，我最先做的就是清理这天窗上积年的浮埃，然后更换了每行日光灯，便于冷暖光交替，对于那老式方格状的光，我进行了一些较为精妙的处理，使得它呈现出"彩虹滤镜"般的效果，这样一来本如此简陋的房间就被这些或冷或暖、或明或暗的光充盈了。当然随后我还添置了一些局部细节，用半透明的背景幕布来重组房间的比例，使得那彩虹般的光可以美妙地散布于空间之中；我又增加了一条无实体的不锈钢线于空间之中吸引人们的注意力，这样一来你就在不知不觉中不知来由地体验到色彩与空间带来的美妙感受了。注意，纽约现代美术馆对其不承认、不报道、不记录。然而最后他们却坚持要给它贴上标签使其制度化。当然，在做这件事的那一刻就是在无意识地为它去取得作为"艺术"的资格，其实反过来是侵占了为观赏者们所创建的角色，也就是代替了他们对下述问题做出判断与答复："它存在吗？它完成了吗？我对它的感觉如何？"以及"这是否就是真的艺术？"所以，我雇了个孩子每天去撕掉博物馆给贴的那些标签。在很短的时间中，这项创作导致了一系列小型装置艺术的延续，但最后"现代"在几年内就再也不是"现代"了。此后，到了1977

年,玛西亚·塔克要求我在惠特尼博物馆举办美国艺术回顾展,以此来取代让我自己去提出主题举行展览的机会。如果你问我:"既然知觉到的艺术是纯粹主观的,那我们还能就艺术展开公正的对话和探讨吗?"我的回答是否定的。我们长话短说、删繁就简。我的艺术作品主题都是对博物馆范围之外的观察,实际上它消解了一个壁垒,即博物馆作为环境对观者产生的影响,并且我也将艺术的制作技巧设定为非本质性的东西。

但在最后,这些制度、机构所行使的职能似乎毫无存在的意义,甚至它们对于自己都不是知根知底、完全了解的。很多时候只不过是说说罢了。你看,这不是和"面纱"相似么,我告诉你一些事情之后也会再告诉你一些其他的事情,而凡我所为之事大都是你鲜能见到的。

奥:我看"面纱"这个隐喻是有问题的,因为这样看来,艺术仿佛就藏匿于"面纱"之下。我认为,在有条件的体验之中最为特殊的东西,乃是我常说的"观视行为的内省性"(introspective quality of seeing):及目之所见,及心之所想。所见之物中能看到美好,亦伴随恐惧,但眼中所见、心中所感,实际已成所见之物本身的一部分。

欧文:我说的是:"感你所感"。

奥:或是"见你所见",我从你的话语中得出了这句。无论如何，其潜能就寓于它的解构性之中。可能"解构"一词于此并不十分恰当，但是它起了作用：我们要将周遭的环境作为一种完整的结构去理解，而不是当作"真理"去接受。

欧文：这些都不过是条件因素。

奥：没错，这说明博物馆应该让它们的观念体系更接近观赏者，而不是将一套观念体系强加于观赏者。但是现在的博物馆大多缺乏这种"自我界定"意识而使其很难实现。这一问题当然不仅仅出现于艺术世界之中，它更为集中地反映在经验的能力、性质以及结构之中，这些问题结果成了"体验式经济"的一笔"大生意"。我认为，这些例子实际并非表面那样复杂，因为"体验式经济"之下，我们的感觉、我们的认知都不自觉地趋向商品化。因此，它就和我们曾经所关注的"经验的自我评估"能力同样重要。这或许听起来很天真，但你可以在任何情况下应用自我反省与自我评估的能力，最后你就可以在共同体中获得一个重新自我定位的机会。

欧文：我愿与你共担这"天真"之名。大多数艺术家们的度日方式都是于画室中独处，有时在这样的时光中就会觉得自己与世隔绝、远离尘嚣，艺术家们或许并不是真的做入世之事，艺术是孤独的，这顽固的错觉常伴身侧。我确实偏爱将艺术与哲学相提并论，这样的说法或许过分简单化了，但是它却使得一些事情一目了然：每当我清晨睁开双眼，世界就那样完整地显现于我的眼前,我并不会就坐在这里去思考这个问题,而是在床边晃了晃腿,带着我的世界起身,我要使这寰宇常伴吾侧!尽管我知道这听起来难以置信、做起来又异常复杂,万物看上去似乎是被给定的,但是它绝不仅如此,但是确实以此为始。我并没有问自己"我该怎么做",只是起了床然后洗了个澡。但是如果我躺在那儿,哪怕只有很短的一瞬,那么两件令人惊奇的事情就会被揭示出来:我察觉到我确实将艺术与哲学相提并论,但是这绝不是既成的事实,可如果思维不得不去思考肉体无时无刻不在告诉它些什么的话,那么它就没法运转了。而这使我恍然醒悟,我们发展哲学与意义的经典体系,却总是离不开感觉、意识以及认知能力这些观念,但是我们却总有一种思维可以在与世隔绝的真空中以某种方式运转的玄想。我认为,现象学历史与现代艺术其实是平等博弈中的对立双方。思维与躯体其实是无所谓哪个更重要的,它们之间不该有等级差异。我喜欢用"姻缘共生"这个术语,因为这样知觉与认知听起来就是平等的,它们在真实性和重要性上并没有程度之分。它们平等相依又相互排斥。但是,我们也因此才能发挥这样的机能,它们在运转时就好似本为一体一般。从某种意义上来说,艺术家所扮演的角色是要不断地察觉哪里发生了些什么。不能陷入陈腐之中,但艺术家们也走在这面纱的另一边。

臭:这也是感情进入之所,人们常常告诉我们:感情是内化的境界。有关感情本质的研究如此之少,这真是太奇怪了,直到最近，像是认知科学这样的学科才开始关注到这一问题，这一局面才得以改观。我们的文化驱动着思维与肉体的分离，这种倾向是不允许将感情作为外向化的活动去理解的。

欧文：没错，感情不只是对外在的反应，它是一种活动。

奥：感情是精神与物质环境之间的关系，它既暗含着肉体因素也暗含着思维因素。

欧文：这就是我用"姻缘共生"一词所要传达的意思。

奥：你从一个感知者变为了生产者，这才是关键。你于你的周遭环境中所预设的感受，这项"计划"其实就是你与周遭之物产生联系的方式。

欧文：这是因为价值从本质上来说是通过感情而获得的。我看某物，通过看它，我就会关注于它，然后就会在它身上花费一些时间，再然后可能就会采取一些与之相关的行动，之后我便获得了它的价值。所以价值并非天然的或是自在的；一旦交涉成功，那么它就完全成了你的一部分。它会重建你在世界中实践和行动的方式，最终这当然也意味着周边环境的改变。但是这也是个长期计划。来自于价值与感情的真切改变还是可以看到的，从某种意义上说，它从你的处事行为中开始，然后慢慢地改变你做决定以及判断的方式和标准，所以最后也会影响到你建构这个世界的方式。

奥：这真是一个重要的想法！我做过一些关于白灯应用与博物馆空间的相关研究，指向的重点是白色立方体作为建筑物这么一个事实。在柏林实验室中，我们有一间白色的屋子，并且基于对雷克雅未克、威尼斯等其他城市真实生活的观察，我们以不同种类的光在这间屋子中进行实验。用白光的色谱你可以用非常细致的方式来展开自己的工作。虽然我仍旧发现白色立方体在接触和体验的过程中有着相当强大的吸引力，但是我认为我们应该将这归功于它所持有的"文化密码"，也就是那些观者将这一类的空间嵌入到一段漫长历史之中并且去向他人述说。由此，其实我们在欣赏艺术时也涉及了其他很多事情，这使得艺术欣赏成了如此丰富和复杂的领域。我们如何看待多种多样的灯光下的表象？当我们看到新的艺术品时，对于那些先前看到的艺术品所留下的记忆我们又该如何处理呢？在此，感觉一向是分等级的，而这影响着我们体验的方式。

欧文：我在圣地亚哥的当代艺术博物馆，进行了下一个房间的艺术创作，这个过程中也出现了你刚刚提出的很多问题。非常有趣的是，这个房间还存在，因为某人决定不把它围起来。为什么他们留下了它呢？这是个特别有趣的观点，我看到人们走进画廊然后说："多好啊，这是艺术，这就是美。"我也听到其他人争辩说它该被围起来。最初我不知道该做些什么，我的意思是，没有人曾经用过这个房间，毕竟它没有足够的隔挡，还太过光亮，所以它的确不那么实用，于是就不得不与这些观点相竞争了。由此我决定切割一扇窗户。还不错，但是不够。当我在一个角落以一定角度切割出这个窗户时，一切问题就真的迎刃而解了。于是一些出乎我意料的趣事发生了。那些色彩的玻璃使得被切下的部分显得更加清晰，更多的声音以及空气等等因素融入了进来，发自内心地说，它似乎变得更真实了。忽然间，所有那些关于真实以及作为真实的含义的问题就全都混在一起了。因为你想要详细地介绍这个作品那就要讲述此情此景的历史背景，以便找到一些真实事物的方式去取代作品中呈现于眼前的景象，刹那间你就不得不与"为什么这不是艺术"来个殊死搏斗了。

奥：没错，但我觉得具象派的艺术经验也是一种很重要的经验。对我而言，世上没有绝对抽象之物。纵观艺术发展史，人们趋向于认为，真相较之具象，更为完满。我在看到一些具象之物时经常想到你，这无关经验之本质；真正要紧的是，面对此刻眼前的具象作品，作者是否有勇气去承认自己作品的具象性。

欧文：嗯，也许，此处的问题值得我们仔细琢磨一下，所谓"真"一词究竟蕴含何意。我认为，大多数关于现实的讨论实际并非现实之事，这种讨论实际关注的是现实背后隐藏的意义。比如说，我跟你说"事实情况是……"这句话之后，便会紧跟我真正的观点。我试着把握现实并为我所用。但不论从何种角度出发，世上之物皆为真实之物。所以说，这场博弈并非现实本身的博弈，而是现实背后所藏意义的博弈。一旦脑中形成了一个完整的构图和清晰的概念，那就会假定一个完满的意义框架。一旦你平衡其意义，你还是会为了争论其中最重要的意义结构而喋喋不休。但关键在于这不是一个二选一的局面，理清这点真的很重要。说白了，现代艺术就是"兼收／并蓄"。举例来说，彼埃·蒙德里安就向世人展现了一种全新的肉眼观察方式。他从"树"这一主题出发，为了展现纯粹的活力，又慢慢地将它完全融入那些优劣画作之中。他呈现出了用眼睛观察树木的不同方式。它们既不比其他的树更真实或是更重要，但却带给你别样的真实感受。

奥：他们也会彼此交流，透露一些信息。

欧文：没错，他们显现出一种完美的互补。我喜欢这个观念，两种真理同时存在，也有可能达到三个、四个、五个或者更多。在某种程度上，整个作品会受影响。这是一种完全不同的社会组织理念。你听说过艾特温·阿博特写的那本《平面国》（*Flatland*）吗？

奥：嗯，我听说过。

欧文：这本书有趣的地方在于介绍了"扁平世界"的构造

规则后,阿博特又引入了第三维度。事实上,它的美妙之处就在于无论三维世界发生了什么,二维世界总有办法解释其非真实性。实际上,我觉得我们正在解决如何从一个三维模式向四维模式转变。那么,这在现实中可行吗?你要如何处理四维视角?又将会产生什么样的社会实践或者社会秩序呢?

奥:确实如此。我也考虑过这些问题,这让我想起几个名称。我脑海中浮现最明显的是第五维度——而时间是第四维度。也可以称它为介入维度,因为在我们理解其他三四个维度时,它考虑到了更多的相关性。为了强调介入的重要性,我试着将它与瞬时性相结合,比如我的个展《你们介入续发或者肯定》(Your Engagement Sequence or Yes),就体现了这个理念。如果你认为 YES 是感性过程的重要构成部分,那么任何情形和对象都是辩证的、可以理解的。然后我们就可以说"YES"这个展览颠覆了真理,并转向个人经验。

欧文:那么,还得算上观察者。

奥:对。问题的关键在于观赏作品的观众或鉴赏家的作用。鉴赏家在现实中的鉴赏活动和行为是否也构成了艺术品,这是我们需要考虑的问题。没有鉴赏家的参与就什么都没有。这不是什么新主意,但是我们的重点在于鉴赏家是艺术品的一大来源。从心理学层面来讲,人从作品中体验到的回忆、期待、情绪、情感等,也是其中重要的部分。话说回来,"鉴赏家"一词,也许看起来功利,但是却十分美妙并具启发性。我不介意以稍稍功利的角度思考艺术,因为我们要更加直接地干预社会生活。二十世纪八十年代末,我深受光影空间艺术家的启发,因为他们以投影仪或者背景创造的方式来处理艺术主题,并以精妙的技术和丰富的创造力构成了非物质主题和鉴赏家之间的纽带。我是在玛丽亚·诺德曼的著作中第一次接触到你的作品的。我觉得它既晦涩难懂,又激荡心灵。坦白说,我真的完全被它们惊呆了。因为它如此贴近我的生活。我在迪亚艺术中心看到你1998年的作品《序曲》(*Prologue: x183*),打动我的就是所呈现的社会、身份以及主体性的奥秘。装置艺术是一座城市的缩影,它关乎人们日用伦常所系的空间问题。

欧文:**主体之物 / 客体之物**,乃是我在二十世纪六十年代的偶然发现。那时候,弗兰克·斯特拉正在画一幅中间有洞的八边形作品,而我在创作"散点油画"(the dot paintings)。他对我说:"你为什么要费那么大力气折起油画布,来清理干净边缘呢?"我回答道:"我只是注意到了,难道你没有吗?"然后他说:"因为它不重要啊。"天哪,这话真击中了我。有些人显现出和你绝对清晰的差别,你就会察觉到你们正在探讨的是两种不同的观察方式。换句话说,我在这个满是框架结构的世界上到处游览,四处察看。但实际上,我们脑中的观念是没有框架的。其实我们是在一个个信封中游荡。你会认识到框架只是一种工具。如果我想到达目的地,我就必须收集各种信息。这时,我就会专注于某些事情,换言之,就是将这些事情放进框架,而其他事情就会被我忽略。我将这些结构称作高度程式化的学习逻辑,这并不意味着它们不真实或不重要。这也不是非此即彼的见解——而是"既是／又是"的全选逻辑。两者之间存在着很大差别。一旦你认可两种"现实"同样可能,这场博弈的规则就变了。一旦你打破画作或对象的框架结构,那你就失去了现存的文化一致性,这真的很重要。对于精通绘画历史的人来说,油画布上的每个点,都是可以影响和推翻历史事实的印迹,负载着复杂而又细致入微的理解。最初打破框架时,你只会大致考虑是墨守成规还是推陈出新,因为激进的现代思想早已明确提出了这一观点。现代艺术家面临的,不仅仅在于要知道"什么是扩展参照框架",而且还有"它究竟是怎样运作"的问题。

奥:至少从时间上看,打破框架就意味着重生。新生之物基于旧框架,但它的确也是框架。

欧文:呃,我觉得它自成一体。艺术家初步探寻后,发现眼前的问题在于现代艺术呈现给我们这代人的是一个什么样的无等级结构,还有它是怎样运转的。当我完成了迪亚艺术中心的创作时,我特别局促不安,但又说不清是为什么。我不停地回去看,直到我发觉那是一个很好的例子,证明了无等级结构。我的初心并非如此,尽管我一直那么说。你可以从任何角度切入,它没有起点、中段和终点。每个角度至少八个可能供你挑选,当然,没有最优选项。当要出去的时候,你就会发现必须要原路返回,因为门上没有把手。

奥:就时间而言,也是无等级的。我返回的原因之一,是因为没有一个时刻比另一时刻更重要,这种具有艺术性的组合经验,并不常见。

欧文:我非常喜欢这么一个想法:你没有被领着经过某些事,也没有被命令去哪里。相反,你做出一系列关乎本质的选择。但无论如何,它们都不是强制选项。你自愿选择自己想去的地方。一旦你在其中行走,你就处于建构美感的实际位置上,因为你每次做出的选择,都会改变经验的本质。

奥:没错,在转瞬即逝之际,这一点极其明显。如何定义转瞬即逝?这很困难,但观察我们对这些情况的个人反应却十分有趣。假如我用屏幕做了几个残留影像作品环绕在你周围。就是360°全彩房间。如果两个人在不同时间进去,交织在一起的残留影像和投影灯将会在每个人身上投射不同的颜色。如果你进去时,屏幕是蓝的,那么你的眼中会产生一个橙色的残影;如果我进去时屏幕是绿的,我的眼睛就会开始变红。但是你的残像会从橙色变红色然后逐渐消失,而我的却不会。所以,这就像一间极为独特的斗室。从生理上讲,十分钟后,我们就会看到同样的事物了,但我们的所思所想却千差万别。

"从容不迫":欧文与埃利亚松的一场对谈

欧文:很明显,你考虑了与观察者相关的诸多事宜。但我认为,最重要的,不是站在观察者的立场上设法表达他们想要的那些正确的或是有意义的想法。

奥:是啊,我完全同意。

欧文:事实上,一旦我们成功表达了最基本的概念,大多数的历史就都是相似的。历史表现出恒久不变的样子,我们便可跟随历史前行,就像是我们踩着梯子的横档向上攀爬,最终改善出一个我们称为文明的美妙结构。时间飞逝,正是它们的成功,这些结构才承载了信念的特质。那些我们赖以生存和依靠的结构终将为我们所消化,它们反过来又依靠我们存在。实际上,即使我们创造了它们,某些方面我们也受制于它们。因此不断突破这些结构则是人类面临的最大挑战。不得不说的是,现代思想史就是一部激进的历史。你只需了解十九世纪艺术的最大还原,并试图寻求新的开端,这一切就不证自明了。哲学家埃德蒙德·胡塞尔用现象学还原原则完美地描述了这一过程的特点……他回到本源,提了一个至关重要的问题:"反之,又会如何?"因此,我们探讨的所有问题都是对这个问题的反思。这种客体到主体的转换、从存在到机缘的变化,正是核心之所在。三十年了,我所做的一切都烟消云散。我喜欢那个问题,就是"不存在?这是什么意思?"我们假设,那是艺术。它挑战了如何处理艺术、呈现艺术、累积艺术及如何创造历史的理念。因此，你会察觉到这些事物都具有结构性、社会性和批判性的含义。它们提出了需要社会进行梳理和反思的问题。距离我们看到它真正运转、如何运转以及它将带来怎样的社会结构的改变还会有很长一段时间。因为，我们总在改变这场博弈的规则。此时此刻，我们就只能推测可能的结果了。

  上述采访授权再版于旧金山现代艺术博物馆，选自《"从容不迫"：奥拉维尔·埃利亚松对话录》，旧金山现代艺术馆与泰晤士＆赫德迅出版社联合出版。版权及拷贝：2007 旧金山现代艺术博物馆版权所有：94103，加利福尼亚，旧金山，第三大街 151 号。

  此篇文章是 2006 年 3 月 27—28 日圣地亚哥当代艺术博物馆所收录的对话删减版。旧金山现代艺术博物馆及艺术家对休·M. 戴维斯、斯蒂芬妮·汉诺、雷切尔·蒂格尔、詹娜·罗的热情协助表示感谢，对凯伦·莱温、安娜·恩贝格·佩德森的文字整理工作表示感谢。

  奥拉维尔·埃利亚松与罗伯特·欧文的《"从容不迫"：埃利亚松对话录》。玛德琳·格瑞恩斯戴伦编辑校对。展品目录。旧金山：旧金山现代艺术博物馆；伦敦：泰晤士＆赫德迅出版社，2007：56—61。

詹姆斯·特瑞尔：火山之下

卡门·基梅内茨 文　兰丽英　赵文 译

理解事情和事件如何在顷刻之间同时显现在我们的感觉中，这代表了人真正与世界相遇的方式。这里浮现出的意识是人类学上的中心机能。在感知一个严肃东西高深莫测的特性时，我们增添了对我们生命存在（当下的存在）的不确定性的深刻理解。关注生命是如何显现的同时就是在关注我们自身。这也可以作为一个例证——确实也尤其如此——无论过去的或将来的艺术作品图像很可能还是不大可能存在。这些艺术作品将自身存在中那些超越的能量发展成一种可以抓住人们感觉的形式。它们带来了一种特殊的存在——呈现离我们或近或远的存在的发生。

马丁·泽尔 [1]

---

[1] Martin Seel, *Aesthetics of Appearing*, trans. John Farrell, Stanford: Stanford University Press, 2005, p. xi.

褶　子

毫无疑问，劳瑞（Malcolm Lowry）的《火山之下》是二十世纪最好的小说之一，讲的是被洗劫的英国前领事乔弗瑞·费明的故事，他努力尝试用过量的烈酒来压制内心的恶魔。[1] 在墨西哥库埃纳瓦卡两座火山的山脚下，他度过了生命的最后一天，这一天恰好是 1938 年 11 月初的亡灵节，小说的高潮被形容为在两座现实火山爆发背景下内心火山的爆发。这带来的不仅是物理世界和存在主义意义上的一致爆发，而且也描绘出了费明走向地狱的整个旅程，引导读者进入历史和大地深处。

随着十六到十八世纪人们航海去周游世界，产生了一个新的明显的探险垂直模式：无聊贯穿大地，探索海洋深处，翱翔天空之上。十九世纪后半期，凡尔纳（Jules Verne）的想象力由于这个垂直探索中不可思议的航行而沸腾，创作了《气球上的星期五》(1863)、《地心游记》(1864)、《从地球到月球》(1865)、《环绕月球》(1870) 及《海底两万里》(1870) 等作品。这也是法国天文学家卡米耶·弗拉马里翁（Camille Flammarion）的时代，他绘制了天空的星空图，被梵·高所钟爱。梵·高把死亡想象成一场星际旅行，把夜晚的天空描绘成灯光的黯淡。实际上几乎所有这些乌托邦旅行都会在仅仅一个世纪之后变成现实。那些事件不仅仅把过去的幻想变为现实，而且也再次确认了我们这个世界宇航的维度，现在真的是一个漂浮的世界——它是空中的、失重的、光亮

---

[1] Malcolm Lowry, *Under the Volcano*, Landon: Jonathan Cape, 1974.

的、宇宙的。

但是，难道人类曾经可以不依靠决定所有光的来源的天空来看待世界吗？《圣经》叙事中关于起源的部分描述了世界的创造，认为世界原本是黑暗的、荒凉的，直到上帝创造了光，这在物质上和象征意义上都成为宗教书籍的结构性原则。欧文·潘诺夫斯基（Erwin Panofsky）的《修道院长絮热论圣德尼教堂及其珍宝》(1946)和《哥特建筑和经院哲学》(1951)这两篇著名文章都关注了作者与赞助者絮热在二十世纪做出的重大变革。[1] 絮热搜罗新柏拉图主义的资源来证明不仅光有神性，而且光在建筑中的运用也带有神性，因此，我们在哥特艺术中就可以看到日光。

即使不列出其他把光和神（中世纪神学、建筑和绘画艺术中直接的根深蒂固的东西）联系起来的基督教资料的长长的清单，实际上我们也有可能把整个西方艺术史读作对待光的种种方式。强调自然主义的明暗对比是很重要的，它在十六世纪作用在绘画中，在卡拉瓦乔那里达到了最伟大的表现高度。这项技术使光的戏剧化和世俗化达到了高潮，用把其他东西放入黑暗的方法来聚焦那些现实中确定的方面。这种对光的谱写有效地激发了艺术的宣传潜能，同时也设法逐渐灌输一种有动态活力的绘画表现技法，这种动态活力是电影业的前兆。

---

[1] Erwin Panofsky, *Abbot Suger on the Abbey Church of Saint-Denis and Its Art Treasures*, Princeton: Princeton University Press,1946; Panofsky, *Gothic Architecture and Scholasticicm*, Latrobe, Pa.: Archabbey Press,1951.

褶　子

从哲学的、艺术的、科学的和技术的观点来看，光在西方社会的现代化进程中获得了重要的进步，尤其从十八世纪至今。我们以参考劳瑞的小说《火山之下》开始，但我们不应该无视炽热的火山这个强有力的、形象的象征符号。尤其是世纪之初一个神秘人物的重新发现——阿格里真托的恩培多克勒（Empedocles），他是公元前五世纪的一个前苏格拉底哲学家，据第欧根尼·拉尔修（Diogenes Laertius）所说，恩培多克勒出人意料地跳入了埃特纳火山的火山口。尽管他作为前苏格拉底"自然哲学家"的自然哲学已经广为人知，关于这个主题的文学兴趣却在十八世纪才显著增加，被英国的威廉·贝克福德（William Beckford）及德国的荷尔德林（Friedrich Holderlin）等作家的作品加固，他们共同复活了恩培多克勒的形象。贝克福德是一个热衷艺术的富有地主，他化名出版了《杰出画家的传记回忆录》（1780）[1]，赶上了当时为画家立传的风潮（这样的例子有写霍勒斯·沃波尔轶事的《在英国画画》以及有名的塞缪尔·约翰逊的《诗人传》）。贝克福德的贡献在于他为一些已逝艺术家所作的虚构性传记，虽然这些描写在那个时代具有一些审美原型并且偶尔涉及一些特质，以致被看似合理地指认为其时代一些活着的艺术家，他有一篇小说讲了画家奥格·德·巴赞（Og de Bassan）的故事，奥格·德·巴赞的风格和性情常被归于崇高这一类，他

---

[1] William Beckford, *Biographical Memoirs of Extraordinary Painters*, London: J. Robson, 1780.

的结局是悲剧性的，这个备受折磨的天才也跳入了埃特纳火山。1800年左右，荷尔德林再三书写他的悲剧《恩培多克勒之死》，而且不打算完结它。[1] 在这里，荷尔德林把这个哲学家变形为一个现代艺术家的先驱，这位先驱在一个忘记自身原始的共同体感觉的社会里是一个孤立的存在，他把恩培多克勒的自杀当作一种牺牲，无论它被当作生命的证据还是一种逃避。这些明确的浪漫特征看起来都体现了这位天才的新理想典范——他在美学上的分类是崇高。崇高的概念是新艺术的关键，它在十八世纪广泛传播，尤其在埃德蒙·伯克（Edmund Burke）的论文《论崇高与优美概念起源的哲学探究》发表后。这篇文章描述了强加于具有可知的、可度量的明晰性的白天之上的无底黑夜，以及一些可怕的、令人敬畏的事情所引起的毛骨悚然的感觉。从德比的约瑟夫·怀特（Joseph Wright）到弗朗西斯科·戈雅（Francisco de Goya），许多视觉艺术家都创作了关于崇高的作品。我们也不能忽略十八世纪人们对火山的着迷。在这个时代里，人们不仅发现了掩盖在维苏威火山炽热的熔岩和火山灰之下的古罗马城市庞贝和赫库兰尼姆，火山也成了一个独立的崇拜对象。

正如我们已经看到的（虽然是简略地），光线的使用在艺术和文化上确实非常重要，我们不用区分自然光线和人造光线，光一直就是光，在光的呈现中没有中间地带。我希望这

---

[1] Friedrich Holderlin, *The Death of Empedocles*, trans. David Earrell, Albany, N. Y.: SUNY Press, 2008.

个有点武断的审视意志可以帮助我们在面对詹姆斯·特瑞尔的明确转向前做好准备,特瑞尔不仅是第一位把光作为自己存在理由的艺术家,而且更重要的是,他第一次让光面对光自身,而不通过其他媒介。这就是说,他不是把光线当作手段来使用而是将其作为最终目的,这也是前所未有的。从二十世纪六十年代至今,特瑞尔所有的作品都围绕着光,尽管他的作品在朝着一种更加激进的纯粹性发展,对光线程度的沉思更清晰地向我们揭示了我们的感知。

特瑞尔的早期创作里有一个重要的里程碑,在转角项目和单面墙项目之间出现了跳跃,这使他在我们称之为构造的光和绘画的光之间建立了自己独特的辩证法。事实上,我们必须使用这些相似的名词,因为就像特瑞尔自己所说的那样,他的作品铭刻在一个新维度里,或许可以定义为"感知艺术",这个领域位于传统艺术的边缘,因为,这里的光线是一种直接作用于观者的能量,是悖论性的"非物质的物质"[1]。

象征主义和光线之间有着必然的联系,其中的某些东西可以恰当地描述时间最黑暗的深处,因为在 Diabolical(希腊词语,从"Symbol"和"devil"中抽取而成,simbolein 和 diabolem 的意思分别是"连接"与"分离")这个词汇的形成过程中,光连接了两个世界而非分离它们,特瑞尔引用了柏拉图的洞穴的例子,在这个寓言里,多亏了光,我们的影子才能被投射在洞穴的墙壁上,光使我们可以认识到使这一

---

[1] James Turell, interview with Kim Bradley, *Artspace*,13, no.1, winter 1988-89, p.50

切发生的不只是我们自己的形象,而且也有外在的原因。柏拉图的洞穴隐喻适合许多观点的阐述,包括柏拉图式的洞穴的功能是连接地下与宇宙,提供一种垂直的景象或启示;它也与描述绘画起源的古代传奇相一致,和罗马作家老普林尼(偶然地吸入了维苏威火山的气体而意外身亡)的《自然史》中的两段有联系,老普林尼(Pliny the Elder)断言绘画产生于一个女子描摹她即将远行去打仗的爱人睡觉的身影,但是,在第二段里,他这样写道:

> 在绘画方面我们已经谈论得够多,甚至有些过了,是时候增加对造型艺术的描述了。西奇昂的陶工布塔得斯是科林斯第一个发明造型画像艺术的人,他把它用在自己的生意里。这个发现来自他的女儿,布塔得斯的女儿深爱着一个将要远行的年轻男子,她描摹了被灯光投射在墙上的男子的轮廓,她的父亲看到后就在画像表面的轮廓线里填充了压缩的黏土,制作了浮雕的面孔,然后他把它和其他陶器放在一起用火烧制,使它变硬。这个模型一直被保存在水神殿里,直到缪斯摧毁了这座城市。[1]

这位罗马哲人的解释当然和柏拉图式的洞穴相一致,但

---

[1] Pliny, *Naturalis Histora*, trans. John Bostock and H. T. Riley, London: H. G. Bohn 1885, p. 283.

是它也解释了艺术作为整体是如何被锻造的：首先是在光的帮助下在二维平面中绘制轮廓，第二步是造型，将其放在火中烧制，使其成为三维的实体（雕塑）。如果我们把目光转向今天，我们会发现它与特瑞尔所经历问题的相似之处。特瑞尔说自己像同代其他艺术家一样，在自己创作的初始阶段，卡济米尔·马列维奇（Kazimir Malevich）的作品非常令他着迷。[1] 对特瑞尔来说，他的冥想是关于这个俄国艺术家主张绘画平面薄的观点，这提示他可以把墙壁当作画布，使光投射在墙壁上，用这种独特的方法作出的"画"就是三维的了。

目前，特瑞尔的事业在这个对光进行丰富多样表述的世纪里占据了半壁江山，尽管正如科学家佩里（Denis G. Pelli）所指出的那样，这些都主要聚焦于揭示那些构成科学和艺术的基础的东西：观察。这个艰巨的训练要求我们具有理论上和实践上的视角，或者如果你喜欢的话，也可以说是分析的和存在的视角。[2] 特瑞尔的作品代表了一种独特的方法，他想通过整合这些经验来与我们分享它们。像恩培多克勒的哲学一样，特瑞尔借用了四个要素：空气、水、火和大地，它们的多重组合使得多种多样的发光的体验得以存在，整合这些发光体验的想法使我想到了圣杯守护骑士古奈曼兹（Gurnemanz），当理查德·瓦格纳（Richard Wagner）的歌剧《帕西法尔》（1882）里

---

[1] "Plato's Cave: James Turrell in a Conversation with Ana Maria Torres", in James Turrell, ed. Ana Maria Torres, exh. Cat. (Valencia: Institut Valencia d'Art Modern, 2004), p. 59.
[2] Denis G. Pelli, "What is Observation? James Turrell's Skyspace at PS1", in ibid., pp. 54-57.

年轻而鲁莽的主角帕西法尔指出古奈曼兹在圣地之上时,他是这样回答的:"在这里,时间成为空间。"[1]

特瑞尔使我们的感知通向了十六世纪以来画家们构想的一种更具有高度的观点,但这些直到二十世纪空中旅行的出现才能够在事实上得以体验,法国作家安东尼·德-埃克苏佩里(Antoine de Saint-Exupery)自己就是一个飞行员,因此毫不奇怪他可以确认那些充斥在自己作品里的飞行体验,尤其在他的一个非凡的故事《夜间飞行》(1931)中,作者将自己的空中体验描述为进入一个耀眼光明世界的迷人旅程。[2] 其他的文学作品也证实了这样一种身体和精神双重翱翔超越于现实之上的体验,比如描绘一个通向身体之外意识的维度的通道,认为自然是神秘的但又并不一定信奉神秘主义。这样的例子有漂浮、星体投射或起死回生,一个豁达的心胸不应该回避依据原则对这些现象进行探索,在某种意义上,这种体验可以作为跨越感知的门槛的客观依据,那片广阔的天地远未被完全解释。特瑞尔所做的就是从广义上去探索它、体验它。

在我看来,特瑞尔的观天空间(Skyspaces)系列是天文台,用来揭示物理意义上的和形而上学意义上——也就是感觉的和感觉之外——的光的奥秘。特瑞尔在它们联系了不同水平的感知的意义上把它们构想为空间探索上的垂直上升。

---

[1] Richard Wagner, *Parisfal* (1877-82; New York: Riverrun Press,1986), p. 96: "Zum Raum wird hier die Zeit".
[2] Antoine de Saint-Exupéry, *Vol de nuit*, Paris: Gallimard,1931.

特瑞尔在寻找地球表面观察天空的最好位置的过程中,在亚利桑那的沙漠上空做的空中旅行是这次垂直上升体验的高潮,犹如旧时以利亚乘火马车升天。《罗登火山口》将一个熄灭的、被截平的火山锥作为把人们从地下转移到无限宇宙的平台,尽管如此,他并不是让人们失去自我,它集中我们的视线和视线之外的东西,我们感知中联觉的本性不会被否定——特瑞尔有效地为物理的和存在的东西加冕。特瑞尔对这个效果有精确的描述:

> 当我看到罗登火山口时,它给了我做我正在做的事情的理由——当你的目光穿过这片风景,那里有彩色沙漠,那里有被小卡罗拉多河侵蚀的地貌,那里有火山群。你被卷入了地质时间的空间,这里是所有这一切发生的舞台。我在让空间奏放光明领域的音乐,你感受到了天文时间,感受到我们在地球上体验的全部韵律,并使它们更加靠近我们。太阳落在你所处的地方,在这里你可以看到一个八英尺的太阳和一个八英尺的月球——我认为我所做的这些空间是在保护光,它们帮助我们的感知庇护并理解了光。[1]

颜色和切口遍布空间,形成了对光的解剖,特瑞尔创造

---

[1] James Turrell, quoted in Ana Maria Torres, "Looking the Light," in *James Turrell,* pp.16-17.

的作品本身并不是完成的,而是将我们传送到我们内部的外部,激活我们,使我们充分发挥作用。在这个意义上,他创作了三维的绘画,他的作品不是幻术师的花招,而更应该说是一条探究我们与真实之间弹性界限的小路,是探索那个包含了我们最低下的深渊和最伟大的高度的无底之井。《罗登火山口》通过倒置天与地给我们提供了一种关于宇宙的强烈体验,就像特瑞尔经常说的那样,它深深地影响了人们的情绪,身体对这种感受非常警觉,从而引发了对自我和宇宙的同时认识。这一点马里奥·第卡诺(Mario Diacono)令人回味的描述可以证明:

> 当从隧道出来并到达火山口喷气孔的中心时,一个人躺在地上越过额头向后看(不是向前或向上)寻找地平线(与火山口的几何圆形边缘重合),天穹的球形爆炸随之爆发,继而也在人的生命内部爆发,这种燃烧贯穿身体,就像是星体爆炸时气体的散开,他提升了对地球和地平线的神话般圆满以及天穹的传奇性球状——星体的宏观世界——的感受,引导观察者感知到他/她自己的感觉。随着对 Mundus/宇宙进行同时发生的/双重的感知,以及对感知的高尚声明,《罗登火山口》达到了艺术上的高潮。[1]

---

[1] Mario Diacono, *Iconographia Goelestis*, trans. Meg Shore, New York: Peter Blum Edition, 1985, p. 22.

在漫长而多产的创作生涯中,特瑞尔遭遇了许多艺术上的挑战,它们激发了他的好奇心和想象力。当接受古根海姆博物馆的邀请展出自己的作品时,特瑞尔不能忽视赖特设计的这个独特空间。被切去顶端的圆锥形内部的螺旋坡道更像是一座火山、一个金字塔,像是乔凡尼·洛伦佐·贝尼尼(Gian Lorenzo Bernini)和弗朗切斯科·博罗米尼(Francesco Borromini)设计的伟大的罗马巴洛克建筑中的向心力和离心力的结构。考虑到特瑞尔作品的特点,这个展览没有被限制在系列作品集的通常程式里,而是只安装它自己,把空间变成一种明亮的体验、一种灼热的灰烬、一种光芒四射的存在,消解了内在和外在的界限。赖特设计的这个有机体从未像在特瑞尔手中这样发光,参观者无不为失重的、神圣恩典的光所触动。

论詹姆斯·特瑞尔:空中的眼睛

纳特·特罗特曼 文 兰丽英 赵文 译

空间有观看的方法,这么说的话看起来似乎空间中有视觉的参与。当你进入其中,它就在那里,它一直在等你。[1]

詹姆斯·特瑞尔

从二十世纪六十年代至今,特瑞尔创造了作品中丰富的躯干,多次通过在空间中暴露光的物质性提出关于感知的性质的见解,他的闪烁而转瞬即逝的装置激起了白日梦的力量,通过最简手段——如果更严格地从技术层面来说——吸引观众进入一种光芒四射的氛围之中。为了古根海姆的这场展览,特瑞尔按照他最具扫荡性的大型项目的惯例彻底改变了博物馆。赖特的圆形大厅头一次只能被人们从下面体验,大量空

---

[1] James Turrell, *Sensing Space*, Seattle: Henry Art Gallery, University of Washington, 1992, p. 51.

间在头顶漂浮,而不再是透明的、可以看穿的。除了艺术家用来揭示和增强空间的光亮性质的结构之外,没有物体占据大厅。《太阳神阿顿的统治》重新具体化了特瑞尔对他所谓"非间接经验艺术"的强调,尽管它是特瑞尔安装过的最大装置之一,但它给每位观众带来的是精致、深刻的遇见,带来的是光线、色彩与空间的狂喜。就像特瑞尔曾经说过的那样:光是强大的物质,我们和它有一种原始的联系,但对于如此强大的事物来说,它在感觉上的存在是脆弱的,在质料允许的范围内我尽可能多地去塑造它,我希望达到这样一种状况,我带着你,让你去看,让它成为你本人的体验。[1]

特瑞尔的创作背景不仅包括视觉艺术,也有心理学和数学,他比大多数艺术家更多地考虑了科学和艺术之间的界限。特瑞尔曾经说过他的实践本身不是科学的,相比回答问题,他对提出问题更感兴趣。[2] 尽管如此,长期以来他一直更多地作为科学家来处理这些问题,析出一个既定的形式或现象来作为调查重点,合理地分析其特点。多年来,特瑞尔都在根据具有广阔类别的个人分类学进行艺术创作,这种分类基于结构上和感知影响的相似性。他通常为那些大而直线型的空间——其美学研究实验室的中间地带——设想某些装置类型(比如"黑暗空间"[Dark Spaces],"甘

---

[1] James Turell, *Mapping Spaces*, New York: Peter Blum Edition, 1987, n. p..
[2] James Turell, interview with Julia Brown, in *Occluded Front: James Turrell*, ed. Julia Brown, exh. Cat. Los Angeles: Fellows of Contemporary Art; Larkspur. Calif. : Lapis Press, 1985, p. 46.

兹菲尔德"[Ganzfelds],"空间分割系列"[Space Division Constructions])。尽管一个给定系列的每个作品都是唯一的,但每组作品发展的连续性使特瑞尔可以依次通过一个变量来创作,来检测每个调整是如何改变整体的感性经验的。如果一个实验产生了特别引人注目的结果,一个新的系列就可能出现("楔形系列作品"[Wedgeworks]就是从"浅层空间结构"[Shallow Space Constructions]系列中发展出的),如果一个系列的可能性已被耗尽,它就可能会被抛弃。这种几乎是实证主义的方法论迫使许多作者围绕着某个连续的系列来研究特瑞尔的创作,这是一种由艺术家的自我书写暗中支持的方法。[1]

特瑞尔详细提出这种发展角度是在 1966 到 1974 年之间,他在位于加利福尼亚海洋公园的前身是曼德酒店的工作室里创作了一个开创性的系列,在这期间,他只参加了一个公开的展览,即 1967 年在帕萨迪纳美术馆举行的展览,因为这个展览相对独立而且可以由他的工作室进行装置操控。他最早的作品名为《墙角投影》(Cross Corner Projections),采用高强度的投影来创造充满活力的几何形式,它们看起来在空间里盘旋,但如果仔细审视的话就会发现是光跨越两个墙壁交界处的简单平面。它们中的第一个作品是《阿福鲁姆 I

---

[1] Craig Adcock, *James Turrell: The Art of Light and Space*, Berkeley: University of California Press, 1990. 特瑞尔论述自己的每个装置类型的最好表述见 Peter Noever, ed., *James Turrell: The Other Horizon*, OstfildernRuit, Germany: Hatje Cantz, 1999.

(白色)》(Afrum I [White], 1967),它的形状是一个发光的白色立方体,悬浮在房间墙角的半空中,后来的作品改变了立方体的轴心及其与地板的关系。之后,特瑞尔将在版画系列《第一缕光》(*First Light*, 1989—1990)中描绘这些立方体的变化,连同基于金字塔式的、楔式的、水平的等其他光的形式。1968年,特瑞尔开始使用戏剧凝胶来过滤光,探索颜色可以产生什么变化,他不认为这些作品是幻觉,因为"你看到了什么,事实就是什么",这是光的物理表现,我们总不是单纯地去看,而是训练我们的眼睛[1],使它变得过于便利以致不能看穿事物,他坚持所选材料的真实存在、合成物的不可分割的形式,他的一系列创作模型显示了与像丹·弗莱文(Dan Flavin)、唐纳德·贾德(Donald judd)、罗伯特·莫里斯(Robert Morris)这样的极简主义艺术家实践上的相似性,和这些艺术家不同的是,特瑞尔彻底放弃制作客体,并且不强调创作过程和任何潜在的概念框架。就像他在1988年说过的那样:"这不是极简主义,也不是概念作品,这是感知作品。"[2]

或许我们最好将特瑞尔与极简主义之间的关系理解为重点的转移,在策展人兼批评家约翰·科布兰斯(John Coplans)为特瑞尔1967年展览设立的主题里,他引用了莫里斯对艺术的号召:"让关系离开作品,让关系仅仅成为空间、光和观众

---

[1] Turrrel, interview by Bown, p. 22.
[2] James Turrell, interview by Kim Bradley, *Artspace*, 13, no.1, winter 1988-89, p. 50.

视野的一个功能。"[1]当然，投影会使观众的注意力转移到他们所站立的空间里，但他完全拒绝了客体的覆盖，这就比莫里斯走出了更远的一步，就像他在1993年写的那样："首先，我不和客体打交道，感知就是我的客体；其次，我也不和形象打交道，我想避免联想的、象征的思维；第三，我的作品没有重点的和特别的地方要看。没有客体、没有形象，也没有重点，那么你在看什么？你在看你的观看，这是在回应你的观察以及看到你自己在看什么的自我反省行为，你可以通过眼睛观看的触摸使感觉延伸出去。"[2]

离开"墙角投影"这个项目后，特瑞尔越来越试图以更充分地融入建筑外围来消除他作品中明显的客体。尽管使用了相似的技术和感知原则，为了改变整个房间，他的"单墙投影"把光投射在一个单一的平面上，比如《普拉多（白色）》(Prado [White]，1967)中墙似乎消失了，创造了一个通向远方未知空间的通道。相比较"墙角投影"，这些作品更多地体现了特瑞尔的主张，即他的作品与其说是绘画，不如说是雕塑。在把光投射到墙的平面上的时候，这些装置创造了一种形象的关系，同时又具有深度内涵，这些都随着观众视线的变化而摆动。"浅层空间结构"（Shallow Space Constructions）转换了这种策略，用光来建设实际上并不存在的建筑，《罗宁》

---

[1] Robert Morris, "Notes on Sculpture Part 2", *Artforum*, 5, no. 2, October 1966, p. 21, 见 John Coplans, Jim Turrell, exh. Brochure (Pasadena, Calif.: Pasdena
[2] James Turell, "Early Flight", in *Air Mass: James Turrell*, ed. Mark Holborn, exh. Cat., London: South Bank Centre, 1993, p. 26.

（Ronin，1968）是这一系列的第一个作品，它紧跟着"单墙投影"中的一个作品《托林（白色）》（Tollyn [white]，1967），在《罗宁》中，一道有锋利边缘的假墙占据了房间的一个垂直角落，在实际存在的墙和新的墙之间造成一个缝隙，从后面照亮的时候，这个裂缝看起来就像是实体面，阴暗的墙消失了。如果这种环绕实体墙的断裂扩大的话，产生的影响将会更为强烈，就像在《雷泽尔》（Rayzor，1968）中那样，或者，更近一点说，像在《双重伦多》（Rondo Double，2011）中那样。像之前的投射作品一样，这些装置都拒绝物理和感知空间之间的界限，培养一种特瑞尔所谓"建筑空间"的东西，在这里，观众将把光和空气理解为弥漫的笼罩的物质存在。

在门多塔，特瑞尔发现他可以密封每个房间，使其与外部的光隔绝，并消除尽可能多的建筑内部细节来产生更强烈的效果。特瑞尔使这些墙、地板、天花板像是被钛白漆穿上了光滑的外套，移除了原有的附着物、模塑和电器插座，只剩下他可以完全控制的纯粹的矩形空间。设备和光的固定装置被完全从视野中隐藏起来，鼓励观众通过自己的感知功能去解释那些看到的东西，而非通过技术，这种变化了的模式将成为特瑞尔未来几年装置的基础。米温·夸恩（Miwon Kwon）认为这种"无缝结构"将他与同时代的艺术家区分开来，在这基础上，他还提出，"那些白色立方体的中性色实际上是不够中性的"[1]。特瑞

---

[1] Miwon Kwon, "Rooms for Light on Its Own", in *James Turrell*, London: Gagosian Gallery, 2010, pp. 72 and 71.

尔不关注那些画廊或博物馆由来已久的特性，而是破坏其权威，把它们归并到他的感知场地。通过压制一些偶然的细节，特瑞尔把人们的注意力从建成环境的界限转移到它们之间的空间之中，在这个竞技场里，观众们或许可以开始通过整个身体而非仅通过视觉来体验光。

像《阿福鲁姆 I（白色）》（1967）这样的作品不应该仅仅被理解为一种投影形式，而是包含非结构的周围环境在内的整体空间布局，1970年，卫乐比·夏普（Willoughby Sharp）发现特瑞尔"打破了创造强烈审美体验时对物质客体的需要……对环境的感知成为体验作品时整体的、不可或缺的一部分，而不仅仅是将其作为背景来认识"[1]。就像阿伦·卡普罗（Allan Kaprow）在二十世纪六十年代把抽象表现主义绘画扩展到环境和行为上一样，特瑞尔把极简主义的形式语言扩展为明确的以时间为基础的格式，要求观众的充分参与。科普兰思（Michael Fried-Coplans, 艺术论坛的共同创始人之一）曾经向特瑞尔介绍了迈克尔·弗里德（Michael Fried）对极简艺术的尖锐批评——"艺术与实物艺术"，特瑞尔似乎遵循了弗里德的建议，他试图创造一种关于光的体验——这种体验"按照定义的话事实上要包括观看者"，而且这种体验的"持续时间"是"无尽的、模糊的、连续的"[2]。他的投影和"浅层

---

[1] Willoughby Sharp, "New Directions in Southern California Sculpture", *Arts Magazine*, 44, Summer 1970, p. 37.
[2] Michael Fried, "Art and Objecthood", *Artforum*, 5, no.10, June 1967, pp. 15 and 22.

空间结构"系列都通过否定瞬时理解以及为观众在空间里的移动提供显著不同的体验而强调了时间性。

借用弗里德带有嘲弄意味的术语来说,这种"戏剧性"充分体现在特瑞尔的《门多塔旅馆里的停止符》(1969—1974)装置中,其中包含一组光的体验的改变,他通过探索单一的、中性色的空间如何回应光线条件的变化扩大了其感知研究。更重要的是,特瑞尔的这个作品也标志着他第一次尝试将外界的光线融入密闭的空间,在白天和黑夜这两个分开的部分里,他战略性地将工作室开放在附近的交通灯、霓虹灯、过往车辆的大灯和春分前后的太阳(白天)这样一些光源下,构成了持续2—4个小时的体验。特瑞尔把自己的装置不仅当成根据内部系统进行的环境操作,而且也当成积极应对外部刺激的实体。他提出了"感知空间"的概念,将其描述为一个空间向另一个光源空间的开放,光通过开口大量扩散。由于所有的光都来自另外一个空间,感知空间在某种程度上就是该空间的一种表达方式。[1]

在《门多塔旅馆里的停止符》中,海洋公园工作室以最原始也是最短暂的方式表现了这种表达力,之后的"观天空间"和"空间分割"系列将会充分实现以下这些可能性:前者通过拆除建筑物屋顶的一部分来创造一个同时是室内和室外的房间,后者则利用带有孔洞的隔墙将画廊分成两个不同的空间。这些装置形成了乔治·迪迪-于贝尔曼(Georges

---

[1] Turrell, interview with Brown, p. 22.

Didi-Huberman)所谓的"观察室"——搭建平台表面上是为了看向另一个空间,实则将观看体验本身作为启示。[1]特瑞尔把他的中和策略转移到私人画廊、博物馆和收藏家的家里,建筑上的变动可以视为对空间进行光敏处理和"调音"的方式,就像他先前从管风琴技术中挪用的"停止符"一词所暗示的那样。事实上,考虑到特瑞尔对"把我们带到这里的乐器,以及乐器带我们所到的地方"的一定兴趣,我们应该把每个装置当作光的共振器,它们会依据尺寸、形状、体积产生反应,尽管它们也要和其他同类一样符合某些结构原理。[2]因此,尽管"观天空间"可以在天花板的自由视野里随处存在,向天空开放呈现的是圆形还是方形、大还是小、离地面高还是低却都要依赖所在的房间和外界光线的情况。

有时,特瑞尔会选择搭建独立的结构,来满足装置项目的特殊需求。正如他所说的那样,这些独立空间包括了从形状为立方体或圆柱体这样简单实用的结构到建筑特性不再由所处位置决定的更为复杂的设计。比如,特瑞尔最近完成了《阿格瓦·德·拉茨》(Agua de Luz, 2012),这是一个在尤卡坦丛林深处的金字塔,观众可以体验到甘兹菲尔德系列之一——身临其境的无缝环境,使游客陷入色彩的迷失领域,而且作为一个由屋顶水池包围的观天空间,它没有感知上的

---

[1] Georges Didi-Huberman, "The Fable of the Place", in Noever, *James Turrell*, p. 48.
[2] James Turrell, interview with Richard Andrews, in *James Turrell*: *Four Light Installation*s, ed. Laura J. Millin, exh. Cat., Seattle: Center on Contemporary Art and the Real Comet Press, 1982, p.12.

限制。玛雅金字塔像古埃及和美索不达米亚同时期其他建筑一样，主要用于天文观测，充当太阳和月球事件的观测台和记录地。特瑞尔认为这是第一个感知空间，在外部光线中产生了一种内在体验。[1]他还建立了在不列颠群岛发现的史前凯恩斯以及东亚东南亚佛塔基础上的结构，通过将自己的独立空间置于这些古老的建筑风格之中，特瑞尔将光作品的时间经验与人类古代的宏伟规模相结合，引用了特定地点的遗失了的、几乎是神话般的历史。在这些作品中，艺术家保持甚至扩大了对其装置的中性色区域的控制，同时构筑了本身远离中性的象征性、概念性习语的空间。

在工作室之外或者他设计的建筑之外工作时，特瑞尔经常不得不考虑到一些场所没有理想条件。虽然他坚持超越惯例，但仍然存在着某些结构性局限。他说过：空间不是中性的，其中的一些比其他的更复杂，它们越复杂，中性就越不可能，在这种情况下，我会对这些场所做出反应，创造出独一无二的作品。[2]因此，1982年，特瑞尔在西雅图艺术中心将承重柱纳入了三方空间分割装置《阿姆巴》（Amba）中，次年在巴黎现代艺术博物馆的展览中，类似观天空间的《霍弗》（Hover）、《蓝色行走》（Blue Walk）和《红色绕圈》（Red Around）（均创作于1983年）的光的环境占据了博物馆独特的弯曲走廊和天窗。他组合了硬结构和半透明牛皮纸来设计这三个部分，使日

---

[1] "Powerful Places: An interview with Turrell", *Places*, 1, no.,1983, pp. 35-36.
[2] Turrell, interview with Brown, p. 13.

光和电灯混合起来,在布置上不同于古根海姆的那个装置。这些作品的混杂性质源于他们所在空间的不寻常特质。与科学研究一样,特瑞尔作品的逻辑进程也充满了偶然性的时刻,在这种情况下,特瑞尔通过调整其他更"纯粹"的装置的特征来检测出新的可能性。

对于特瑞尔来说,他把放置装置的建筑最终当作贝壳,为其中发生的内部经验设定条件和背景。"它不是制造存在的结构,它创造和定义了背景,"特瑞尔说过,"光如何进入空间,结构如何达成这一效果并创造出作品,作品都关于观看,对观众负责。"[1]在古根海姆,日光从博物馆的眼睛进入,远高于观众的头顶,特瑞尔的新作品通过覆盖天窗的外环、通过更收紧的中央孔洞汇集了光亮,光从这里倾泻到从博物馆天花板上悬吊下来的巨大组合的最深一层。像在其他复杂的空间中一样,特瑞尔围绕建筑的特性(和特色)设计了《太阳神阿顿的统治》,确定了与建筑物中心的空隙相关的装置形状和尺寸。这个装置把 LED 灯具(发光二极管)排成一系列环状物,使五颜六色的五个同心椭圆环绕着日光的核心,回应博物馆螺旋结构的模式。无论装置的基础系统有多么复杂,它们的作用很简单:让观众以全新的方式来感受古根海姆现有的空间。

《太阳神阿顿的统治》是特瑞尔设计的最大的感知空间之一,它使用的大量的电灯让人想起了令人身临其境的《甘兹

---

[1] 同上,p. 15.

菲尔德》，但在古根海姆，人们仍然处于这一领域之外，从公共的观赏空间来吸收光的视觉和情感力量。这个区域和这个作品的垂直定向让人回想起观天空间系列，但是这系列的作品从根本上依赖于无中介地暴露在天空之下的状态。《太阳神阿顿的统治》非常近似特瑞尔为伦敦千年体验博览会创建的混合装置。《夜雨》（2000）由一个椭圆形的房间组成，这个房间在高处通向一个不断在蓝色、红色和紫色之间变换的区域，批评家阿德里安·塞尔（Adrian Searle）将这个作品描述为"像透过一片薄云看太阳，或是黎明出现在天空中错误的地方……朦胧的光线以奇妙的颗粒状的、可触知的微光充满了整个房间……装置确实对你发生了作用，它在你的头脑中留下了斑点似的关于颜色的记忆"[1]。由于技术的进步，《太阳神阿顿的统治》改善并扩大了《夜雨》的效果，使用了更加复杂和强烈的颜色排列。古根海姆的背景决定它明显占用了更大的空间，而不是更加混乱的展厅。

或许《夜雨》和《太阳神阿顿的统治》最有力的先例在特瑞尔的"空间分割"系列里，观众们在没有身体参与的情况下通过一个大的开口观察感知空间。在这个系列最早的装置之一《里塔尔》（Litar）里，矩形孔洞看起来像是另一面中性色墙壁上坚实的灰绿色嵌板，不过，随着观众的到来，像嵌板的东西慢慢获得了一种深层次的感觉，一种朦胧的气氛

---

[1] Adrian Searle, "Damien Hirst was supposed to be there…" *The Guardian*, December 22,1999, http://www.guardian.co.uk/culture/1999/dec/23/artsfeatures.millennium.

注入了墙后难以测定的空间，观众们对开始时环绕的光部分地视而不见，察觉到另一边空间的特性与他们所在的空间有很大的不同。感知的肌肤在穿过孔洞产生了，它尽管是无形的，但仍然是物质的，单单由两个空间之间光的变化而产生在眼睛之中。之后的《夜路》等作品在感知空间中加入了电光源而有了更大的色彩范围，《里塔尔》（Litar）引人注目的地方则在于它仅仅使用观众空间的环境光形成了这个边界。这个感知空间"本身没有任何东西，像摄像机一样看向另一个空间，它通过一个开口或是孔洞来从另一个空间获取所有的能量……房间不是空的，有东西在那里——其光线的特质和你所居房间的光的特质非常不同"[1]。

从特瑞尔曾表示过的对于视觉仪器的兴趣来看，他求助于相机不是巧合。在几次采访中，他都用照相机来解释人类认知的局限性，他也已经在众多装置中明确地纳入了相机暗箱。《门多塔旅馆里的停止符》装置中有些运转要依赖于面向海洋公园城市灯光的小孔所产生的投影，《罗登火山口》计划至少有一个空间将包括沙漠天空的类似图像。最近，在独立空间《第三呼吸》（2009）这一装置中，安装在观天空间地板上的镜头把一幅天空的图像投射到下面黑暗的房间中，重现了十九世纪许多相机暗箱的表格格式。当然，暗箱的历史更长，要追溯到数千年前；启蒙运动时期它在西方哲学中变得尤为重要，出现在了笛卡尔、洛克、开普勒以及牛顿等人的

---

[1] Turrel, interview with Andrews (1982), pp.10 and 13.

著作中，据文化史学家乔纳森·克拉里（Jonathan Crary）介绍，在十七、十八世纪，暗箱呈现了"界定和确认观察者和世界之间关系的重要意义"，将感知主体确定为"孤立的、封闭的、独立的、个人的"[1]，人们的身体和感官经验被机械设备和预先给定的客观真理世界之间的关系所取代。在暗箱那个漆黑、空荡的房间里，根据自然规律投射了外界现实的图像，形成了感觉本身的类比，在一个注视着的内在的眼睛之前，理性的光芒清晰地闪耀出来。投影由小孔这个精确又奇特的点产生，提升了其逻辑上的权威。站在暗箱中，观众接近观看的那个点，但仍然从根本上与其分离，无形中观察着小开口对面墙上现实的表演。

当然，当代和启蒙运动时期对于主体性的概念被一些复杂的认识论转变分离了，但特瑞尔在讲述中转向启蒙运动典范来了解世界和人类所在，这事实上是很卓越的。尤其在他的空间分割系列中，特瑞尔对暗箱的经典结构做出了两个重要的调整。首先，他从根本上扩大了孔洞，使得没有图像被投影，而是"通过将空间及其体积与将要穿过的光能相联系，使光在整个空间中到处扩散"[2]。这使得感知空间可以在没有特定聚焦对象的情况下表现进入的光的性质。其次，虽然启蒙运动时期暗箱的概念只涉及先验的观众，但特瑞尔创造了一个与相机（感应空间）和外部世界分离的限制性观看空间。

---

[1] Jonathan Crary, *Techniques of the Observer: On Vision and Modernity in the Nineteenth Century*, Cambridge, Mss.: MIT Press, 1990, PP. 38-40.
[2] Turell, interview with Andrews (1982), p.10.

这种空间的不确定状态削弱了历史上与相机相关的掌控感。由于不确定看到了什么，观众的理智试图通过已有的感知惯例来整合现实，把感知空间交替地当成一个平面、一个有雾的空房或一个空房间。

把这种体验解释为幻觉是对特瑞尔提出的基础性挑战的误解，像《里塔尔》这样的作品把感知视为一个时间过程，使用了几个世纪以来都用来促成感知是瞬时事件这样一个观念的结构。当意识到感知空间的深度后，观众就会后退，实体表面就会穿过孔洞重新出现，观众必须考虑到这两种观念在解释现实时同样精确这一可能性。不管是通过有意识的欲望、人文学习还是生理特征，我们的身体和思想都会选择理解周围环境的方式，在莫里斯·梅洛-庞蒂的现象学之后，特瑞尔的作品支持这样一种观点：视觉的真实性不在"普通的生活中，因为它被隐藏在它自己的视觉对象之下，我们必须研究那些先于我们的眼睛进行分解和改造的特殊情况"[1]。特瑞尔称这种矛盾状态是作品的定律，指的是一些矛盾的掌故，禅宗佛教徒用它们来引发一种与十八世纪欧洲的猜测不同的启示。[2] 他还声称"光中有真理"，所有的光都是通过特定材料在特定温度下燃烧产生的，暗示着某些超出经验事实的东

---

[1] Maurice Merleau-Ponty, *Phenomenology of Perception*, New York: The Humanities Press, 1962, p. 244, 转引自 Didi-Huberman, "The Fable of the Place", p. 49.
[2] Michael Govan, "James Turrell", *Interview*, June-July 2011, p.104.

西。[1] 特瑞尔喜欢回顾柏拉图的洞穴寓言，囚徒们坐在一个有火光的洞穴里，认为他们看到的阴影构成现实，事实上真实的现实超出了他们的感知能力。同样地，我们也是通过解释我们不完美的感知工具所接受到的信息来拼凑我们对世界的理解的，就像科学家们基于百万年前从恒星发射出的光来收集关于宇宙的信息一样。对特瑞尔来说，真实在这些之外，它仅仅在超越理解时才能够被作为存在而感知。

这种模糊的存在是特瑞尔艺术的核心，他的装置鼓励一种冥想状态，从用全身感觉的物理过程形成的"看到正在观看的自己"的理智行为，转向某种更加原初的东西。特瑞尔把这种体验描述为"无言思想"的条件，类似于盯着篝火的余烬或者深深沉浸在书中的心灵专注。[2]"通过视觉的渗透进入空间，"他说，"你可以栖息在一个意识空间中，而不用身体进入，就像在梦中一样。"[3]和一本书不同，他的装置实际上是对这种情况的反应，就像"感知空间"一词所表示的，它意味着有些东西正在进行感知，"它就像相机的眼睛，空间以某种方式进行观看，以潜意识的方式进行观察……就像走进一个拥有这种特殊观察方式的大型相机的镜头。"[4]

读完这些评论，我们可以认为《太阳神阿顿的统治》像

---

[1] Richard Whittaker, "James Turell, Near Flagstaff, Arizona, February 1999", in *The Conversation: Interviews with Sixteen Contemporary Artists* (Delray Beach, Fla.: Whale and Star. 2007), p. 228.
[2] Adcock, *James Turrell,* p. 212.
[3] Turrell, interview with Brown , pp. 38 and 14.
[4] Turrell, interview with Andrews (1992), p. 50.

一个巨大的眼睛，盯着博物馆里的观众，并试图以其光明的力量将观众包含其中。以日光为核心，它甚至可能会让人想到传统上被视为天空中漂浮的眼睛的上帝的全能之眼。特瑞尔在为他的装置命名时向阿顿神（Aten）致敬，阿顿神是古埃及的神，代表着太阳圆盘向外发散光，象征着全知全能的、鸟瞰的视野。特瑞尔花了多年时间做空中摄影师，一再让人注意到他在飞行中花费的时间所产生的重要影响，这都是非常显著的。然而，这些经验的定义方面却不是那么尽在掌握，而是陷入了深深的迷失中。特瑞尔讲述了"当你处于仪表飞行的时刻，你不知道东西都在哪里，你也不应该相信你自己认为的你在哪里"，并描述了"空间中的空间，并不一定由风暴、云层或其他类似事物所勾画"，而是由光的性质、观看、所在地区的空气性质所描绘。[1]如果说《太阳神阿顿的统治》模仿了天空之眼，其中旁观者的眼睛却远远超出了上帝的眼睛，反映出我们自己有限的看法。

特瑞尔在飞行和航空摄影方面的兴趣与他的只能用杰作形容的《罗登火山口》（1979）有着密切联系，在用了七个月的时间飞越美国西部寻找理想的地点，用以对《门多塔旅馆里的停止符》中的光学效应进行更为永久性的研究之后，他在亚利桑那州弗拉格斯塔夫东北方向找到了这个熄灭的火山。在那里，艺术家正在创造出一系列的空间，展示包括太阳、

---

[1] James Turrell, interview with Richard Flood and Carl Stigliano, *Partett*, 25 (1990), p. 94; Turrell, interview with Brown, p. 19.

月球以及遥远的星星和行星在内的"光中的'天体音乐'"[1]。完成后，该项目将会包含特瑞尔各个主要装置类型的实例，并形成一个大型的裸眼天文台。不同于大地艺术的其他作品，尤其是迈克尔·海泽（Michael Heizer）和罗伯特·史密森（Robert Smithson）的作品，《罗登火山口》的装置是地下的，使得火山口的表面保持相对不变。特瑞尔的目标不是为了联系自然，使自然与其交流，而是尽可能多地保存火山及其周边地区引人注目的轮廓和景观。《罗登火山口》独特地接纳和扩大了自然的光辉，成为特瑞尔作品的盛大显现，这是当代的纽格兰奇，人们可以像朝圣者一样在古老的自然景观中体验光芒的力量。

像特瑞尔一样，弗兰克·劳埃德·赖特也致力于与大自然的有机和谐——他的意思不是"把冲击眼球的外在方面视作一个场景的视觉形象或者相机的玻璃面，渗透于外在形式或文字的内在和谐才是决定性的性质"[2]。尽管两位艺术家及其作品有很多差异，但在特瑞尔的"无言思想"概念中我们可以看到赖特的"内在和谐"观念的影子。赖特对自然的看法可能基于美国超验主义的精神表露，但他意识到了它们在建筑空间中可能的改变。古根海姆对日光的彻底开放证明了这一点，它还结合了葱郁的种子形状的花盆、圆形大厅中提供

---

[1] James Turrell, "Roden Crater", in Holborn, *Air Mass*, p. 58.
[2] Frank Lloyd Wright, "The Japanese Print: An interpretation", in *Frank Lloyd Wright: Essential Text*, ed. Robert Twombly, New York: W. W. Norton & Company, 2009, pp. 140-41.

流水配乐的喷泉。博物馆的早期设计包括屋顶天文台；中央圆顶和螺旋结构让人回想起未动工的马里兰舒格洛夫山的戈登斯特朗汽车公司和天文馆，在另一个未实现的项目中，赖特甚至计划在亚利桑那州流星火山口边缘建一个度假胜地，这个地方靠近罗登火山口（距赖特的第二故乡西塔里埃森也不远）。

赖特对美国西部开放景观有着始终如一的热情，这使他找到了一个最佳合作伙伴，古根海姆首位负责人希拉·雷贝，她是推动艺术非客观性的开拓力量，在一个早期的目录中，她曾经比较非客观绘画的沉思与"仰望星空的浩瀚，人们不会要求意义、象征、主题、感觉或知识上的解释，人们向上看，感受到广阔的美丽，当目光重新落回地面时，面对的困难似乎变小了"。像赖特一样，雷贝也支持几何形式的重要性，尤其是被天体启发出的那些。这在很大程度上为古根海姆建筑平面图中的系列重叠圆圈做出了贡献。事实上，行星和月球往往是椭圆形的。正如特瑞尔喜欢说的那样：大自然热爱椭圆形。他也注意到，我们的两只眼睛正好形成了椭圆形视野中的两个焦点。[1] 罗登火山口能够吸引特瑞尔注意的原因之一在于罗登火山口可以让他在一个曲线空间中进行创作，而不用牺牲对他的作品感知效果来说非常重要的中性。古根海姆提供了一个相似的场所，但是在《太阳神阿顿的统治》中，他就需要将圆形大厅的圆形形式重新配置为椭圆形。

---

[1] James Turrell, conversation with the author, February 7, 2013.

特瑞尔在罗登火山口的首要任务是塑造火山口的边界，创作出沿着其略呈椭圆形区域的光滑而完美的水平边缘。倾斜站立的观众从下面可以观察到天空拱顶的现象，天空的形状从遥远的平面变成几乎有形的圆顶。在火山口的最低处，有一个孔洞通向"火山口之眼"，有一个圆形观天空间在下方。艺术史家马克·泰勒（Mark Taylor）将这个空间称为一种"迷失多于指向，偏离多于定位"的轴心，并且作为暗箱，使人产生了一种"实际上是在我自己的眼球里的奇怪感觉"[1]。尽管特瑞尔搭建的圆形观天空间不止一个，但由于其位于《罗登火山口》装置的核心位置，火山口之眼在特瑞尔的作品中处于首要地位。它是最"眼睛"的眼睛，是天空之眼，现代罗马万神庙供奉的不再是抽象的古代神，而是与大自然的交融以及人的感知行为。在古根海姆，特瑞尔遇见了这个与火山口相似却是人造的场所，谁又能对火山口广阔的、开放的形式或天穹的玻璃拱顶的模仿袖手旁观？即使从上往下看，博物馆的圆形形状也与城市无情网中的火山口有着惊人的相似之处。

当雷贝对博物馆进行委托时，她写道："我要的是一个精神的寺庙，一座纪念碑！"赖特试图借助长久以来自己对非西方古建筑（特别是美索不达米亚亚述古庙塔）的兴趣来满足这种要求。我们所知最早的一些建筑结构多用来进行天文

---

[1] Mark C. Talyor. *Refiguring the Spiritual: Beuys, Barney, Turrell, Goldworthy*, New York: Columbia University Press, 2012, pp.126 and 127.

观测，亚述古庙塔也是从神秘的巴别塔的灵感而来，巴别塔的建筑者们试图触及天堂，却使人们遭受了被不同语言分开的惩罚。对古根海姆来说，赖特创造了一个"乐观的亚述古庙塔"，转变了传统的形式，取代了对上帝的渴望以及分裂的社会，博物馆把天空拉低到共同空间里。设计围绕着两个交叉的核心——一个用来确定朝着街道标准缩小的外部，另一个则是在确定朝着日光逐渐减弱的内部，螺旋状向下直到圆形大地板。在回顾特瑞尔装置经验的一个描述中，建筑历史学家尼尔·莱文（Neil Levine）把穿过古根海姆的路径形容为"这是一条发现的旅程，通过这条路回到了知识和经验可以被再次利用并与他人分享的地方"。通过关闭俯瞰护栏的激进姿态限制观众的体验，特瑞尔孤立了博物馆这部分的设计，把圆形大厅改造成一个共同冥想、共同集会的场所。"我对人们通常看不到的东西感兴趣，"他说，"当你有了在其他正常环境中的体验，它就会呈现一种梦境的清醒，经验领域存在于我们文化感知的知识限度和我们的身体限度之间。因为作品也存在于这两种限度之间，它们与我们如何建构现实有关。"[1]

走在曼哈顿炎夏的街道上，观看特瑞尔展览的观众发现自己进入了一种梦幻般的状态。仰望古根海姆中央的孔洞，他们可能会感觉空间在回以凝视，日光的瞳孔被起伏的色彩包围。特瑞尔用《太阳神阿顿的统治》装置复燃了雷贝把博

---

[1] Turrell, interview with Brown. p. 41.

物馆当成寺庙的观念,把这一建筑改造成了人们可以沉思自己与宇宙的关系、沉思自己的感觉的地方。通过在社会性上和感知上激活空间,这个作品促进了共同冥想时间的延长,这种共同冥想既是个人的经验也是一种集体经验。

与珍妮·霍尔泽的谈话

奇奇·史密斯 文　安婕 译

我使用语言,因为我想给人们——未必是与艺术相关的人——可以理解的内容。

——珍妮·霍尔泽

作为普通人,珍妮·霍尔泽寡言少语。但作为一名公众艺术家,她却颇善辞令——没有哪一个当代美国艺术家的视觉艺术作品能如她的作品一般深入大众了。这位生于俄亥俄州的六十一岁的艺术家,借助科技来创作规模宏大的艺术作品,其艺术精髓实际上正在于"词语"。移居纽约36年后,她突然从传统绘画转而关注远为复杂精妙的语言素材。她大量堆砌拼贴的格言、习语、诗行和引文,被印在T恤、海报、大理石长椅乃至避孕套外包装上,被投射在世界各地的政府部门、企业公司及社区团体等的大楼正墙上,也赫然在交通灯上闪现,甚或在LED显示屏上滚动播出。

霍尔泽广泛征用他人的诗作和言论、震撼人心的战争及难民素材，以及铿锵有力的政治行话，但那些最具她艺术生涯特色的格言警句或许正出自她本人。1977年，她开始源源不断地推出常理格言，例如：牺牲离经叛道者，增强团队凝聚力；金钱创造品味；勿为民而民生；为了操控女性，发明浪漫爱情；等等。她的常理格言大刀阔斧地删改欧洲启蒙思想，打着官腔，不失官话的精炼，通过从棒球帽到广告牌等层出不穷的文化渠道广为传播。

霍尔泽褒扬语言的交际价值，同时也批评语言的包罗控制。身为善用白描、语言通透的大师，这位艺术家过去几年不仅重拾画笔，还将编改过的美国政府文件作为创作主题，这本身就是一个颇为诗意的转身。她最新创作的半抽象色块画作，颇具艾格尼丝·马丁、艾德·莱因哈特以及俄国至上主义画家卡济米尔·马列维奇等现代派艺术家之风，既隐含又传播了各类已解密的军事报告——这些文件从羁押犯的医疗方针到审讯方式的合法性规定，简直无所不包。在某种程度上，这些画作，由于赋予特定案例以画面感，而向人展现出：某些词语如何从页面上被剔除出去，从而观者免除了残酷事实之痛，转而享受其美好的表象。

目前，霍尔泽要么奔走在从项目到展览的路途中，要么就在她的位于布鲁克林的画室或她位于纽约的胡希克佛斯小村的家中忙于绘画。在她繁忙的日程安排中，她挤出时间，来与另一位长期致力于融合政治和美学的艺术家——奇奇·史密斯进行对话。

奇奇·史密斯：我知道你曾参与惠特尼（独立研究）项目。（霍尔泽在1976至1977年参与。）这对于你在你作品中利用语言，并创作深入大众的作品，是否有着巨大的影响？

珍妮·霍尔泽：是的。我在研究生院画艺拙劣、如履薄冰（笑），独立研究项目因此就是我的庇护所。参与了这个项目，努力成为一名艺术家的理想就没那么令人惶恐了。项目团队，尤其是项目主任荣·克拉克对主题素材的热爱让我能够更有信心地投身于有内容的，也就是有血有肉、可及可知的创作工作。项目成员积极讨论、广泛阅读，可见，语言是大家所欢迎的。

史密斯：我从合作实验室（Colab）那里（合作实验室是1977年发起的以纽约为基地的艺术团体，活跃了近十年），尤其从参与过惠特尼项目的人身上常常能捕捉到一个共性，那就是他们的作品中有那种能够深入大众的东西，例如汤姆·奥特尼斯或者约翰·哈恩的作品。当时，你是利用语言开始你的创作的，还是在尝试其他的东西？

霍尔泽：我参与惠特尼项目之时，绘画已经日趋减少。此前我一直在从事户外的公众项目。我把面包屑洒成平行四边形和三角形，引诱鸽子来吃，使它们形成这些几何图形。我不知道这一活动是否有意义，但这个作品却是亲民的。我把以前的画作切割开来，在沙滩上排列组合成色彩驳杂的长长条带，供人思考。我在户外创作，但那时还没有语言，没有任何清晰的内容。当我在画室里开始在我的画作上书写的时候，词语悄然而至。在罗德岛的普罗维登斯，在我移居纽约之前，这一切发生了，书写在我的作品中崭露头角。我使用语言，因为我想给人们，未必是与艺术相关的人，可以理解的内容。

史密斯：我还记得第一次在户外看到你的作品。对我而言那真的非常奇怪，因为作为一名艺术家，我从未有过在户外作艺术品的念头。其他艺术家也在利用语言创作，但把作品置于户外，这在当时还是非常激进的。

霍尔泽：我并不确定自己是否算艺术家，所以我想，也许我只不过是把想法抛出去供人们思考罢了。这样想也减轻了我的压力。（笑）第一个街道作品是各种黑白海报，上面写有从多角度来书写多个主题的常理格言和单句笑话。我晚上很晚还在市中心到处张贴海报。我的第二个海报系列叫"煽动之词"，也贴在户外。

史密斯：而你也是合作实验室的一员。

霍尔泽：合作实验室既是温暖的家，也是美好的实验平台。我在合作实验室的主要产出就是跟科琳（科琳·菲茨吉本）一起策划的"宣言展"。(1979年，"宣言展"在布里克街

5号菲茨吉本的店前面的空地上展出,是一个露天的邀请装置。)我真的很高兴有个搭档。我想你也意识到了,做艺术会很孤独。能有人在一个项目里和我并肩作战是令人激动兴奋的事情。

史密斯:你的作品带有浓重的私密气息。但是你却经常跟别人合作,而你也有助手。与人共事是有其慰藉的。而今,你的作品甚至使用着别人的语言。

霍尔泽:有时,独自一人创作有点儿可怕。(笑)我不想太过戏剧化,但这真的很难。绝大部分工作都有必要独自一人开始。但不论是借用别人诗句,还是与同伴同行,只要我能拉别人入伙,或者能参与到他人之中,我都高兴得要命。陪伴造就了我快乐的一天。

史密斯:那么"办公室"之于这种对共同体的向往有何意义?("办公室"是芬德、菲茨吉本、霍尔泽、纳丁及王子与冬天公司在1979至1980年间联合经营的一个艺术咨询公司。)

霍尔泽:"办公室"是在艺术家团体这一较小层面上展开的另一种努力。我原以为在一个小团体中工作可能会容易一些。说到底,我觉得这一努力来得太晚,因为我们已经年长成熟,也愿意独当一面。"办公室"代表的是绝妙的理念而又略显苍白的现实。

褶　子

史密斯：就团体活动和孤独感而言，你为什么又决定离开纽约（在 1985 年）？

霍尔泽：迈克（迈克·格利耶，霍尔泽的丈夫）很想离开，而我又总是喜欢换地方。（笑）通常去别的地方会让我感到乐观。我是个乡巴佬，去乡下在许多方面对我而言都有意义。

史密斯：在你和马的关系上？

霍尔泽：这肯定是有关的。我们搬去那里后不久，就从一个盲人那里获得一匹小牝马。他得援着一根绳子才能找到马厩来喂马，所以给马换个主人，我们皆大欢喜。奇妙的是，我们叫它丽莉，这几乎就是后来我女儿莉莉的名字了。

史密斯：你搬到那里很久以后莉莉才出生吗？

霍尔泽：确实过了相当一段时间。莉莉是 88 年才出生的。

史密斯：你喜欢远离纽约过更为平静安然的生活吗？

霍尔泽：我希望能在旅途奔波中开阔视野。这一点还未实现。确实，能够尘泥双腿，扣虱而谈，过去是，而今也是美好的事情。我爱动物，繁衍不息。我爱农场，劳心而做。

史密斯：我一直认为你这一决定很不错。我多希望我也……

霍尔泽：你也想要如此之早地离开城市？

史密斯：是，或者不是。我不知道。因为离群索居的艺术家还有一点，他可能有点任性。但如今这却不是问题。艺术家可以在任何地方找到合作者，而网络使得交流更加容易。自你搬走后，你的创作方式有无改变？

霍尔泽：搬离都市后的一个变化是我开始对不同的材料感兴趣了。我开始制作石凳，因为我周围满眼都是岩石。大部分的作品我都不直接介入，我有了一个构思，有技艺之人就赋形于它。但最近，我开始了手指绘画，这貌似是闹着玩的，但实际不是。

史密斯：有词手指画还是无词手指画？

霍尔泽：有些猛词。我的助手把一些解密了的政府文件描摹到纸上，然后我在上面留下手印。我选的都是几乎完全编改过的文件，但也会有少许敏感话语，如水刑、加强技术或者镇静剂等。

史密斯：有关越战的绝大部分意象都是南希·夏皮罗和

利昂·葛鲁博创作的,至少就美国艺术家而言是如此。而你,在我看来,也许是唯一一个用一种毫不隐晦的方式利用伊拉克和阿富汗战争语料的艺术家。这些战争语料的历史是怎样的?

霍尔泽:我从2004或2005年就开始沉迷于这类文件——几乎是狂热地迷恋,只要这些语词放到一起时有意义。我从卷宗中读了数千页文件,找寻报纸中没有的材料。时值举国上下仍为"9·11"惊魂未定,因而大都支持外侵。许多记者和出版商对那些被抹去的材料及其如何被抹去都讳莫如深。于是我去了国家安全档案馆和诸如此类的地方去查阅当时士兵、军官、联邦调查局、羁押犯、政治家、立法者、决策者、政府、总统以及政府律师等所写的材料。我想搞清楚发生过什么。后来,我就关注几乎完全编改过的文件,并以某种平静克制、冥思默想的过程来把它们画出来。我不时地加入几笔颜料,作为某种希望的姿态。创作这个系列的时候,马列维奇,莫名其妙地还有琼·米切尔和艾格尼丝·马丁,外加南希和利昂,他们是我潜在的影响者。那时,我随时都跟南希和利昂交谈。我认为他们,无论是作为个人,还是作为夫妻,都是超逸非凡的。

史密斯:很少有人在艺术作品中谈到当下这些战争,对此你感到奇怪吗?尤其是,相比六十年代,艺术家们曾就越南战争掀起了一场声势浩大的运动。

霍尔泽：这确实很奇怪。六十年代我还是个少年，我积极投入那些反文化运动，包括作为其主流的反战运动。我不知道如今人们为什么不大参与进来了，只除了一点没变，古往今来，战争都惨无人道，令人胆战心寒。那时确实也如此。你怎么看的？

史密斯：社会状况变了。确实，那时的艺术家们是极其活跃的。我认为一些艺术家对于最近发生的一些战争是有所发声的，只是没有那么显而易见了。之前，他们站在风口浪尖上。说艺术家是精神导师或许有些口出狂言，但他们确实以一种开门见山的视觉艺术表达了他们的文化忧虑。今天，我已经看不到有多少年轻人通过艺术对社会环境、生态环境或者经济环境做出反应了。

霍尔泽：在六七十年代，出路常常是艺术家和音乐家指出的。而今，战争的主要斗士却是笑星们，你明白吗？乔恩·斯图尔特、斯蒂芬·科尔伯特、比尔·马瑟，等等。这难道不怪异吗？

史密斯：是这样的。这很奇怪。网络也是如此——年轻人不上街展示自己，都上网了。1989至1990年间，你的三个大型展览相继面世：迪亚、古根海姆，以及威尼斯"双年展"。无论就形式还是内容而言，古根海姆的展览都是这个美术馆有史以来最值得纪念的展览之一。但我记得是迪亚的那个展览，你在你自己的艺术作品中书写文本。个人、政治和社会糅合成了一种饶有趣味的复杂感和脆弱感。之后不久,你开始征用别人的文本,那时我想,你何时会重新使用你自己的文本?迪亚之展对我而言精深莫测。它唤起了强烈的情感共鸣。

霍尔泽:我真的不曾是——也仍然不是一个作家。我写作的唯一方式就是冒充他人。在我不可避免要展现私人一面的时候,这让我有足够的安全感;同时,在内容上我也能忧人之忧,乐人之乐——因为我忙着做别人。有一阵子,这确实卓有成效,但最终写作还是将我耗尽了,因为写作并非浑然天成、自然而然,而我的主题又很糟。视觉性的绘画对我而言更容易些。一时间,我想,我要休息一下,多看看,找找那些真正的作家—诗人,我也许会有更广阔的主题素材和情感空间,也有希望创作出更有力的作品。

史密斯:你合作的第一批诗人是谁?

霍尔泽:我不大愿意接近他人,跟人交往时总是不知所措。但那时我正在作一些纪念作品,最终我第一次领悟了:这些是对写作者的纪念,因此我应该利用他们的作品。就这样我开始退出,不再在作品中自己写作。然后我在柏林邂逅了美国诗人亨利·科尔,这次偶遇使得我有勇气去接触诗人。

史密斯:这些早期的纪念作品是为谁而做的呢?

霍尔泽：一个作品为德国流亡作家奥斯卡·玛利亚·格拉夫而做。他被迫逃离纳粹德国。他在纽约开了家德语出版社。这位慕尼黑的咖啡馆常客成了纽约的咖啡馆主顾，他尽力把日子过好。我把他的文本送回慕尼黑，送到那里文学楼的咖啡馆里。

史密斯：我当时刚好就在慕尼黑。我知道这个作品。这是我在国外见到的你的第一个作品。

霍尔泽：我们把他的话印在馅饼盘上和咖啡杯底。因为他是个爱吃爱喝、能说会写的人。

史密斯：你喜欢跨国工作吗？在国外？

霍尔泽：我很早就去欧洲了。这是官方承认我艺术家身份的第一个地方，因为在纽约，我一直在街头搞创作，就算有什么身份，那也是存疑的。丹·格雷厄姆看到了我的街头招贴，并介绍给了卡斯帕尔·孔尼格，承蒙丹的好意，我才能在八十年代早期在欧洲有了真正的艺术展。在纽约不可能有这事儿。

史密斯：这是我们这一代许多艺术家的共同经历，我们之前还有更多这样的故事。他们在欧洲地位稳固，但在美国却裹足不前。你的国际工作经历改变了你的视角吗？

霍尔泽：我在欧洲相对较早地开始了我的纪念作品和公共作品，这些明确了我做某种特定主题素材的念头。举个例子，当时艺术家们应邀为西德联邦议院（当时叫作新德国）创作，于是我有了这个想法：到德国国会档案馆去，把各党派代表所说的话呈现出来，这样这段口头史就能在政治家入口处电子屏上不断上演。这是天赐良机，从中我搞清楚了自己的想法，并找到与历史和场所匹配的材料。这一挑战是欧洲给我的礼物。

史密斯：作别人委托的作品和在画室里自己创作有何区别？二者能融汇互通吗？或者说它怎样改变了你的创作？

霍尔泽：有时，我几乎只做别人发起的项目。但自从中东战争爆发后，我就过起了双重生活，同时也从事有关编改文件的绘画。我不敢保证大多数人会对它们感兴趣，但我总是把二者混为一谈。

史密斯：你最近还把那些文件投射到纽约大学及其他一些地方的大楼上，是不是？

霍尔泽：是的。这些文件以多种形式呈现，包括投影。我们在纽约大学和乔治·华盛顿大学的图书馆上投射了几页文件。后者是国家安全档案馆所在地。所以尘封馆内的材料……

史密斯：公布在馆外了。

霍尔泽：纽约和华盛顿特区的许多学生都以为这些材料是伪造的，编改过的，这很奇怪。

史密斯：我常常把我、你以及汤姆·奥特内斯看作是孤独的行者，总是人在旅途，形形色色的机场伴我们度日。我觉得与游子之感息息相关的是匿名性、私密性及过明朗简约生活的志趣。你对机场怎么看？

霍尔泽：反正我经常吃花生凑合度日，这是肯定的！（笑）一定的机场生活是必要的，因为如果在作一个定点的作品，就得全程在那儿，常常是项目前、项目中、项目后都得去。另一个原因刚好是你提及的，过简单的生活很重要。而且，在旅途中，我一次只能做很少的几件事情，而这些事情只能是我应该做的那几件。

史密斯：你参与了相当多的委托项目——比我参与的多多了。预算和谈判、政府和随后的工程师、建筑师，你都是怎么应付处理的呢？

霍尔泽：显然，艺术学校应该开设专门课程，讲授从合同到委任程序等的处理方法。这些往往漫无边际，难以无师自通。但是我很喜欢这种扩大圈子、与外界互通的方式，它为一个画地为牢、独自苦苦摸索的人提供了一剂解药。去协商、定日程、做预算、组团队需要一个截然不同的思路。我不可能总是身兼数职，又是工商管理硕士，又是律师，但不时地制定一下蓝图并把负责的复杂项目理清还是很棒的。

史密斯：有没有在拓展你创作过程方面尤为可圈可点的项目？

霍尔泽：在大建筑里创作总会让人战战兢兢，但是只要没搞砸我就志得意满。八十年代在古根海姆里创作让人飘飘然。我都受宠若惊了。但设计的装置完工后，我觉得看上去有逻辑，不烦琐。而且在古根海姆外面做个投影也非常时尚前卫。（霍尔泽在 2008 年 "致古根海姆" 的项目中用了这一建筑的正面外墙。）

史密斯：你属于第一批如此使用整个空间的人吗？

霍尔泽：也许是的。每当我进入一座绝妙建筑，都感到无比美好，比如柏林的密斯·凡·德罗新国家美术馆，或者诺曼·福斯特重建的德国国会大厦，再或者位于毕尔巴鄂的弗兰克·盖里博物馆——后者真是拓展视野，裨益良多，因为盖里的建筑曲线优美，而我的作品却直来直去。

史密斯：赫尔穆特·朗怎么样？你跟他合作如何？

霍尔泽：那是我身体力行、最直接影响建筑的一次合作，而不仅仅是给个反馈，融合想法，那是因为聪明友好的理查德·格鲁克曼（赫尔穆特·朗的门店设计师及建筑师）不反感艺术家。（笑）他允许我们到处乱搞，把LED和栏杆组合起来之类的事情都可随意而为。

史密斯：怎么跟赫尔穆特有了合作关系的？

霍尔泽：英格丽·斯西筹划佛罗伦萨艺术时尚双年展时让我俩搭档。我觉得赫尔穆特的第一个搭档没选好。我俩组合，多亏了英格丽，她慧眼识人。我一见赫尔穆特就非常喜欢他。

史密斯：看得出你俩风格很搭。

霍尔泽：一个有点低俗，一个少即是多。

史密斯：那么和另一个艺术家生活在一起呢？你和迈克作为艺术家是否亲近？

霍尔泽：身边有个艺术家，随时切磋解决艺术难题，还有什么比这更好的吗？在创作时，能有个艺术家呼之即来，问问他，"这会变臭吗？这会扬名吗？这会臭名远扬吗？"这简直是妙不可言。另一个好处就是我家孩子有视觉艺术洞察力。去看，去分析所看到的，这是我女儿的第二天性。也有最糟糕的时候，我俩都会敏感，神经质，谁也不搭理谁，又都需要关爱，但对方一出现或看到对方作品就烦（笑）。

史密斯：但这并非艺术家特有的。

霍尔泽：是普遍现象，但艺术家在这种情况下可能更糟。

史密斯：夫妻双方都是艺术家的并不多见。当然有一些艺术家夫妇——例如南希和利昂，贝蒂和乔治·伍德曼。但数量不多，至少能够两厢厮守多年的不多。与此同时，我想你们互相都给对方留有很大空间。你们二人都对自己的创作非常投入，因而会想方设法以某种方式定期地享有这样的空间。我觉得这非同寻常。

霍尔泽：我们聚少离多。目前，他在新西兰画画，而我在纽约，但我们会谈论孩子，我会跟他讲我新的绘画危机，搞得他哑然失笑，处理绘画危机，他可比我有经验。我觉得我画手指画对他而言就是个笑话。

史密斯：确实是这样的。我对你跟其他艺术家的关系也很好奇。你跟露易丝·布尔乔亚的关系怎样？

霍尔泽：谈露易丝之前，我要先说你，奇奇，你的作品在我家满天飞。我收集的艺术品主要都是女性艺术家的。这好像是我的本能选择。我并未事先计划要搞一个女性艺术的家庭博物馆，但我却真的做到了这一点。早些时候，我收集到了许多布尔乔亚的画作，因为我认为她惊世骇俗的心灵在她的画作中尤为明显——更弗论她雕刻家的双手所塑造的。她几乎什么都画，但又少有僭越。我从未跟她深谈过，因为我生性腼腆——尽管在她家度过的时光还是那么鲜活——但我确实常常思考她的作品和她本人，这又美好、又安心。

史密斯：你想象过你死后你的作品会怎样吗？你考虑你的作品和档案的归处吗？

霍尔泽：（笑）眼下我对死亡想的可比我的作品多。

史密斯：那么这不是你非常操心的事情咯？

霍尔泽：我希望会有某个人或某家机构能接收馈赠，收藏这些秘密档案绘画中的一组，不让它们散失。也许它们会被放在史密森尼博物馆地下室的某个蒙尘的角落。我希望它们被完整保留，这样那些官员、士兵、策划战争的人、羁押犯，以及总统所说的话都会保存在那里。这是我的美国文献史料。我还希望那里有舒适柔软的椅子，让人们驻足停留，多待一会，时看时读。（笑）这就是我想象的另一部分：文本完整一体，绘画分门别类，环境装潢温馨。

史密斯：接下来，你感兴趣的是什么形式或建筑？有没有打动你的尚未确定的空间？

霍尔泽：我没有急于做这个。过去十年我一直打算在这方面要更努力一些，但如今我想在掌上装备方面多做点，我觉得小药片或电话是我的艺术的好归宿。我想要做华而有实的东西。

史密斯：这是不是与你很久以前做的那些纸杯相去甚远了？

霍尔泽：我为罗·费尔德曼"1984"艺术展制作了塑料泡沫茶杯（位于苏豪区的罗纳德·费尔德曼美术馆），上面印着奥威尔式的句子，就像"未来很蠢"这样的。我很幸运，而今能在小电子设备上援引奥威尔的话。

史密斯：我也收藏着一些这样的杯子。我家户外还有你的"氙献系列"。

霍尔泽：谢谢。我还到处装一些微型个人投影仪，所以愿意的话，可以把文本投射到户外或者投射到你房子的一整堵墙上。

史密斯：你可真是第一批如此公开地接纳新科技的艺术家中的一员——LED当年也是新科技。你手工创作，但你也有点科技控。

霍尔泽：是的。我也不知道这从何而来，因为我也没有正儿八经的科技能力，但我也曾爱上过几个学物理的小伙，所以，天知道。

史密斯：说对了，爱情是强大推动力。

霍尔泽：但不知怎么的，我觉得这只是部分原因。

史密斯：你觉得做艺术与做 T 恤的差异在哪里？只是形式上不同？还是别的什么？

霍尔泽：我喜欢给人目光所及之处加上内容，杯下，衬衫上或帽子上，河面，再要么来一整座大楼。

史密斯：亲密性也有不同层次。与画共处，或者身处挂着画作或是侧墙有投射画面的建筑里，或者兜里揣着某物伴你同行……这些都是亲密性的不同层次。

霍尔泽：我有你做的衬衫。我的壁橱架子上精心折叠着的你的围巾，我不时地看看它。能做人们可以拥有、可以收藏、可以穿戴的东西是多好啊。

褶 子

史密斯：近期你要绘画了。

霍尔泽：我一直在绘画，我的画作填满了纽约北部的一个演奏厅。这是必要的。偶尔，有几幅画作会被送往某处，但没有官方目的。

史密斯：但是，过多元化生活，片段化生活，同时在艺术上，你的作品也有不同的去处，这是多美好的事情。

霍尔泽：有人买账还是不错的。但我想表达真相。我的画作似乎太真实了，因为没人想让我画画（笑）。

史密斯：你做的是纸上艺术。你出道时的作品，像《常理》、《煽动之词》等，都是纸上作品。

霍尔泽：是的，我用纸，也用我刷糨糊贴海报的胳膊。

史密斯：因此，绘画是你创作的一部分，这是有道理的。而你在LED作品中大量使用了各种色彩。

霍尔泽：色彩一直是个要素。直到不久前，我还觉得使用色彩时不那么大胆自然，而今，我提笔就画，色彩上挥洒自如。

附录：关于珍妮·霍尔泽

尼克·欧博恩

三十多年来，珍妮·霍尔泽的艺术创作一直在追问话语语篇与语言的视效渠道二者之间的关系问题。七十年代末期，她把尼采式的"格言"贴遍了曼哈顿下城。这种游击战风格的作品吸引了众多拥趸对之亦步亦趋，也叫响了她威仪四方、振聋发聩的声音。时光荏苒，她最终成为艺术界的预言家。举个例子，她最广为人知的常理格言说的是，"滥用权力，意料之中。"

过去二十来年的创作表明，霍尔泽善于调用科技手段来传播她的思想，同时也用她的格言来警示科技势不可当的前进大潮，例如，"自动化要人命"，"科技要么创作我们，要么毁灭我们"。然而，霍尔泽作为一个艺术家的革新者，却无法抹除科技的塑造。1982年她推出了LED展示牌，这使她的艺术更臻灵活，多年来，她能够日渐精确地增减文字传输速度，其速率、其模式为阴郁愤怒之书写打开了一个游戏天地。近来，LED展示牌又加上了氙灯投影机，这是她所喜爱的文本传播方式。

而今，惠特尼博物馆的美国艺术展，回溯了霍尔泽15年的创作历程，也鲜明地展现了她嫁接文本与商业标识的电子设备，同时又丝毫无损她反建制初衷的奇异才能。这些文本混合了她自己的创作（包括从《常理》[1977—1979] 至《哦》[2001] 等作品）和解密了的关于伊拉克战争的政府文件。《纪念碑》(2008)和《胸腔》(2008)从墙上鼓胀而出呈半圆形肋状柱子,其连续性有唐纳德·贾德的"架子"之遗风。《红黄色的幻景》(2004)、《青紫十字架》(2008)以及《蓝色十字架》(2008)分别充当连接两墙的数码工字梁,而其上的LED展屏信息一屏覆着另一屏。让人焦虑不安的诗歌在青紫色十字架和蓝色十字架上以复杂的时空对位旋律滚动播出,有几句是,"我呼吸着你的呼吸,我微笑着你的微笑,我情何痛,血色正浓。"其后的背景墙上投射着令丹·弗雷文都望之生愧的五颜六色的明艳光晕。

展品中最大的一件,是2008年的《致芝加哥》(该展去年10月在芝加哥首次亮相),它的10个LED展板均匀地平放在地板上。在此,霍尔泽演绎了她率直的图画书写与鲜亮的橙黄暖光之间的撕裂感,光随着词汇之流的方向和节奏的不同而明灭变幻。我们在两个方向上被撕扯着,还来不及搞懂极快地播出的语篇,就被吞没在瞬息万变的光束激流之中,晕头转向。

解密了的政府文件在霍尔泽近期作品中频繁出现。在《红黄色的幻景》、《胸腔》和《紫色》(均为2008年的作品)等作品中,这些文件无休止地在墙上进进出出,滚动播出。在这些作品中,艺术家老练地将熔炉般的火红和让人昏昏欲睡的深海般的藏蓝与令人不胜惶恐的内容搭配起来,将痛苦的阅读体验扭曲成恍惚迷幻状态。

然而,展览最强硬的政治刀锋却不在基于科技的作品中,而在霍尔泽的《编写之绘画》这一作品中,黑白相间的真丝屏幕将"9·11"后美国军事情报局的秘密行动放大并曝光。这些直截了当的作品,再造了政府文件,这些文件中的一些名字和材料曾被认为过于敏感而被屏蔽。这挥出了一连串有力的连击重拳,也免去了意识形态上的无意义纷争。

在 1967 年发表的《观念艺术刍议》一文中,索尔·勒维特写道:"观念成为制造艺术的机器。"这一准则用于霍尔泽的作品恰如其分。霍尔泽作为观念艺术的领军人物,其地位无可辩驳。她的作品在挑衅中让人着迷,而语言的光效和运动又使我们暂获平静,即便我们对个中词语尚不确知。

对话电子艺术大师——吉姆·坎贝尔

尼古拉·卡普勒曼 文 丁焦焦 高芮 译

吉姆·坎贝尔（Jim Campbell），一名来自美国旧金山的艺术家，他擅长使用混合媒体电子进行灯光装置，借助其他艺术作品进行创作。他得益于过去的工程学经验，驰名国际艺术界。他的部分作品在纽约大都会艺术博物馆等公共画廊进行展览。这些作品装置看似唯美简单，却能够唤起共鸣、引人入胜，吸引着观众去探索、去理解。他独特的艺术创作方法源于多变的手法和工艺流程。这让他的作品有机会在许多美国公共机构中得以展出，为人们喜闻乐见。现在，尼古拉·卡普勒曼将对吉姆的职业背景、影响力及创作艺术的方法进行采访……

TSTOA：可以详细谈下您的职业背景吗？您是怎样进入艺术创作这一领域的呢？

JC：我曾是一名工程师，对电影制作有着浓厚的兴趣。

从 1988 年到 2008 年，整整 20 年间，我从全职工程设计逐渐转型为全职艺术创作。起初，我将艺术当作平衡生活风格的一种方式。在思维方式中，我寻求平衡，利用非科学的那部分头脑，去探索创造力。当然，工程设计中也有创造力，但创造力展示的方式迥然异趣、相去甚远。

TSTOA：在作品中您特别在意哪些细节呢？您又想要表达什么呢？

JS：我早期的作品更多是以一种互动方式进行的，使用相机将观赏者纳入作品之中。最近几年，我暂停互动式作品的创作，转向了关于感知的创作，也就是使用非常少的信息，具体说，就是利用光线传递信息。我利用这些信息，使得观众产生一种情绪反应。我的后期作品本身不一定是互动的，因为它们对观众没有回应。然而，它们确实要求观众以类似的方式进行感知。正如他们可以通过艺术结构来观赏雕塑作品。因此，我希望观众在试图理解作品的同时也参与创作，体验作品，以便他们更好地理解这些作品。但是，我说的"理解"并不是从理智的角度来看待，我的意思是以纯粹情感和感性的观点来理解。

TSTOA：是否有一些艺术家激发了您的灵感呢？

JC：如果是在早些时候，我不会说是詹姆斯·特瑞尔给了我灵感，因为我不太了解这些作品。但是我得承认，当我看到詹姆斯·特瑞尔和创作了类似的极简光线作品的艺术家们的工作时，恰恰是他们给我的创作提供了生生不息的灵感。

TSTOA：您已树立了良好的国际形象，而且作品也时常在不同地方展出，那么您去过的哪些地方影响了您的创作呢？

JC：一般来说，我不认为我的作品会受到那些特定旅行的影响。我已经旅行了很多地方，例如我去过印度，那里就曾给了我极大的灵感。最近我的工作围绕着设备中的简单信息而展开。几年前，我到意大利南部摄影采风，研究古代的马赛克。我仔细端详这些制作过程，揣摩制作这些马赛克的目的——它是怎样开始、结束。而这又如何与我的所作所为息息相关。特别是某种东西可能以简单的方式产生，但背后却仍蕴含着情感本质。所以，这样的旅行，极具启发性。

TSTOA：您经常被认为是"新媒体艺术家"，那么您是如何给自己归类的呢？

JC：我将自己定义为一个电子艺术家，因为我所做的一切都使用电子产品。当然，从职业上说我也是电子工程师。与当下相比，当我在1988年开始从事这项工作时，很少有艺术家创作这类作品。到了九十年代初期，我到世界各地去参观展览。在世界各地的同一个展览中，你会看到同样的面孔，同样的艺术家。将艺术家进行分类是一件困难的事情，况且艺术创作领域也已经发生了翻天覆地的变化。过去二十年来，新媒体艺术家的人数在爆长。

TSTOA：过去几年里，您已经开展了各种不同类型的项目，其中有没有您特别喜欢从事的类型？在不同的公共空间进行创作时，您更倾向于让艺术展现自我，还是倾向于商业艺术呢？

JC：我将我所创作的公共艺术与非公共艺术区分来看。他们之间的目标和整个制作的过程最终都存在着很大差异，一部分原因是当你创作公共艺术时，它不会那么"商业化"，而是更加讲求对这件事情的投入——也就是要创作出大众都喜欢的艺术。当你为了某件事专心致志、废寝忘食，就必然会受到大众的喜欢。当我为自己而进行创作或为了创作在画廊中可以展示的作品时，情况就不一样了。

至于您的问题，我想说的是：凡事都有两面性，我所做的那些和我获得的愉悦程度是相等的，彼此相得益彰。就许多方面而言，能够为自己创作一些作品而不用顾虑观众及他人的喜好，是一项非常棒的体验。我确实喜欢创作那些能够在机场或者火车站进行展出的作品。一年前在圣地亚哥机场，我完成了一件作品，它花了我差不多三四年的时间。我花了很长时间来规划这部分，设想来往的旅者将会对它有何反应。这可能是我迄今为止所作的最成功的公共艺术品。

二、人物：黑特·史德耶尔

为坏图像辩护

黑特.史德耶尔 文　刘倩兮 译

"坏图像"(the poor image)是流动的副本。它们质量差、像素低。并随着传播速度的加快而折损。坏图像是图像的幽灵,是预览、缩略图、飘忽不定的想法,是免费分发和流通的图片,它们从慢速数码传输中挤压出来,被不断压缩、重制、撕裂、合成,从一处被复制粘贴到另一处。

坏图像是图像碎片,是AVI(多媒体文件格式)或JPEG(压缩的图片文件),在这个按像素高低分级和估价的表象阶级社会中,坏图像是落魄的无产者。它们被大量地上传、下载、分享、修改和编辑。它们舍弃图像质量换取可及性,将图像的展示价值变成了膜拜价值(cult value),将电影变成了视频片段,将沉思变成了消遣。由此,图像被从电影院和档案馆的穹顶中解放出来,并以其自身的物质性为代价涌进数字化的不确定性之中。坏图像趋近于抽象,是一种形成于自身的视觉概念。

坏图像犹如原始图像第五代的非法私生子,血统不免令人起疑。它的名字被刻意地写错。它蔑视历史遗产、民族文化甚至版权。它像诱饵和索引一样被传递,又像是对其视觉前身的提示。它嘲弄数码技术的承诺。坏图像不仅时常被人轻视为模糊不清的图像,甚至人们会怀疑是否能够称其为图像。只有数码技术才能在第一时间生产这样破败的图像。

坏图像是当代屏幕的不幸,是视听制作的残片,是冲刷数码经济海岸的垃圾。它们在音像资本帝国的恶性循环中的加速和流通,印证了激烈的图像错位、偏移和置换。坏图像在世界各地移动,如同商品或其拟像、礼物或赏金。他们散布快乐或死亡威胁、阴谋论或违禁品、反抗或愚蠢。坏图像展示出了不可多得、显而易见和难以置信——如果我们仍然希望去设法破译它。

低分辨率

在伍迪·艾伦(Woody Allen)的电影《解构哈里》(*Deconstructing Harry*)中,主角是失焦的。[1]这并非技术问题,而是主角所患的一种疾病——他的形象始终是模糊的。由于角色在影片中的演员身份,这种疾病为他带来的首要困扰便是:他找不到工作。清晰度的缺失在这里成为一个实质的问题。清晰的焦点成为一种舒适和特权的阶级定位,而失焦则降低了个人作为图像的价值。

---

[1] 《解构哈里》,伍迪·艾伦(Woody Allen)执导,1997年。

然而,当代的图像等级并非仅仅倚仗清晰度的高低,同样重要的还有分辨率的高低。正如德国电影导演哈伦·法罗基(Harun Farocki)在 2007 年的一次著名的访谈中所说,看一下任何一个电子商店就不难发现这个评价体系在当下是如此明显。[1] 在图像的阶级社会中,电影院扮演着旗舰店的角色。就像旗舰店中对高端产品的营销是为了迎合高层次的消费环境。相比之下,更多负担得起的,通过 DVD、电视和网络传播的衍生品,虽然是相同的图像,但却被看作是坏图像。

显然,分辨率高的图像看起来更精彩、更吸引人、更逼真、更具魔力与魅力,或者也更让人害怕。可以说,它们更好(rich)。如今的用户界面也越来越多地迎合电影爱好者和唯美主义者们的品位,他们认定 35 毫米胶片是图像最基本可观性的保证。那些以电影胶片质量作为视觉重要性唯一标准的坚持,几乎不顾意识形态上的偏差而不断被赞颂。不论曾经还是现在,高端电影产品的消费都稳固地植根于民族文化、资本主义式的工作室制作、对多数男性天才的膜拜以及原版的系统中,因此在其本身的结构中时常显得保守——然而这些从来都不重要。对分辨率的迷恋仿佛是少了它即是对作者的阉割一样。对电影胶片的膜拜规范了主流甚至独立电影的制作。随着科技更新而来的图像更替和降级,好图像(rich image)也建立起自身的等级制。

---

[1] "Wer Gem.lde wirklich sehen will, geht ja schlie.lich auch ins Museum",摘自哈伦·法罗基(Harun Farocki)与亚历山大·霍尔瓦特(Alexander Horwath)的对话,《法兰克福报》,2007 年 6 月 14 日。

褶　子

复活（作为坏图像的）

然而对好图像的坚持也会带来严重的后果。近期一次有关散文电影的会议上，一位发言者由于认定没有合适的投影仪而拒绝播放英国纪录片导演汉弗莱·詹宁斯（Humphrey Jennings）的作品。尽管会议安排了完全符合标准的DVD和音频播放器，观众们也只好凭空想象影片中的画面。在这个例子中，看不见的图像或多或少是有意为之，并基于审美的诉求。但是更多是新自由主义政治的结果。二十甚至三十年前，新自由主义对媒体生产的调整开始慢慢淹没非商业化的形象，这使得人们几乎看不到实验电影和散文电影。因为这类作品在影院中流通播放的费用昂贵，而如果在电视上播放则会被电视观众所忽略。因此，它们不仅渐渐淡出影院，也逐渐从公众视野中消失。一直以来，散文视频和实验电影的大部分内容是不可见的，完整的影片始终留给电影博物馆或电影俱乐部那些寥寥无几的放映机会，在按其原始的分辨率播放之后，便再次消失在不见天日的档案库中。

这种变化显然与新自由主义激进化进程中将文化作为商品的概念相关，也与电影的商业化及其向多极性散播，以及独立电影制作的边缘化相关。同时与全球媒体产业的重组和某些国家和地区视听产业的垄断亦有密不可分的关联。这样一来，抵抗性的和不遵从习俗的视觉材料表面上消失了，却转为地下的档案和收藏，只在那些互信的机构或个人之间以非法的翻录录像带的形式传播。这些录像带数量极其少，传播仅仅依靠朋友和同行之间的私下传递。然而,随着网络视频在线观看的普及,这种局面开始发生巨大的改变。数量越来越多的稀有资料重新出现在公众平台,有一部分经过了精心编排(比如 Ubuweb),而有些仅是简单的堆放(如 YouTube)。

如今,网上大概能找到至少二十部克里斯·马克(Chris Marker)的散文电影。你如果想看他的回顾展,自己便可以制作。但是对坏图像的使用不只是简单的下载:你可以把这些文件保存下来以便日后再看。如果认为有必要甚至可以对它们进行编辑和修改。处理后的结果则会继续进入流通。许多快被遗忘的杰作的不清晰多媒体文件(AVI)在半公开的点对点(P2P)平台上交换,从美术馆用手机偷录的视频在 YouTube 视频网站上传播,艺术家作品的放映版 DVD 被出售。[1] 大量的先锋电影、散文电影或非商业电影以坏图像的形式复活了——无论是否如它们所愿。

私有化和剽窃

激进的、实验的、经典的电影作品和视频艺术的稀有版本重新以坏图像的形式出现在公众视野,这当中还有另一层

---

[1] Sven Lütticken 的精彩文章《可见的复制品:论移动图像的流动性》启发了我从这个角度关注坏图像。原文见 *e-flux journal* 第 8 期(2009 年 5 月)。

重要含义。它揭示出的远远不只是图像本身的内容和样貌，还透露了原始图像被边缘化，以及社会力量的聚拢导致它们作为坏图像在网上流通等种种现状。[1]坏图像之所以是坏图像，是因为它们不承载图像阶级社会的任何价值——它们非法而卑微的地位使其得以免除这种评价标准。分辨率的缺失佐证了它们是由挪用和置换而来的。[2]

显然，这种现状不仅与新自由主义媒体产业和数字技术的结构调整有关，还与后社会主义和后殖民主义对其国家、民族文化和档案所进行的结构调整有关。在某些国家解体后，新的文化和传统便会出现，历史进而被创造。显然这也影响了电影存档——很多时候整个电影文献遗产需要面对没有国家文化支持框架的难题。就像我之前在萨拉热窝的一个电影博物馆所见，国家级的档案只能在音像制品租赁店延续它们的生命。[3]盗版录像从类似混乱的私有化经营资料库中流出。而另一边，不列颠图书馆甚至在网上以天价出清这些内容。

正如库杜伍·艾顺（Kodwo Eshun）指出的，坏图像的传播部分填补了在国家级电影机构的空白，后者往往认为当下时代很难运作一个存储16/35毫米胶片的档案库，或维持任何基础设施的分配。[4]从这个角度看，坏图像揭示了散文电影或

---

[1] 感谢库杜伍·艾顺（Kodwo Eshun）的观点。
[2] 当然，有些情况下低分辨率也会出现在主流媒体中（以新闻为主）并具有极其重要的价值，如紧急事件或突发灾难。参见 Hito Steyerl《记录的不确定性》，《先验》，第 15 页（2007）。
[3] Hito Steyerl，《文献政治学：电影中的翻译》，*Transversal*（2008 年 3 月）。
[4] 来自与作者的邮件往来。

任何实验性和非商业电影的衰退。这些电影之所以在很多地方能被看到,是因为在那些地方文化生产被视作一项国家任务。而私有化的媒体产业却逐渐发展得比国有控股或赞助的媒体产业更为重要。但是,另一方面,随着网络营销和商品化的进程,对知识内容猖獗地私有化,也使得盗版和挪用蔓延,于是便引发了坏图像的流通。

不完美的电影

坏图像的出现使我们想起了胡安·加西亚·埃斯皮诺萨(Juan García Espinosa)于二十世纪六十年代末在古巴发表的经典的第三电影宣言:《给不完美的电影》。[1] 埃斯皮诺萨认为,之所以称其为不完美的电影,是因为"几乎所有技术上和艺术上高超的完美电影都是保守而落后的"。不完美的电影是在努力克服阶级社会中的劳动分工。它将艺术、生活和科学相融合,模糊了消费者与生产者、观众与作者的边界。它虽受欢迎,但并非是消费主义,它对自身缺陷的坚持使其没有走上官僚主义的道路。

埃斯皮诺萨在其宣言中同时反思了新媒体的前景。他明确地预测出视频技术的发展将会危害传统电影工作者的精英

---

[1] 胡安·加西亚·埃斯皮诺萨(Juan García Espinosa),《给不完美的电影》,Julianne Burton 译,*Jump Cut*,第 20 期(1979 年):24—26 页。

地位，使得某些大众电影生产——所谓的人民的艺术——成为可能。就像图像和不完美电影经济缩小了作者与观众的分别，并将生活与艺术融为一体。最重要的是，模糊的、业余的、充满人工制品的图像让图像原本的可视性严重地妥协。

某种程度上，坏图像经济等同于不完美的电影，而完美的电影更像是作为旗舰店的电影概念。但是，真正的当代不完美电影比埃斯皮诺萨的预期更加矛盾和戏剧化。一方面，坏图像经济及其在世界范围内的分布，连同混录和挪用的伦理道德，促使了比以往任何时候都更多的制作人群体的加入。但是，这并不意味着这些机会仅用于激进的目的。仇恨言论、垃圾邮件或其他的废物都会通过数字化的连接而生效。数字通讯也成为最具争议的市场之一——这是一个长期以来遭受持续的原始积累和大规模（且在某种程度上是成功的）私有化攻击的区域。

坏图像所循环流通的网络既构成了薄弱的新共同利益平台，又成为商业和国家事务的战场。它们不仅包含实验性和艺术性素材，还包含惊人数量的色情和妄想的素材。当坏图像的领地内允许其他形象的进入，它便被最先进的商品化技术所渗透了。它促使用户在积极参与构建和传播内容的同时，也召唤他们投身生产领域。用户变成了坏图像的编辑、评论者、翻译者和（联合）作者。

于是，坏图像成为被多数人制作和观看的流行图像。它们表达出当代人群的所有矛盾：机会主义、自恋症、渴望自主和创造、无法集中注意力或下定决心、随时准备侵犯的同时又随时准备服从等。[1]总之，坏图像呈现了当代人情绪状况的快照，他们的神经质、妄想症、恐惧、渴望激烈、渴望乐趣、心烦意乱都被一一展现。图像的状态不仅与无数的文件传输和格式修改有关，也与无数关心它们的人有关，他们一遍遍地对图像进行修改、添加字幕、重新编辑或上传。

鉴于此，或许人们应该重新定义图像的价值，或更准确地说，用一个全新的视角来看待图像。除了分辨率和交换价值，人们可以设想另一种由速度、强度和广度定义的图像价值。坏图像之所以是坏图像，因为它们被粗暴地压缩且快速地流通。它们失去质量以获得速度。但它们也表达了非物质化状况，不仅与观念艺术共享遗产，还与当代模式的符号化生产分享可能。[2]正如菲利克斯·伽塔利（Felix Guattari）所说[3]，资本的符号化转向，有利于压缩和灵活的数据包的创造和传播，这些数据包被整合到不断更新的组合序列中。[4]

这种视觉内容的扁平化处理——从概念中形成图像——将图像定位在一种普通的信息转向中，知识经济将图像和文字说明从语境中剔除，放进永久的资本主义去领土化的漩涡

---

[1] 参见保罗·维尔诺（Paolo Virno），《群众语法：当代生活形式分析》，MIT 出版，2004 年。
[2] 参见亚历克斯·阿波罗（Alex Alberro），《观念艺术与公共政治》，MIT 出版，2003 年。
[3] 参见菲利克斯·伽塔利（Felix Guattari），《作为集成权力形态的资本》，*Soft Subversions*，纽约，1996 年；第 202 页。
[4] 所有这些变化都在西蒙·谢赫（Simon Sheikh）的精彩文本中有所描述：《研究对象或知识商品？艺术研究评论》，《艺术与研究2》，第 2 期，2009 年春。

中。[1] 观念艺术史上首次将艺术品去物质化描述为对可见物的恋物价值的坚持。然而，结果却是去物质化的艺术品完全适应资本主义的符号表征，也因此适应资本主义的观念转向。[2] 某种意义上说，坏图像遭受着类似的紧张局面。一方面，它的运转是对高分辨率的恋物价值的一种对抗；另一方面，这也正是为什么它最终完美地融入信息资本主义，这种资本主义的蓬勃发展有赖于密切的关注度，也更多地体现在表象而非实质、强度而非思考、预览而非放映上。

同志，你今天的视觉纽带是什么？

但是，与此同时一种逆向的矛盾也在发生。坏图像的流通创造了一个循环，它充分满足了军事电影、（部分）散文电影和实验电影的最初理想——去创造另一种图像经济，一种商业媒体洪流内外的不完美电影。在文件共享的时代，即使是那些早已被边缘化的内容也会再次进入流通，连接起分散在世界各地的观众。

因此，正如坏图像创造了共享的历史，它也构建了匿名的全球网络。在其流动的过程中不断构筑联盟，引起翻译或误译、创造新的公众和讨论。在视觉内容丧失后，它也重新获得了政治影响并围绕其间创造出新的光环。这种光环不再基于"原作"的持久性，而转为复制品的瞬间性。它不再固

---

[1] 参见阿兰·塞库拉（Allan Sekula），《阅读文献：劳动力与资本之间的摄影》，《视觉文化导读》，斯图亚特·霍尔（Stuart Hall）、杰西卡.埃文斯（Jessica Evans）编，伦敦/纽约: Routledge, 1999 年，第 181—192 页。
[2] 参见亚历克斯·阿波罗（Alex Alberro），《观念艺术与公共政治》。

定在由国家或企业支持的传统的公共领域，而是漂浮在暂时且不可靠的数据库表面。[1] 随着与电影殿堂渐行渐远，它迎向了载满观者欲望的全新且转瞬即逝的画面。

就像吉加·维尔托夫（Dziga Vertov）曾经说过的，坏图像的流通产生了"视觉纽带"（visual bonds）。[2] 按他的说法，这种"视觉纽带"本应将世界各地的工人们连在一起。[3] 他想象了一种共产主义的、视觉的、亚当式的语言，不仅用于传递信息和娱乐消遣，还可以将观者组织在一起。某种意义上，如果在全球信息资本主义的规则下，观众们被几近相同的诸如兴奋不已、感情充沛、协调一致、忧心忡忡等身体感觉相连，那他的梦想就已成真了。

但是也有一些坏图像的流通和生产是基于手机、相机、家庭电脑，以及一些非传统的传播形式。它的视觉连接——合作编辑、文件分享或大众传圈——揭示出生产者之间偶然形成的不稳定关联，这种关联同时构成了散布在各处的观众。

坏图像的循环为资本主义媒体流水线和另类视听经济注入原料。除了引发不少困惑和麻木之外，它也造成破坏性的思想运动和影响。坏图像的循环由此开启了非传统信息流通

---

[1] 海盗湾网站试图捕获西兰公国的域外炼油平台，以便安装他们的服务器。参见 Jan Libbenga,《海盗湾计划购买西兰公国》, *The Register*, 2007 年 1 月 12 日。
[2] 吉加·维尔托夫（Dziga Vertov）, "Kinopravda and Radiopravda",《电影眼：吉加·维尔托夫的写作》, 阿奈特·迈克尔森（Annette Michelson）编，伯克利：加州大学出版社, 1995 年，第 52 页。
[3] 维尔托夫, "Kinopravda and Radiopravda", 第 52 页。

的历史新篇章:维尔托夫的"视觉纽带"、彼得·魏斯(Peter Weiss)在《反抗的美学》(*The Aesthetics of Resistance*)中所描述的国际主义工人教学法、第三电影和三大洲主义(Third Cinema and Tricontinentalism)的循环等不均衡的电影制作和思维。因此坏图像——其状态可能是矛盾的——需要在碳粉复印的小册子、宣传鼓动类电影、地下视频杂志和其他经常使用美感较差的另类物质材料中找到其该归属的宗谱体系。此外,它对许多历史观念的再度审视与这些循环关系密切,其中就包括维尔托夫的"视觉纽带"观点。

设想这样一个场景:某个来自过去头戴贝雷帽的人问你:"同志,你今天的视觉纽带是什么?"

你兴许会答道:就是这个通往当下的链接。

现在!

坏图像是往昔大师级电影和录像艺术的来世。它们被排除在电影曾一度躲避的天堂之外。[1] 在从民族文化保护者的舞台上被赶出,又被商业流通所丢弃之后,这些作品便成为数字化的无人荒地上的流亡者。它们不断转变分辨率和格式、速度和媒介,有时甚至失去了名字和归属。

现在,许多这样的作品都以坏图像的形式重回到我们的

---

[1] 至少从怀旧的角度而言。

视野中,我承认。有人或许会争辩说这些都不是真实的,那么恳请谁给我展示一下什么才是真实。坏图像早已无关真实之物——那个原始的原作。取而代之的是,它是关乎其真实的自身存在:关乎密集的流通、数字化的传播,以及断裂和灵活的暂时性。它关乎反抗与挪用,正如它关乎因循守旧和开发利用。

简而言之,它关乎现实。

(原文载于 *e-flux journal* 第十期,2009年。)

太多的世界——因特网死了吗?

黑特·史德耶尔 文　张杰 译

因特网死了吗?[1]这个问题并不带有隐喻性质,它不是要暗示因特网功能失调了,不起作用了,或者说过时了。这个问题要问的是,当互联网已经不再是一种可能性,它还会发生什么。问题要表达的就是其字面意思,也就是说,因特网是不是死了,它是怎么死的,是不是有人杀死了它。

但是,怎么会有人认为互联网终结了呢?事实上,相比起过去,互联网愈发强大了。它不仅光芒闪耀,而且比以往任何一个时期都更能充分吸引更多人的想象力、注意力和生产能力。在此之前,从来没有这么多人如此依赖于、内嵌于网络,并受其监视和利用。看起来,网络是如此所向披靡,如此地令人着迷,而且无可替代。因特网可能并没有死亡,

---

[1] 这里所指的是"后因特网"(post-internet),数年前该术语最先由玛丽莎·奥尔森(Marisa Olson)、继而由基恩·麦克休(Gene McHugh)提出。该术语意在表明,因特网曾经有过不可否认的使用价值,而如今,因特网仅存的是一种日益增长的私人化交换价值。

而是已经达到其最圆满的状态。又或者,更准确的说法应该是:网络已经无处不在啦!

这种说法显示出一种空间视角,但并非像我们所想象的那样。因特网并非无处不在。即使在今天,网络看似正以指数级的速度大规模拓展,但实际上依然还是有很多人没法接触到因特网,或者说根本就没有使用过网络。而且,因特网还在另外的方向上拓展。它开始转移到线下。这又是怎么一回事呢?

还记得1989年罗马尼亚革命之际,抗议者们闯入电视台演播室,从此改变了历史进程吗?就在他们闯入的那一刻,影像的功能改变了。[1]从被占领的演播室传送出的广播节目成为事件的活性催化剂——而非记录或者文件。[2]自此,影像不再是对之前发生的状况的一种或主观或客观的再现,也不再仅仅是一些不牢靠的表象。毋宁说,它们更是能量与事件的节点,它们跨越不同的载体[3],塑造并影响人、景观、政治

---

[1] 参看 Peter Weibel, "Medien als Maske: Videokratie", in *Von derBu-rokratie zur Telekratie. Rumänien im Fernsehen*, ed. Keiko Sei, Berlin: Merve, 1990, 124–149, 134f.
[2] Cătălin Gheorghe, "The Juridical Rewriting of History", in *Trial/Proces*, ed. Cătălin Gheorghe, Iași:Universitatea de Arte "George Enescu" Iași, 2012, 2–4.
[3] 塞斯·莫斯(Ceci Moss)和蒂姆·斯蒂尔(Tim Steer)在一个展览上发表了惊人的宣言:运动状态中的物跨越不同的时间点、关系和存在物,但同时它自身总是保持不变。就像数码文件,非法制造或贩卖的拷贝品、图标或者资本,运动状态中的物不停地复制、传播,并且是加速进行,因此总是要与那些促使其流转的支撑物交涉。因为占据了这些不同的空间与形式,物因此总是在进行自我重构。它并不拥有一种自主的、独一无二的存在形式;只有在传输节点与传输渠道的网络中,它才能被激活。它既是一个被分散的过程,又是一个独立的存在,就像是一种被扩展的对象,永不停息地进行流通、组合与消散。要阻止这种物,就意味着要打破这宣传它、再生它的整个过程、基础结构,或者生产链条。(Seventeen Gallery, 2012)

以及社会体制。它们拥有了一种不可思议的能力，可以增殖、转变并激活。正是在1989年左右，电视影像开始走出屏幕，直接介入现实。[1]

而当万维网的基础设施大大拓展了电视网络作为影像流通之领域的范围，这种影像进入现实的趋势就愈发增强了。[2] 突然之间，传递的节点大大增加了。如今，屏幕已然遍及各个角落，更不用说影像本身，手指轻轻一按，即可将其复制并扩散。

如今，数据、声音和影像经常性地越过屏幕，转变为一种截然不同的物质状态。[3] 它们突破了数据渠道的界限，以物质性的形式显现。它们化身为暴乱或产品，比如镜头光晕、高楼大厦，或者像素化的大油罐。影像由此被拔去电源，被分离，并开始将屏幕之外的空间挤得满满当当。它们侵入城

---

[1] 举一个范围更广的政治现象，即过渡（transition）作为实例。这一概念最初是因为拉丁美洲当时的政治时局而提出的，然后它就被应用于1989年之后的东欧环境。这一概念描述的是一种技术进步的过程，意味着后发国家虽然努力实现民主和自由市场经济，但却不可能成功。过渡意味着一种持续的变形过程，理论上会使每一个地方最终看起来都像是任何一个西方默认国家的理想自我。结果却是，所有地区都遭受了根本性的改造。实际上，过渡通常意味着肆虐的侵占，同时还伴随着预期寿命的急剧下降。在过渡中，因为缺少医疗保健，再加上个人的破产，一个光明的新自由主义的未来将会退出屏幕；而与此同时，西方银行和保险公司不仅将养老金私有化，而且还将其再投资于当代艺术品收藏。
[2] 图像要跨越不同的支撑物，这当然不算是什么新鲜事。这一过程在石器时代以来的艺术创作中就已经非常明显。但是，当很多图像转换成第三维度（3D）时，那种轻松感却与古代将草图手工雕刻在大理石上大为不同。在后生产时代，几乎所有事物都是通过一个或多个图像创造而成的，每一款宜家的桌子都经过复制、粘贴，绝非安装或建造所成。
[3] 正如微博客"新美学"（the New Aesthetic）已经完美地展现了事物与景观（http://new-aesthetic.tumblr.com），并且微博"女性作为物"（the Women as Objects）也阐释了图像化身为女性的身体（http://womenasobjects.tumblr.com）。在这一点上，与之还有密切关系的是杰西·达林（Jesse Darling）和陈真妮（Jennifer Chan）的作品。

市，将空间转换为场所（sites），将现实转换为不动产。它们的物质化形式表现为垃圾空间、军事入侵和失败的整容手术。它们的传播既借助网络，又超越网络，它们收缩并扩展，它们拖延并蹒跚，它们竞争，它们邪恶，它们欢呼，它们讨好。

只要看看你的周围：人造岛屿模拟的是转基因植物。牙科办公室排列起来就像是汽车商业电影的摄影场。颧骨都经过美化修饰，就好像整个城市都假装是YouTube CAD（计算机辅助设计）的教程。艺术作品以电子邮件的形式发送，然后就突然出现在由战斗机喷气软件设计的银行大堂。巨大的云存储驱动着雨水降落，形成沙漠地区的天际线。但是，因为要变为真实的，大多数影像就被从根本上改变了。它们被翻译、扭曲、损伤，并被重新组合。它们的外观、左右布局和导向改变了。一个给指甲上油的小钳子能演变成一场Instagram上的暴动。上传一次照片也能导致一次极为糟糕的体验。一张动画GIF图片可以像机场过境门一样，突然间自动弹出来。在某些地方，似乎建起了整个的NSA（美国国家安全局）系统，但是这些架构必须得经过谷歌翻译，并且创建出一种单向玻璃窗朝向内里的汽车阁楼。在走出屏幕后，图像被扭曲、毁坏、合并，及重新组合。它们失去了原有的对象，误解了这些对象的用途，把形状和颜色都搞错了。它们走出屏幕，离开，然后再退回至屏幕。

由格雷斯·琼斯（Grace Jones）制作的黑白视频剪辑《企业食人族》（*Corporate Cannibal*，2008）就是一个很有说服力的例子，史蒂文·沙维罗（Steven Shaviro）将其视为后电影情感的一个重要代表。[1] 如今，琼斯的后人类形象所表现出的冷漠无情的易变性和语调转换表现为紧缩基础设施的蓝图。我敢发誓，柏林公交车的时刻表就总是按照这样一种模式来运转——永无止境地利用和压榨空间、时间与人的耐心。电影业的碎片重新成为投资废墟，或者秘密的信息控制中心。[2] 但如果电影已经广泛地拓展入世界，并且部分程度上已经成为现实，那么人们也必须接受它实际上真的爆炸了。而且，很可能电影也不会挺过这一爆炸。

后电影

很长一段时间以来，许多人感到电影相当死气沉沉，毫无生趣。今天，电影至多是一种附属物，它刺激着我们去购买新的电视、家庭投影仪系统和拥有视网膜显示屏的苹果平板电脑（iPad）。很久之前，电影就变成了一个销售特许经营产品的平台——在过滤后的超级影院中，筛选未来游戏机（PlayStation）中达到正片长度的游戏。它变成了一个训练工具，服务于托马斯·埃尔塞瑟（Thomas Elsaesser）所说的军事—工业—娱乐综合体。

---

[1] 参见史蒂文·沙维罗在 "Post-Cinematic Affect: On Grace Jones, Boarding Gateand Southland Tales" 一文中的精彩分析，发表于 *Film-Philosophy*, 14.1 (2010), p. 1–102。同时可参看他的著作 *Post-Cinematic Affect*, London: Zero Books, 2010.
[2] Greg Allen, "The Enterprise School", *Greg.org*, Sept.13, 2013, accessed March 2014, http://greg.org/archive/2013/09/13/the_enterprise_school.html

对电影是何时及如何死亡的,每个人都有自己的看法。我个人以为它是被炮弹给击中的,这样一个时刻发生在波斯尼亚战争(Bosnian War)过程中,大概在1993年左右,波黑城市亚伊策(Jajce)的一个小电影院被摧毁了。二战期间,正是在这个城市,反法西斯民族解放委员会(简称AVNOJ,所以又音译为"阿夫诺伊")建立了南斯拉夫联盟共和国。我确信,电影院在很多其他地点和时间也遭受过打击。在黎巴嫩、阿尔及利亚、在车臣和刚果民主共和国,以及后冷战时期爆发过冲突的很多地区,电影院都遭遇过枪击、处决,也经历过极度匮乏和被绑架。电影并不只是退出,人们再也看不到它们了,就像贾拉勒·陶菲克(Jalal Toufic)评述那些经历了一场他称之为"极大的灾难"(a surpassing disaster)之后的艺术作品时所言。[1]电影是被杀死了,或者至少我们可以说,它陷入了一种永久性的昏迷状态。

但还是回到我们一开始所提出的问题。在过去几年内,很多人——基本上可以说是所有人——都注意到,因特网同样也很尴尬。很明显,常识、版权、操纵装置和因循守旧主义完全把网络给监控、垄断和过滤了。因特网就像九十年代新出现的复合电影院一样充满勃勃生机,没完没了地反复重播《星球大战:1》(*Star Wars: Episode1*, 1999)。因特网是被

---

[1] Jalal Toufic, *The Withdrawal of Tradition Past a Surpassing Catastrophe* (2009). http://www.jalaltoufic.com/downloads/Jalal_Toufic,_The_Withdrawal_of_Tradition_Past_a_Surpassing_Disaster.pdf(译者注:原文中标注为2009年即将出版,该书目前实际已出版。)

叙利亚的狙击手、巴基斯坦的无人机，或者土耳其的催泪瓦斯手榴弹给射中了吗？它是头上中了一枪，待在塞得港的一家医院吗？它要从信息控制中心破窗而跳，以求自杀吗？但是在这种结构中没有窗户。也没有墙壁。因特网没有死亡。因特网是不死的，它无处不在。

我是一个 Minecraft[1] 红石电脑

那么，因特网转移到线下，这到底意味着什么呢？它穿过屏幕，极大地增加了展示，越过网络和电缆，从而立即失去生命力，并且无可避免。我们可以设想，去关闭所有的上网渠道，停止所有用户活动。我们可能会断掉电源，但这并不意味着我们就得以脱身了。因特网将线下作为一种生活方式，一种监控、生产与组织的形式——这种形式表现为强烈的窥阴癖，同时还伴随着最大化的不透明性。我们可以想象，在互联网上，所有的事物都毫无道理地彼此"相似"，由此强化了一些准垄断组织的统治。想象这样一个世界，私人的知识由信用等级机构巡查并捍卫；这个世界处于最大化的控制状态之下，同时还伴随着一种强大的因循守旧主义；在这个世界里，智能化汽车购买食品杂货，直到地狱火导弹朝地面袭击而来。警察来

---

[1] Minecraft（中文译为《我的世界》）是一款沙盒游戏，最初由瑞典游戏设计师马库斯·阿列克谢·泊松单独开发，随后由 2009 年成立的瑞典公司 Mojang 开发并发行。——译者注

敲你的门,因为你的一次下载——他们先是在 YouTube 或者 CCTV 上"确认"你的身份,然后逮捕你。因为你传播一种由公共经费赞助的知识,他们威胁要把你投入监狱?或者乞求你,让你卸掉 Twitter,以阻止一场叛乱和暴动?跟他们握手,并邀请他们进到家里吧。他们是今天 4D 时代的因特网。

这种因特网无所不在的状况并不是一个界面,而是一种氛围。更老一点的媒介,以及影像化的人、影像化的结构和影像对象,都内嵌于网络内容之中。网络空间本身就是一种媒介,或者不管人们对其怎么称呼,它是一种媒介的杂乱状态,是媒介消亡后的状态。它是一种生存(与死亡)的形式,将之前所有形式的媒介都囊括在内,并对其进行扬弃、存档。在这一流动的媒体空间之中,影像和声音在不同的主体和载体上发生了改变,在此过程中出现了越来越多的技术问题和碰撞。并且,影像和声音不仅仅是从形式上跨越了屏幕,功能上同样如此。[1] 电脑的使用和电脑之间的连通性渗透于物质之中,并将物质作为计算机演算规则系统预算的原材料,同时也潜在地将其作为构建另一种网络的基础材料。正如 Minecraft 红石电脑能够运用虚拟的矿物质进行计算机操作[2],有生命的和无生命的物质也越来越多地与云性能融为一体,由此将这个世界慢慢地转换为一种多层次的电脑主板。[3]

---

[1] Metahaven, "The Cloud, the State, and the Stack: Metahaven in Conversation with Benjamin Bratton",(未标注日期)Accessed March 2014, http://mthvn.tumblr.com/post/38098461078/thecloudthestateandthestack
[2] 感谢乔什·克罗(Josh Crowe)让我关注到这一点。
[3] Metahaven, "The Cloud, the State, and the Stack".

但是网络空间同时也是一个具有极大流动性的领域,总是伴随着即将到来的暴风雨和不稳定的氛围。这个领域充斥着太多复杂性,已经陷于混乱失控状态,出现了很奇怪的反馈回路。人类部分要为这种状况负责,但是人也只能在部分程度上控制它,他们在乎的只是运动、能量、节奏和并发症。这种网络空间的主体是那些旧时的浪人(rōnin),没有主人的流浪武士——如同他们曾被恰当地称为波形男女(wave men and women)——他们是稍纵即逝的图像世界中的漂泊一族,是暗网"泡沫澡"(dark net soap lands)[1]的实习生。我们曾经以为网络空间是一种管道系统,那么这种"海啸"是如何渗到我家的水槽中来的?这种计算机演算规则系统是如何把稻田变干涸的?有多少劳动者不顾一切地爬上这正在远处盘旋的险恶之云,靠着微薄的薪水维持生计,艰难地在迷雾中探索?这种迷雾随时都可能转化为一种沉浸式的艺术装置,也可能会变为示威游行,然后被高端的催泪瓦斯所溅湿。

后生产

但如果影像涌出屏幕,入侵主体和客体对象,那么其主要的后果就是如今的现实世界由大量的影像构成;或者不如

---

[1] Dark net 指代那些隔离于 APPANET(后演化为 Internet)的网络。Soap lands 直译为"肥皂乐园",亦可译为"泡泡澡"、"水生意",是日本的一项性服务。——译者注

说，包含了物、星丛，以及之前明显显现为图像的程序。这一后果是完全被忽略了的。而这样的后果就意味着，要是一个人搞不懂电影、摄影、3D建模、动画，或者其他或移动或静止的影像形式，那他/她就没法理解现实。世界充满了先前所有图像的碎片，还有那些编辑过的、PS（photoshop）过的，以及从垃圾邮件和剪报中胡乱拼凑出来的。现实本身是后期生产出来的，是经过改编的，情感则被呈现为一种后－效果（after-effect）。图像与世界，这两者之间并非隔着一道不可弥合的沟壑因而呈针锋相对之势，在很多情况下，它们其实是彼此对应的。[1] 然而，它们又绝非等同，彼此之间或许是有欠缺的，或许是过度的，总之是不均衡的。两者之间的差距、裂缝因此催生出推测与强烈的焦虑感。

在这种情况下，生产变成后生产，意味着对这个世界的理解要借助于后生产的手段来进行，这些手段同时还改变了世界。后生产的手段，包括编辑、色彩校正、过滤、剪辑，等等，其目的并不在于要达到再现。它们已经成为创作的手段，不仅仅是创作图像，同时还随之创造了世界。其中一个原因可能是：因为数码技术大量催生了各种类型的图像，我们眼前突然出现了太多的世界。用博尔赫斯那则著名的寓言来说，地图不仅仅等同于世界，迄今为止，它其实已经超越

---

[1] Oliver Laric, "Versions", 2012, Accessed March 2014. http://oliverlaric.com/vvversions.html

了世界。[1] 大量的图像充斥在世界的表层——很多是由航空成像产生的——呈现出一大堆不同的分层，令人晕头转向。地图在有形的版图上爆炸了，后者愈发呈碎片化状态；与此同时，地图还与这有形的版图维持关系并深陷其中，举一个例子来说，谷歌地图制作的图像引发了近距离的军事冲突。[2]

尽管博尔赫斯打赌说，地图有可能会消亡，但鲍德里亚的推断却恰恰相反，后者认为是现实在趋于瓦解。[3] 事实上，地图与现实彼此都在使对方增殖，并搅乱对方：在手持设备上，在检查站，以及在对彼此的编辑指令之间。地图与领土相互连接，触摸板上的笔触变成主题公园，或者种族隔离建筑。反恐特警组（SWAT）巡查亚马逊的购物车时，图像的分层是像地质层次一样受困被卡的。关键是，没人能应对这些。对这种普遍性的、令人筋疲力尽的混乱状况，需要进行实时编辑，包括过滤、扫描、分类、排序、筛选，将其编辑成众多的维基百科版本，编辑成一种分层的、力比多的、数理逻辑的、不平衡的地形学。

---

[1] Jorge Luis Borges, "On Exactitude in Science", in *Collected Fictions*, trans. Andrew Hurley, NewYork: Penguin, 1999, p. 75-82. 以下即豪尔赫·路易斯·博尔赫斯在短篇小说《关于科学的精确性》中的一段话："在那个帝国里，绘图员的技艺达到如此完美的地步，以至于一个省的地图覆盖了一个城市的空间，而帝国的全图则覆盖了整个省。随着时光流逝，这些巨幅地图被发现莫名其妙地有欠缺了，于是，绘图师公会发展出了一幅与帝国疆土大小一样的帝国地图，且该地图与疆土是点对点地重合。对地图学并不那么热衷的后人认为那么巨大的地图没有什么用处，于是就不无残忍地让那地图任由日晒风吹。在西部沙漠，至今还保留有那已经变成野兽和乞丐巢穴的地图残片，那是在全国唯一可以见到的'地图绘制法'的遗迹。苏亚雷斯·米兰达，《有识之士游记》，第四卷第四十五章，《莱里达》，1658。"
[2] L. Arlas, "Verbal spat between Costa Rica, Nicaragua continues", *Tico Times*, Sept. 20, 2013. 感谢凯万·简森（Kevan Jenson）对我提及这一现象。
[3] 让·鲍德里亚:《拟像与拟真》, in *Jean Baudrillard:Selected Writings*, ed. Mark Poster, Stanford: Stanford University Press, 1988, p. 166-184.

这就为影像制作赋予了新的角色，相应地，制作影像的人在角色上也有了新的变化。影像制作者现在直接面对一个由图像组成的世界，而且其处理速度较之以往大大加快了。但是影像制作与流通传播搅和在一起，以至于无法对二者进行区分。因为网上购物、垄断寡头收藏、不动产品牌推广和监视体系、工厂／工作室／微博客（tumblr）之间变得模糊了。今天的工作场所可能会变成一种缺乏控制的计算机演算规则系统，霸占你的硬盘、眼球和梦想。而明天，你很可能会一路狂跳迪斯科，直至精神错乱。

随着网络渗透到不同的维度，图像生产超出了专业领域的范围。在群体创造力大爆发的这样一个时代，图像生产已然成为大众化的后生产。今天，几乎每一个人都成了艺术家。我们自我推销、网络钓鱼、发送垃圾邮件、强迫性地点赞，或居高临下地说教。我们在 Twitch 上玩游戏，在 Twitter 上发微博，我们祝酒，像是一种独自表演的关系艺术，热衷于双核处理和智能手机统一费率。如今，图像流通在轨道上采用很小的像素，通过一种战略性的分享方式得以实现，其分享内容是古怪的、新部落主义的，而且大多数都是关乎美国的。那些意想不到的物品，名人之猫的照片，以及一大堆我们看不到的匿名图像，它们大量地出现，并通过人的身体借助 Wi-Fi 进行传输。或许人们会把这样的结果视为一种新的、重要的民间艺术形式——也即是说，我们可能要彻底地修订我们对民间以及艺术的定义。使用表情符号这样一种新的讲故事的方式，以及通过推特发送的强奸威胁，它们既创造又破坏了共同体——因为关注度不足,这些共同体本来就是松散维系的。

流通主义(Circulationism)

但是以上所说的这些都并不像其表面上看起来那么新鲜。二十世纪苏联的先锋艺术家提出过一种"生产主义"(productivism),主张艺术应该进入生产和工厂。这种"生产主义"倾向如今可以替换为流通主义了。流通主义并不是指一种制作影像的艺术,而是对影像进行后期生产和制作的艺术,它要对影像进行发布,并让其加速流通。流通主义关系到由跨越社交网络的这些影像所构建的公共关系,关系到广告与异化,同时也关系到一种尽可能空洞和缺乏内容的状态。

但是,还记得生产主义者马雅可夫斯基(Mayakovsky)、罗德琴科(Rodchenko)为新经济政策(NEP)的糖果做过宣传吗?这代表着共产主义者热切地拥抱商品拜物教吗?[1] 至

---

[1] Christina Kiaer,"'Into Production!': The Socialist Objects of Russian Constructivism", *Transversal*, Sept, 2010. 马雅可夫斯基的广告节目直接针对苏维埃的工人阶级消费者,而且不带丝毫反讽;比如说,有这么一则广告,乃是为Mossel's prom(即莫斯科农工产品加工企业联合会)这一国家农业信托机构的产品所作。其广告词是这样写的:"食用油。工人阶级们注意啦。比黄油便宜三倍!比其他油都要营养健康!别无他家,仅在Mossel's prom。"毫不奇怪,结构主义广告会拥护布尔什维克的商业语言,而反对新经济政策的商业语言。然而,结构主义广告商业(Reklam-Konstruktoradvertising)的局面却更加复杂。它们的很多商业图像都不采用这种直接体现阶级差异和实用需求的语言,以提出社会主义对象的理论。与布里克认为在这种工作中他们只是在"等待时机"相反,我认为他们的广告乃是以一种理论般的严谨姿态,试图解决十月革命前的历史、实行新经济政策的现在以及未来社会主义者的"新生活"(novyi byt)三者所代表的物质文化之间的关系。他们所面对的问题源自波瑞斯·阿瓦托夫(Boris Arvatov)的理论,即革命发生后,由资本主义条件下的商品崇拜和市场经济所促成的个人幻想和欲望又会发生怎样的变化呢?

关重要的是,即使对其做彻底的改变,流通主义可能也要缩短现有的网络,规避和绕开企业的友谊和硬件的垄断。它可以成为一种重新编码的艺术,或者说通过曝光国家的窥视癖、资本的顺从和大规模的监控机制,来重新构建国家体制。当然,流通主义也可能像之前的生产主义一样走向歧路,也就是说,让自己与斯大林主义者狂热崇拜的生产力、加速度和英雄史诗的衰竭保持一致。历史上的生产主义——让我们接受现实吧——是完全无效的,而且一开始就被一种压倒一切的官僚监控机构/工作福利给完全打败了。情况很有可能是,流通主义——不是去重组流通,是最终只能成为因特网的装饰品。看起来,互联网愈发像是一个大型的购物中心,但是里面除了星巴克咖啡作为特许经营,别无他物,而且只有约瑟夫·斯大林本人亲自在咖啡店里经营。

流通主义会改变现实的硬件、软件,改变它的情感、驱动力和进程吗?在一个靠劳动崇拜而得以维系的独裁政权中,生产主义几乎没留下什么踪迹;那么,流通主义能改变眼下这样一种状况吗,也就是说,眼球、失眠和曝光是一种计算机演算规则的代理工厂?流通主义那些斯达汉诺夫式的工作者(Stakhanovites)[1]是在孟加拉的"类农场"中工作[2],还是在中国的监狱中开采虚拟的黄金,从而在数字输送带上大量

---

[1] 斯达汉诺夫是苏联的一个矿工,由于在增产运动中出众的勤劳而受到表彰和奖赏。
[2] Charles Arthur, "How low-paidworkers at 'click farms' create appearance of online popularity", *The Guardian*, Aug. 2, 2013.

炮制出全体的认同？[1]

开放的路径

在此，我们要谈到因特网转移到线下的最终影响。[2] 既然影像可以共享和流通，那其他任何事物，不也都可以共享和流通吗？既然数据跨越屏幕，那么其物质性的化身也就穿越了商店橱窗和其他外壳。既然版权能被规避并被质疑，那么为什么不能去规避和质疑私人财产呢？如果人们可以在Facebook上分享一家餐厅的饭菜图片，为什么不能分享真实的饭菜呢？为什么不能合理地使用空间、公园和游泳池？[3] 为什么只能要求开放访问JSTOR，而不是让麻省理工学院，或者就此而言，让其他任何学校、医院或大学都开放呢？为什

---

[1] Harry Sanderson, "Human Resolution", *Mute*, 2013, accessed March 2014, http://www.metamute.org/editorial/articles/human-resolution
[2] 至于白色立方体画廊中展示的那些由数据派生的雕塑，这一后果绝对不会受制于它们。
[3] "西班牙工人占领了一位公爵的庄园，将其变成了农场。"见Libcom.org, Aug. 24, 2012. "本周早些时候，在安达卢西亚，数百名农场失业工人冲破一处庄园的栅栏，宣称庄园归其所有。该庄园本属于赛格比公爵。自上个月以来，这是本地区近期所发生的一系列农场被占事件中的又一起占领行动。与其他被占领的农场相似，这些失业工人的目的是要创建一个公共的农业项目。鉴于本地区的失业率已经超出40%，工人此举意在为本地区注入新的活力。在向占领者们发表演说时，安达卢西亚工会成员迪亚哥·卡纳梅洛（Diego Canamero）说：'我们这样做是为了表达对一个社会阶级的谴责，他们竟然任凭这样的一个地方如此荒废。'赛格比公爵住在距此地60多英里之外的塞维利亚，因此奢华的花园、房子和游泳池都被弃置，无人管理。"

么数据云不应该像发生暴动的超市一样实现免费?[1]为什么不能将水、能量和唐培里侬香槟（Dom Pérignon Champagne）都变为开放性资源呢?

如果说流通主义有所指，那它就必须得转移到线下分配的世界，一个对资源、音乐、土地和灵感进行3D式传播的世界。为什么不从一种未死的因特网中慢慢退出来，去另外建立几个跟它毗邻的世界呢?

（本文首发于 *e-flux* 杂志，2013 年第 49 期。）

http://www.e-flux.com/journal/49/60004/too-much-world-is-the-internet-dead/

---

[1] 托马斯·J. 麦克拉克:《西班牙市长带领人民发动食物暴动》。
(Thomas J. Michalak, "Mayor in Spain leads food raids for the people", *Workers.org*, Aug. 25, 2012, accessed March 2014, http://www.workers.org/2012/08/24/mayor-in-spain-leadsfood-raids-for-the-people/)
"在马里纳莱达，这家位于安达卢西亚南部地区的西班牙小镇，市长胡安·曼努埃尔·桑切斯·戈迪略（Juan Manuel Sánchez Gordillo）对这个国家所爆发的经济危机和由此引发的饥饿做出了回应：他组织并带领镇上居民去袭击超市，以求获取必要的食物，存活下去。"

跨越屏幕：变革中的图像

黑特·史德耶尔 文　李夏　邵小凡 译

1989年左右，人们观察到一个奇特的现象：电视图像开始跨越屏幕，走进现实。它们打破了观看的第四道墙，在屏幕的这一边安身立命。

这样的场面发生在罗马尼亚，事件是齐奥塞斯库政权被暴力废黜。众所周知，当时反抗者们冲进了电视台，随后反抗者构建的播放图像不是记录或文献，反而起到了促进催化罗马尼亚革命的效果。随着政变的发生，这些图像变得真实起来——但却遭受损害和破坏，甚至被草草处置。[1] 很明显，自那以后，图像不是对既有事实的客观或主观的再现，也不仅仅是不可信任的表象，它们是能量和物质的节点，在不同的

---

[1] 参见罗马尼亚艺术评论家、理论家 Cătălin Gheorghe 的《历史的司法重写》（"The Juridical Rewriting of History"），来自 Trial/Proces, 第2—4页。http://www.arteiasi.ro/ita/publ/Vector_Cercetare CriticaIn Context-TRIAL.pdf

支撑物[1]中迁移，塑造并影响着人、景观、政治和社会系统。图像获得了一种不可思议的增殖、转化和激活的能力。[2]图像已经变得像垃圾空间、军事侵略、失败的整形手术一样真实。它们入侵城市，将空间转变为景观，将现实变为资产。图像在网络中传播，但又超出网络之外，它们收缩和扩张，它们步履蹒跚，它们争吵，它们哇哇乱叫。

但图像这种从屏幕到现实的转变导致了一场巨大的变革。在跨越屏幕的行程中，不存在不变的图像。通过物质化，图像被转译、挫伤、重构。它们改变了自己的愿景、环境和运转速度。一个美甲视频片段可以在Instagram上引起一场骚乱，一次上传可以延伸为一场骂战，一个动态的GIF图片可以像博物馆大厅一样具体化。

图像一旦变得真实，便遭到扭曲、毁坏、混合和重绘。它们迷失了目标，曲解了自己的目的，弄错了形状和颜色。它们跨越屏幕、跌落屏幕、淡出屏幕。每次转变都是向一种

---

[1] 这一想法来自于塞西·莫斯（Ceci Moss）和蒂姆·斯提尔（Tim Steer）为2012年的展览"Motion"所写的展览前言："处于运动中的事物表现为不同的点、关系和存在形式，但其本质始终不变。就像数字文件、盗版拷贝、图标、资本一样，运动中的事物不断地被复制和传播并且速度越来越快，它们不断地寻求能够维持其活动的各种各样的支持物，并与之不断进行交涉。由于事物在运动中使用着不同的空间和形式，为此事物也一直在重构自身。处于运动中的事物没有一个完全自主的特殊的存在方式，只有在由节点和流通渠道组成的网络之中，它才会被激活。它是一个不断扩展的对象，它持续地流通、组合、散布着，这既是一种分布式过程，也可以理解为一个独立的事件。若要阻止处在运动中的事物，则意味着打破事物复制和传播的整个过程、基础结构和链条。"全文见 http://www.seventeengallery.com/exihibitions/motion-ceci-moss-tim-ste er/.
[2] 参见德国艺术家、理论家Peter Weibel的文章"Medienals Maske : Videokratie"，选自 *von der Bürokra tie zur Telekrate: Rumänienim Fernsehen* 一书，keikoSei编，柏林梅尔韦出版社1990年版，第134页。

新的物质形态迈出的大胆步伐。[1]

变革

但为什么是 1989 年？图像的现实化与这一时期的政治剧变有何关系？也许"跨越屏幕"的行程从字面而言等同于一个被称为"变革"（transition）的政治现象。"变革"这个政治理论术语首先是由拉丁美洲的政治局势所创造，随后又被运用于东欧语境。这个概念描述了一个目的论过程，这个目的论过程指后发国家试图实现民主与自由市场经济的一种不可能性。[2]

变革意味着后发国家一个连续变化的过程，他们在理论上使自己最终看起来像任何一个完美的西方国家的理想自我。因此，整个地区都受到了彻底的改造。但预期的美女也可能变成野兽。实际上，变革也意味着失控的侵占以及大幅下降的平均寿命。在变革中，新自由主义明亮的未来跨越了银幕来到现实，带来的却是医疗保健的匮乏与个人破产。

但重点不只是变革导致了衰退。更重要的事实是，自此

---

[1] 这主要是针对那些脱离了常规的传播交易路径的图像来说的，例如，戴维·约瑟夫特认为，图像被保护起来了，事实上这种保护是来自版权所有者、编辑、史学工作者和公证人员的一场骗局，这种保护强行阻止了自然发生的图像变革。这同样显示在亚伦·斯沃兹的案例中，亚伦·斯沃兹帮助人们免费获取由公共基金资助研究所得的成果，却受到了联邦当局的恐吓。详见戴维·约瑟夫特的《艺术之后》，普林斯顿大学出版社，2009 年版。
[2] 参见鲍里斯·巴登：《后共产主义的孩子们》，载《激进哲学》第 159 期（2010 年 1、2 月刊），第 18 至 25 页。

现实充满了图像。图像跨越屏幕进入现实，便无处不在，它们化为物品、人物、基础设施与风景。现实不均匀地被电视、广告淹没，接着，逐渐地在网络上勾连起来。

这种发展导致了一个重要的后果：现在，现实在很大程度上由图像组成；或者更确切说是由原先明显相当于图像的事物、星座和过程组成。这意味着一个人要是不了解电影、摄影、3D模型或印刷，抑或其他动态或静态形式的图像，就无法理解现实。这个世界充满了原始图像的碎片，以及随后从垃圾邮件和废弃材料中拼凑起来的剪辑过、处理过的图像。现实是由后期制成、改编而成的图像组成，而后产生效果渲染影响。现在我们生活在图像的来世，它们的别名有：点云、马克杯打印、JPEG、图像整合。

伪装

让我们来看一个例子：当代军事伪装。伪装是与周围环境融合的艺术。现在，如果士兵大规模地伪装成数字像素，这意味着在某种程度上，士兵周围的世界就是由他们组成的。他们成为像素之间的像素，从而揭示了像素化的普遍已远远超越屏幕和显示器。

根据互联网知识可知，丛林数码迷彩（美国海军陆战队使用的最成功的数码图案），被众包给了一帮狙击手。这帮狙击手先请了一位平面设计师创作一种白色的电视雪花图案，接下来他们浏览了一家五金店油漆色板，然后挑选了拉尔夫·劳伦（美国时装品牌）的一款被称为"土狼棕"样本色。这种数码迷彩图案的基础素材便由充满彩色像素的电视雪花构成。一个空信号飘过屏幕，就像电视机的雪花屏幕覆盖了全世界。任何想从此时开始适应这个世界的人，都必须理解这个新媒介地质层。

但不仅仅是空信号越过屏幕，完整的图像也从屏幕上滚落。人工岛屿看起来像转基因植物，牙医诊所像汽车系列商业电影。被气笔修整过的颧骨就如整个城市假装成 YouTube 上的 CAD（计算机辅助设计绘图软件）教程。艺术作品像充气膨胀的降落伞一样，通过电子邮件被传送和呈现。巨量的云端存储如沙漠地区的天际线一样大量降下。图像与现实融合在一起，而现实已经深深地嵌入电影及各种各样的后效果之中。

超越媒体

但如果电影的碎片散落于街道上，便意味着它至少部分地离开了影院。后电影工业的状况意味着大片和多厅影院对电影生产的严重破坏。主流电影院长期以来一直是兜售特许经营产品、在审查过的多厅影院上映长篇的未来 PS 游戏版本的平台，是托马斯·埃尔塞瑟（Thomas Elsaesser）所称用来制造军事—工业—娱乐复合体的工具。而在今天，电影首先是一揽子的刺激计划：购买新电视、家用投影仪和配备 Retina

（视网膜显示屏）屏幕的 iPad。毫不奇怪，已被强行破坏、商业化、版权化的图像企图逃避，即使这意味着它的归宿是 iPhone 上的三分钟短视频。

那么互联网又是怎样一番景象呢？人们越来越意识到图像的流动和企业化可能同样适用于网络环境，甚至表现得更为强烈，因为监视和军事化的因素更为广泛。后互联网环境是一种过程、一次转移、一次持久的变革。更普遍的意义上，它道出了数据、声音和图像超越网络，转变为另一种不同的物质状态。一种数据、声音和图像的推动力，超越信息渠道的边界并物质化地显现出来。如此，它们便具体化为骚乱或对象，具体化为镜头光晕、高耸的建筑或像素化的坦克。

随着越来越多的数字图像流出到网络以外，表现为图像—对象或图像—情境，有人可能会问：互联网是否结束了？

都结束了。互联网越过屏幕，使显示器成倍增加，超越了网络和电缆，便马上变得充满惰性和不可避免。人们可以想象停下任何在线访问或用户操作。我们可以拔掉电源，但这并不意味着我们和互联网没有任何关系了。互联网在"离线"状态还会继续存在，并作为一种生活和组织的模式渗透进所有的社会关系。一种加强的窥视和最大化的不透明度结合在一起。可以想象，互联网上那些无意义的相互点赞，加强了准垄断式的统治。一个被评级机构巡查和捍卫着的知识私有化的世界。一个极度严制又极度因循守旧的世界，在这个世界里，直到"地狱火"（Hellfire）导弹猛然坠落，摧毁一切，智能汽车才如食品杂货铺一样。看：互联网在一定程度上早已越过屏幕,进入了现实。警察因为你的一次下载敲响你的门?在YouTube上或CCTV上"认出"你,接下来要逮捕你?因为你传播公共资助的知识而威胁要拘留你?发布你的元数据的面部照片?关闭部分网站来阻止一次紧急事件?和他们握手,它们就是互联网变成现实的证据。

聚合状态

但是如果二维图像已遭到扭曲并穿越了屏幕,那么只要看看当代的数据集就够了。因果关系由于其自身产生的副作用而几乎失去了作用。持久变革的范围是流动资金、财务算法的领域,也是即将到来的暴雨和不稳定气候。这是复杂的领域、失控的旋转、奇怪的反馈循环。这个领域一定程度上是由人类创造的但不受人类控制了,除了运动、能量、节奏和混乱,它对其他任何事物都没有兴趣。这是古老浪人的空间,这些无主的武士被自由作家恰当地称为浪潮男女;他们是转瞬即逝的图像世界里的漂浮者,是黑暗的网络风俗店中的俘虏。我们把图像世界看作一个管道系统,那么这场图像变革的海啸怎么渗透进我的水槽里?这个算法是如何让我的稻田枯竭?还有那些在远处盘旋的阴云——如今有多少工人正在竭尽全力地向上挣扎,艰难地谋生,摸索着穿越一片迷雾,这片迷雾随时都可能变成一种浸入式的艺术装置。

突然,我们发现自己身处一个另外的维度。全面发展的后互联网状况不是一个二维界面,而是一种(运行)环境。它是一个三维或四维空间,其中嵌入了前媒介以及图像化人物、图像化结构和图像化对象。网络空间本身就是一种媒介,或者是任何一种今天称为混杂的媒介的死后状态。网络空间是一种生存(和死亡)的形式,它包含、扬弃并存档了过去所有的媒介形式。在这流动的媒体空间中,图像和声音在不同的身体和载体上变换穿梭,在途中获得越来越多的毛病和损害。

物体解放的请求

但如果图像从数据空间和物质悄悄消逝会是什么情况?与其说是学者问,不如说是设计师在问,我们如何能干预图像的传播呢?

还记得数据、声音和图像自由移动的需求吗?记得知识和信息共享和传递、知识和信息不受"付费墙"和知识产权束缚的需求吗?

那么,如果给传播自由增加了第三个和第四个维度,会怎么样呢?让我们将其应用于图像—对象和图像—情境中。让我们要求图像的传播比以往的信息流动更加自由吧!让我们共享它们吧!不仅要废除版权,而且要废除私有产权,来实现一切事物的自由流通,实现一切人的自由流动。

如果物体能够获得自由,那么环境、事件、公共空间、社会服务、教育也同样可以获得自由。团体化的学术界是一个四维封闭体,是被一道有形的收费墙圈起来的重要资产,在这里信息被分级化和空间化。呼吁信息自由传播,意味着应该将之应用到当下每一个可能的线下情景中。

但最重要的是,信息的自由传播意味着将我们的社会关系从网络控制和监视的掌控中解放出来,从而实现三维的社会网络。[1]

---

[1] 这个所谓的变革,指过去这一时期的主导性的政治构想,也可以指图像穿越屏幕的变革:从图像到身体、从再现到反应、从观念到商品、从二维到三维的转变。

地球的垃圾邮件：从再现中抽身

黑特·史德耶尔 文　张涵露 译

无线电波的浓云每秒都在离开我们的星球。我们发出的邮件、快照、亲密的抑或官方的沟通、电视直播、短消息，正盘旋着从地球向外漂移，形成一个聚集着我们时代欲望与恐惧的建筑结构。[1] 在数十万年后，地球之外的某种智能生物将一头雾水地筛检我们的无线传播。想象那些生物看到具体内容时的迷茫表情——我们传送到太空深处的所有图像中绝大多数都难免是垃圾。任何人类学家、鉴定家或历史学家，无论是来自这个世界还是别处，都会把这些垃圾信息视作对人类最贴切的还原，我们时代和我们自己的逼真肖像。如果用数码碎片来试图重构人类的模样，得到的，很有可能是一张垃圾图片。

垃圾图片（image spam）是数码世界中的几大暗物质之

---

[1] Douglas Phillips, "Can Desire Go On Without a Body?" in *The Spam Book: On Viruses, Porn, and Other Anomolies from the Dark Side of Digital Culture*, eds. Jussi Parikka and Tony D. Sampson, Creskill, N.J.: Hampton Press, 2009, 199f.

褶 子

一;它看起来就是个图片文件,得以逃过了过滤器的侦查。这类图像数量惊人,在地球上空漂浮游走,奋力抢夺着人的注意力。[1] 它们为药物、山寨品、整容、廉价股、学位等打着广告。在这些垃圾图片上,人类穿着性感,拿着学位证书,露出牙齿矫正后的笑容。

垃圾图片是我们给未来的一封信。和标注着一男一女的现代主义空间胶囊(典型的"人类"一家)不同,在当代,作为人类代表被派送到太空的肯定是一张垃圾图片,上面是一个增强版广告假人。[2] 宇宙将会这样看我们;宇宙很可能已经在这样看我们了。

从绝对数量上来说,垃圾图片目前已经超过了地球的人口,它甚至已经成为"沉默的大多数"。然而是什么的大多数呢?这些日益加速的广告中描绘的人到底是谁?这些人的图像将如何向外星的接收者诉说着我们当代的人类性?

从垃圾图片的角度来看,人是有进步空间的,或者用黑格尔的话来说,是可以更完美的(perfectible)。他们可以更"无暇",这个语境下的"无暇"意味着性欲高涨,极瘦,拿

---

[1] 据统计,每天发出的垃圾邮件总数是 2500 亿封(2010 年)。每天发出的垃圾图片数量每年都非常不同,在 2007 年,所有垃圾邮件中的 35% 都是垃圾图片,占到了通讯频带的 70%。《伦敦旗帜晚报》写道:"垃圾图片可以导致整个因特网瘫痪。"(见:http://http//www.thisislondon.co.uk/news/article-23381164-image-spam-could-bring-the-internet-to-a-standstill.do)这篇文章中的垃圾图片配图来自 Mathew Nisbet 的珍贵资源"垃圾图片"(http://www.symantec.com/connect/blogs/image-spam),为了防止误解,大多数垃圾图片上面是文字,不是图像。
[2] 这与 1972 和 1973 年发射"先锋"号太空舱上的金色纪念牌是一样道理,牌子上画了一男一女的身体,都是白人,而且女人的生殖器被忽略了。由于批评指出人裸体的程度有问题,后来纪念牌上的人就只有个轮廓。太空舱将讯息传达给潜在的外星人所需的时间至少得四万年。

着可以抵抗经济衰退的学位证书，手上戴着使他们上班从不迟到的冒牌手表。这是当代的人类一家：男男女女，靠山寨抗抑郁药度日，他们身上的部位都是整容而来。他们是超级资本主义（hypercapitalism）的梦之队。

然而我们真的长这样吗？不。垃圾图片可能会向我们展示"理想的"人类，但并非用真人示范；恰恰相反，垃圾图片中的模特们是经过图像处理后的复制品，变化大得不真实。一支由数码增强版生物组成的储备军，他们似某种具有神秘武术的小恶魔小天使，诱惑着，推搡着，将人绑架到肮脏的消费狂喜之中。

垃圾图片针对的是那些长得和广告不一样的人群：他们既不瘦，也没有可以抵抗经济衰退的学位证书。从新自由主义角度来看，他们的有机身体上没有任何可以被称为完美的地方。这些人可能每天打开收件箱，等待一个奇迹，等待长年累月的危机与辛劳之后的彩虹。垃圾图片正是针对着这些人类中的大多数，然而图片上面显示的却不是他们。尽管那些人如垃圾一样多余，可有可无，但垃圾图片并不为他们说话，它只对他们说话。

事实上，垃圾图片中的人类形象和现实中的人类形象没有一点关系。相反，它精确地表现了人类所不具有的特点。它是"负图像"（negative image）。

褶　子

效仿与着迷

为什么会造成这种情形？有一个显而易见的原因，我在这里只简单带过：因为图像总是催生效仿欲，使人想要成为其中所刻画的形象。在这种观点中，霸权主义渗透在我们日常文化中的方方面面，并通过琐碎的图片来散播其价值观。[1] 如此，垃圾图片则可被解读为身体生产的营销工具，并最终创造出一种介于厌食症、激素过量，以及个人破产之间的文化。其实这种观点是比较传统的文化研究，它视垃圾图片为强制说服和潜伏引诱的手段，最终使人同时屈服于两者，并沉迷于健忘的愉悦中。[2]

如果说垃圾图片不仅仅是简单的意识形态手段和教化工具会怎么样？如果说真实的人——不完美的、性欲正常的人——并未因为先天不足就不站在这些垃圾广告一边，而是选择完全遗弃这种塑造，会发生什么？如果垃圾图片因此成了一种广泛的拒绝，一种人类集体从再现（representation）中撤离的行为，那怎么办？

这是什么意思呢？我已经注意到这个现象有一段时间了，人们开始努力避开摄影或移动影像的拍摄，默默地与一切镜头保持距离。不管是带门禁的高档小区，还是精英 techno 夜店；不管是明星拒绝采访，希腊无政府主义者们砸碎相

---

[1] 这是对早期文化研究中经典的葛兰西学派非常简略的快进式概述。
[2] 它更有可能被分析为是部分由于自我击败，于是做出相反举动。

机，还是抢劫犯毁坏液晶电视，人们既是主动，也是被动地回绝被持续监视、录像、辨认、拍照、扫描、录音……在如今这个媒体渗透得无孔不入的时代，图像再现更像是一种威胁——虽然在从前它一直被视作为一种政治特权。[1]

很多因素造成了这个现实。那些麻痹人的垃圾谈话节目和游戏真人秀使得电视不可避免地成为一个聚集并娱乐底层阶级的媒介。电视里的角色被暴力地化上妆，等待他们的还有无数颇具攻击性的煎熬、坦白、质问，以及审视。早晨的电视节目简直是现代版的酷刑室，不仅有折磨，还看得到施刑者的罪恶快感，以及观众，很多时候还有受刑者自己。

另外，人们也逐渐从主流媒体中淡出，从有生命危险的紧急情况、极端状况、自然灾害、人祸或者战争的报道中，从全球各地冲突地带的网络视频直播中淡出。如果他们不是被困在自然或人为的灾祸之中无法动弹了，他们的躯体都似乎正在消减——正如厌食症审美标准所暗示的那样。人们要么看起来无比憔悴，要么体型缩小了。很显然，节食就是经济衰退的转喻，他们都成了永恒的现实，造成了巨量的物质损失。这种衰退同时伴随着知识退化，反智在绝大多数主流媒体中几乎成了信条。智力本无法因为人挨饿就溶解了，然而对智力的嘲讽和敌对则成功将它从主流刻画中驱逐。

企业对人的塑造是一个例外，要进入这个区域非常危险：你可能得忍受讥讽、嘲笑，经历考验、压力，甚至饥饿或死

---

[1] 这个观点在全世界不同地区适用度不同。

亡。与其说是在表现人，它更像是在表现人的消失。但话说回来，既然主流媒体对我们进行无情的攻击和侵略，现实中也差不多，那么人为什么不消失呢？[1]谁能忍受猛击而不想逃出这种视觉威胁及持续曝光呢？

除此之外，社交网络和手机相机制造了一个群众互相监视的区域，并加入到城市中无处不在的控制网络，比如CCTV、手机GPS定位，以及人脸识别软件。除了体制监视以外，人们如今也习惯性地互相监视对方，他们每个人拍下无数张照片，并在同一时间发布。与这种横向再现（horizontal representation）有关的社交控制已经非常具有影响力。雇主会搜索应聘者的名声；社交媒体和博客成了羞耻和恶意中伤的殿堂。来自广告和企业媒介的由上而下的文化霸权，如今被从上到下的互相自我控制和图像自我约束的机制所取代，而后者更难摆脱。这同时也意味着自我生产中的模式转化。霸权逐渐被内化，人们不得不服从，不得不表演，于是，再现和被再现也成为压力。

沃霍尔那关于每个人都可以成名十五分钟的预言早就成真。如今，我们的愿望正好相反：如果可以隐形，哪怕只是十五分钟都行，哪怕只是十五秒都好。我们踏入了全民狗仔的时代，偷窥狂和展示癖的时代。相机闪光灯的照耀使人们成为受害者，抑或是名人，其实两者都是。当我们在收银机、

---

[1] 九十年代时，前南斯拉夫人经常说，二战时的反法西斯口号现在被彻底颠倒过来了："把死亡给法西斯主义，把自由给人民。"现在被所有立场的民族主义者变成了"把死亡给人民，把自由给法西斯主义"。

取款机前注册的时候,当我们的相机将我们最细微的动作和快照标上了 GPS 定位的时候,我们并没有被这些机器娱乐至死,而是被再现五马分尸。[1]

出走

这就是为什么很多人现在远离视觉再现。他们的直觉(以及智力)告诉他们,摄影和录像都是危险的介质,它们难以捕捉到时间、情感、生产力,以及主体性。它们可能监禁你,或使你永久惭愧;它们可能使你陷入硬件的圈套、格式转化的难题;更重要的是,一旦这些图像被上传到网络,它们永远也删除不掉了。你有裸照吗?恭喜你——你已不朽。这张照片将比你和你的后代更长命,比木乃伊牢固,它正遨游在宇宙深处,期待着跟外星人打个照面。

对相机的古老的恐惧在数码世界重获生命。只是如今,相机不会带走你的灵魂(数码世界的公民会在这里用 iPhone 代替),而是会榨干你的生命。它们一刻不停地使你消失,萎缩,或者让你浑身赤裸,等待一场牙齿整形手术。事实上,认为相机是再现的工具其实是一场误会,它们现在是消失的

---

[1] 见 Brian Massumi, *Parables for the Virtual*, Durham, NC: Duke University Press, 2002.

工具。[1]人们被拍下得越多，在现实中剩下的就越少。

回到我之前举过的垃圾图片例子——它是它所包含之物的负图像，这话怎么说？并不是像传统文化研究所秉持的那样——因为意识形态将效仿欲强加给人，所以人们才会为了达到无法达到的高效、魅力，以及苗条的标准，而屈从于他们的压迫者和指正者。不是这样的。让我们勇敢地假设：垃圾图片之所以是它所包含之物的负图像，那是因为人们同时在做出行动，积极远离这种再现，只留下增强版的、通过了挤压测试的假人。于是，图像垃圾成为一种自发的记录，记录下微妙的抗议，以及人们从摄影和录像再现中出走。它见证了一次几乎察觉不出的大迁移，人们从一种太过极端以至于无法自持的权力关系中离去。与其说垃圾图片是一种霸权的见证，不如说是人们抵抗纪念碑，他们抵抗自己被表现成图片中那样；他们正在抛弃一种被固定了框架的再现。

政治和文化再现

这个状况粉碎了许多关于政治和图像再现之间关系的教条式传闻。我这一代人一直以来都以为再现是政治和美学的主要战线，文化是探索渗透于日常环境下的"软"政治所瞄

---

[1] 我记得我以前的老师维姆·文德斯（Wim Wenders）对拍摄即将消失之事的行为有过详细的论述。然而事物在被拍下之后（或正因为被拍下了）更容易消失。

准的热门领域。文化领域中的变革也被赋予了重审政治境况的期待。再现这个充满细微差别的领域似乎可以带来政治和经济上的平等。

然而慢慢地,我们意识到:两者之间的联系比我们期待的要弱,而商品和权利之间的割裂,以及不同感官之间的割裂,都没法互相平行存在。阿芮埃拉·阿祖雷(Ariella Azoulay)关于摄影作为公民契约(civil contract)之一种的论述为我们提供了丰富的背景材料。如果摄影是一则参与其中的人的公民契约,那么今天我们从再现中撤退就是对社会公约的违背:其中一方原本认为会获得参与感,但得到的却是流言蜚语、监视、证据、连环自恋狂,以及偶尔的叛乱。[1]

当视觉再现达到饱和,并被数码技术推广,对人民的政治再现则陷入了深深的危机之中,陷入了经济利益的阴影之下。当每一种少数族裔都被默认为潜在消费者,并且或多或少被视觉再现,而人们在社会和经济领域中的参与度却变得越发不均的时候,当代视觉再现的社会契约仿佛二十世纪初的旁氏骗局(Ponzi schemes),或者更加准确地说,仿佛人参与到游戏之中却无法预测结局。

如果这两者之间一定有联系的话,它也是不稳定的,因为在这个充满了系统性的投机买卖和去规范化的时代,符号和它们的指向之间的关系将更加摇摇欲坠。

---

[1] 我无法恰当地详述这个观点。最近脸书上的暴动对我们思考这件事或许有帮助,我们可以从它们是违背了令人无法忍受的社会契约这个角度去想,而不是想输入或保持契约。

投机买卖和去规范化不仅仅适用于金融化和私有化的趋势，它们还指涉日益松弛的公共信息准则。从前，新闻行业的专业标准关乎真相生产，而现在被媒体批量生产取代，也被谣言的克隆以及在维基百科讨论版上的煽风点火取代。投机买卖不仅是一种金融操作，也是符号和它的所指之间可能发生的状况：奇迹般的突兀生长，或者旋转，任何剩余的索引关系都断裂了。

视觉再现固然重要，但并非能完全与其他再现方式协调一致。图像和人之间现在有一种严峻的关系：一边是巨大数量的没有指涉的图像，另一边是缺乏再现的人。用更为戏剧化的话来说：越来越多漂浮不定的图像，对应着越来越多被剥夺权力的、隐形的，以及逐渐消失和彻底失踪的人。[1]

再现的危机

这便造成了一种非常棘手的状况，我们与过去看待图像的方式不同了。过去我们以为任何东西的图像都或多或少是公共视野中某个人或某件事物的精确再现，但是在充满无法

---

[1] 数码革命时代恰好和一些国家出现的大规模屠杀和灭绝同期，包括前南斯拉夫、卢旺达、车臣、阿尔及利亚、伊拉克、土耳其，以及危地马拉一些地区等等。在刚果民主共和国，1998年至2008年间共发生过二百五十万起战争死亡。很多研究者一致认为：刚果的冲突中，为IT行业寻找新的材料（比如钶钽铁矿）是主要因素。1990年以来在试图抵达欧洲的路上死亡的非法移民高达1.8万人。

再现之人和不可计数之图的时代,过去那种观点彻底更改了。

垃圾图片是当下世界的一个有趣的症状,因为在大多数情况下,它是一种看不见的再现。

垃圾图片无尽地循环流通,但几乎没有人见过它。它被机器创造出,由机器人传送,最终被垃圾过滤器捕获。慢慢地,它和反移民墙、栅栏、路障一样无效。从某种意义上来说,垃圾图片塑造的假人始终没有被看见。它们被当作数码糟粕,并最终沦至和它们所吸引的低保真人群同样的糟糕地步。这也就是垃圾图片人和任何其他再现假人不同的地方,后者栖居在可见的世界以及高端的再现中。垃圾图片中的生物却被当作无家可归的数据对待,它们的确也像是背后江湖骗子的化身。如果让·热内(Jean Genet)还活着,他一定会高歌赞美垃圾图片上这些迷人的暴徒、魔术师、妓女、假牙医……

它们依旧不是人类的再现,因为无论如何,人类不是再现。它们是事件,或许某天会发生,或许更晚,在那毫无防护的眼睛眨下的那一瞬间。

但至少在现在,人们可能已经领教了,并接受了在视觉再现中只能以负形式出现这一事实。这种负面在任何情况下都无法成立,因为魔法只会确保一件事,就是你将会见到的正面的一切都不过是民粹主义替代品、披着狼皮的羊,抑或是通过了挤压测试的假人,它们正试图争取自己的合法性。图片上的人被代表为一个国家,或者一种文化,不过是意识形态的压缩典型。垃圾图片是人民的真实化身,一个与原像毫无关系的负图像?一个只能再现出人类所不是的图像?

当人们越来越频繁地成为图像的制造者——而非图像的对象或主题时,他们同时也便越来越意识到:只有在共同制造一张图像,而非共同为一张图像所再现时,他们才是真正的人民。图片是行动和热情的共享土壤,是事物与其变量的交通区域。当图像的生产变为批量生产时,它将逐渐成为公共事务,或者公共事物(public things);抑或者——用绝佳的垃圾语言来说——私处事物(pubic things)。[1]

这并不意味着图片里展示的是谁、是什么就不重要了,其中的关系远不止单向指涉这么简单。垃圾图片的基因组成并不是人类,如果是那样就好了。但事实是垃圾图片上的人往往会替代真实的人,并为他们顶下出风头的罪名。一方面,这些假人是当下经济状态的所有罪恶和美德的化身(更准确地说,罪恶作为美德的化身);另一方面,它们又通常是隐形的,因为几乎没人看它们。

其实,又有谁知道垃圾图片里的人在干吗呢?反正没人看他们。他们的公共形象或许只是一张伪装的小丑面具,只为我们继续不注意到他们。同时,他们也或许肩负着向外星人传达重要讯息的任务,我们最近似乎对外星人也不太感兴趣了,因为它们被排除在混乱的"社会契约"之外,也被排除在除去晨间电视节目的任何参与形式之外;它们是地球的

---

[1] 这个用语来自一张盗版DVD碟《火线》(1993)的封面,上面说:严禁在阴处场所放映这张影碟。(这里"私处"pubic和"公共"public只相差一个字母。——译者注)

垃圾邮件，是监控摄像和航空红外监视的明星。它们也许暂且与那些正在消失的和隐形的人共享一片王国，王国的臣民大多寄居在耻辱的沉默之中，而他们的亲戚每天都得在杀手前面低声下气。

垃圾图片人是双重间谍，他们同时居住在过度暴露的国度和隐形的国度。这大概是他们总是微笑却从来不说一句话的真正原因：他们谙知自己那僵硬的姿势和即将灭绝的面容其实在为真实的人作掩护，掩护他们尽快逃离历史，喘口气，再重新集合。"快走出屏幕，"他们悄悄地说，"我们会代替你们。从雷达范围离开，去做你们该做的事吧！"无论是哪种情况，垃圾邮件人都不会放弃我们，永远不会。因为这点，他们值得我们的爱和尊敬。

黑特·史德耶尔：未来之后的后电影散文

斯文·卢提肯 文 张杰 译

1. 从客体性到物性

喧嚣一时的"历史终结论"（end of history）或许是一种意识形态的幻想，但是还有一种未来终结论——或者至少可以将其表达为一种未来性的危机（a crisis of futurity）。[1] 在《未来之后》（*After the Future*）中，佛朗科·比弗·贝拉尔迪（Franco Berardi，又名"Bifo"）并不关注 1989 年以及实存共产主义（Actually Existing Communism）的衰落，而是关注 1977 年，并认为就在这一年，未来终结了——作为一种线性的、进步的发展模式，这种在一定程度上归属现代西方的未

---

[1] 在 1989 年的一篇文章中（修改后收入其 1992 年的著作），弗朗西斯·福山（Francis Fukuyama）提出了他著名的黑格尔式的"历史终结论"：随着"西方自由民主"战胜了苏联共产主义，资本主义民主再也没有真正的历史对手，这标志着世界历史进程的终结。

来概念走向了终结。[1] 当然，在二十世纪七十年代，人们更多地意识到了增长的有限性（石油危机，生态问题），并且目睹了六十年代末新左派的渐趋消解或曰边缘化，新自由主义经济的盛行和军事上的"休克疗法"（shock therapy），这其中最引人瞩目的是在智利。[2] 至1977年，如比弗所言，发生了德国红军派（Red Army Faction，简称RAF）的运动，导致了"德国之秋"，朋克兴起以及其"没有未来"的宣言，同时还有在意大利出现的自治运动（Autonomia movement，比弗本人也参与了）。无产阶级作为历史唯一的解放主体这一马克思列宁主义的信仰由此受到了严重的挑战，因为它很难解释这些新的运动现象。由此，新的社会（再）结构形式得以发展——这些新的形式表现为各种各样的微观政治运动。[3]

黑特·史德耶尔同样将1977年作为一个新的时刻：就在那一年，"新左派短暂的十年急剧衰落，走向终结"，她将大卫·鲍伊（David Bowie）的《英雄》（Heroes）和扼杀者乐队（the Stranglers）的《再也没有英雄》（No More Heroes）作为这一转折在通俗文化领域中的显现。[4] 电影《十一月》（*November*, 2004）中，这一阶段就是"十月之后的一段时期，就在这段时期内，革命看起来好像终结了，外围的次要斗争

---

[1] 佛朗科·"比弗"·贝拉尔迪：《未来之后》，奥克兰/爱丁堡：AK出版社，2011，第44—50页。
[2] 参见 Naomi Klein, *The Shock Doctrine*, London: Penguin, 2007.（目前该书已有中译本，娜奥米·克莱恩：《休克主义》，吴国卿、王柏鸿译，广西师范大学出版社2010年版。——译者注）
[3] 贝拉尔迪，第17、46—48页。
[4] Hito Steyerl, "A Thing Like You and Me", in *e-flux journal* no.15 (2010), accessed February 2014, http://www.e-flux.com/journal/a-thing-like-you-and-me/

开始单个化，本地化，并且几乎不可能再联通。在《十一月》中，一种新的反动的恐怖形式已经取而代之，出其不意地就打破了十月的传统"。《十一月》中，史德耶尔努力追溯其少年时期的朋友安德莉亚·沃尔夫（Andrea Wolf）的故事，这位沃尔夫后来成为库尔德工人党（PKK）的一名自由战士／恐怖主义者。该电影所包含的素材可能会让人将其视为纪录片，但它本身并不是一部纪录片。从个人历史到世界历史，从一种类型的图像到另一种类型的图像——从（谢尔盖·）爱森斯坦的《十月》到武打电影，再到史德耶尔和沃尔夫青年时期未完成的电影——《十一月》就是一部典型的散文电影。[1]

史德耶尔写作散文，拍散文电影，表演散文，这些不同的表达方式（有时它们会采用同一个标题）之间相互促进，互有补充。[2] 去写作就是为了去尝试，去努力。散文是表达质疑的一种形式——在这种形式中，人们可以去探索那些可疑的观点。虽然散文从其根本上来说是一种文学体裁，但是在二十世纪它却跨入了新媒介。从印刷的纸张转变为电影形式，这是偶然发生的变化，对其进行概念化的过程更是如此。在二十世纪二十年代，苏联蒙太奇学派的主要代表人物认为电影是一种辩证的、历史的媒介，没有其他媒介可与之抗衡：

---

[1] 关于《十一月》，参见 T.J. Demos, *The Migrant Image: The Art and Politics of Documentary during Global Crisis*, Durham: Duke University Press, 2013, p. 74-89.

[2] 关于史德耶尔散文化文本的最新集子，见 *The Wretched of the Screen*, Berlin: Sternberg Press, 2012；该文集收录的文章来自 *e-flux journal*；参见 Tony Wood, "Reserve Armies of the Imagination", in: *New Left Review* 136 (July/August 2013), p. 136-142.

电影的蒙太奇能够将那些看上去迥然有异的镜头连接起来，比如充满辩证关系的正题与反题，于是它就不仅阐释了历史的发展，同时也积极地参与了历史。

散文电影，或曰电影散文的概念最初是由汉斯·里希特（Hans Richter）提出的，在人物电影和传统的纪录片之外，他将散文电影作为一种新的选择，认为这是以他种手段对纪录片电影所做的一种延续。[1] 里希特是在一家瑞士报纸上发表这篇文章的，当时是1940年，文章本身极力表明对政治的漠不关心，这种拒绝明确政治态度的姿态本身是非常重要的。二十年代，里希特曾与谢尔盖·爱森斯坦合作，但是法西斯主义和斯大林主义的盛行毁灭了任何快速奔向光明未来的希望。在这样的背景下，"十月"悄悄地变成了"十一月"，因此就可以理解里希特为何要通过散文的形式来彻底改造电影，彻底改变蒙太奇——其目的就是要看看电影媒介能否找到一些方式，让时间性突破纪录片固执的现实主义。

由于里希特的文章颇有些含糊不清，1970年左右，电影散文的概念被理论家和电影制片人重新阐发。他们主张，电影实践应该是——通过蒙太奇的方式——发展思想、形成观念，而不是假装以一种客观的姿态去"展示真实"，或者揭露什么"真相"。[2] 但观念应当如何形成呢？只有当电影制片人

---

[1] Hans Richter, "Der Filmessay:Eine neue Form des Dokumentarfilms", in *Schreiben Bilder Sprechen: Textezum essayistischen Film*, eds. Christa Blumlinger and Constantin Wulff, Vienna: Sonderzahl, 1992, p. 195–198.
[2] 参见 Noël Burch, "Director's Notes", 2010, http://www.theforgottenspace.net/static/notes.html.

兼散文写作者将其主体性表现得模棱两可，并容许概念上的跳越剪辑（jump cut，简称"跳切"）。不过严格来说，"跳切"可能是不合理的。

史德耶尔的文章并非是对其电影作品的"解释"。即使二者可能采用同一个标题，比如说"自由落体"（*In Free Fall*，电影上映于 2010 年，而同名文章则写于 2011 年），它们之间却是一种相互补充、相互抵触的关系——文章遵循的是一种更为抽象的思辨轨迹。与涉猎领域宽泛的文本相反，电影着力表现的是波音飞机的"生命"——其生命历程把我们从以色列军队一直带到莫哈维沙漠的飞机废物堆积场——其间充满了艺术家大胆而巧妙的观念上的跳跃。这部 30 分钟的电影短片使用了谢尔盖·特列季亚科夫（Sergei Tretyakov）在 1929 年撰写的短文《物之传记》（The Biography of the Object），并呈现了那一年爆发的股市大崩盘；同时，将史德耶尔本人，连同其影片中形形色色的角色组成的小型演员阵容出现在飞机废物堆积场的镜头串联起来，其间还穿插了拾得纪录片／宣传视频。这些插入的视频解释了飞机是如何被再利用为铝的（或者将其报废、回收，用于制作 DVD，或者将整个的航空器用在电影中拍摄爆炸镜头，比如说商业大片《生死时速》〔*Speed*〕）。

在搜集历史与传记之时，电影中的另一个重要探索是要告诉我们，1929 年不仅仅包含股市大崩溃和特列季亚科夫的文章；因为就在那一年，霍华德·休斯（Howard Hughes）的航空史诗作品《地狱天使》（*Hell's Angels*）开拍，拍摄过程中休斯坠落在地，严重受伤。之后，休斯购买了环球航空公司（Trans World Airlines，简称 TWA），后来在《生死时速》中被炸的那架飞机就是 TWA 的其中一架老式波音飞机，有一段时间它曾在以色列空军效力，编号为 4X-JYI。其姊妹机 4X-JYD，曾经参与过赴恩德培营救被劫飞机的行动，如今在以色列军队博物馆中变身为电影院，而 4X-JYI 却在《生死时速》中被引爆了。"剩下来的都是废品，而那时候的中国人正要开始收购废品。"

史德耶尔的熵敏机场溶入一种由 MTV 促成的后电影蒙太奇；新的镜头和挪用的镜头产生了一种令人目眩、支离破碎的图景，它在一种非线性的、多层面的时间维度上展开。编辑——配上吸引人的流行曲调——是很具有诱惑力的，以至于可以掩饰其自身的复杂性，使得电影要比其实际上更容易为人所接受。尽管由于创作了《自由落体》，史德耶尔确实"已经从一种散文化的主体转变为一种散文化的客体"，但更准确的说法或许应该是，电影专注于物本身，物被视为某种衍生性、第二性的主体（agency），影响了人类的生活。[1] 基于市场波动，飞机可能会被用于电影制作，或作为废金属卖给中国。《自由落体》并不迷恋于探讨事物之间所体现的社会关系；客体和主体都在一种令人困惑的复杂的政治经济中行动，并为其所操纵（史德耶尔的摄影师丢掉了他在好莱坞的

---

[1] Kerstin Stakemeier, "Plane Destructive: The Recent Films of Hito Steyerl", in *Mute*, February 23, 2011, accessed February 2014, http://www.metamute.org/editorial/articles/planedestructive-recent-films-hito-steyerl

工作,其中部分原因就是因为DVD市场的破产,而这又是由在线流媒体和文件共享而造成的)。

在史德耶尔的作品中,客体会像液体一样流动,而主体则可凝固为客体化的意象。例如电影《可爱的安德莉亚》(*Lovely Andrea*,2007),在这部作品中,史德耶尔追溯了她在日本作为绳艺模特(bondage photo model)的短暂职业经历。电影由被捆缚起来的模特图像切换到蝙蝠侠撒网的镜头;还有双子塔,在《蝙蝠侠》一个匆匆被撤回的预告片中,它占据了非常重要的位置。在《可爱的安德莉亚》中,不但史德耶尔和其他绳艺模特变成了肉身雕塑,电影制片人也成了客体——一个由其他"艺术家们"所塑造的影像兼客体。

史德耶尔的文章《如你我这般之物》(A Thing Like You and Me,2010)乃是她的跳切散文观最好的例证。在这篇文章中,艺术家发现,大卫·鲍伊及其变动不安的外观和角色"不再是一个主体,而是一个客体:一个物,一幅图像,一个极好的偶像","一个渗透着欲望的商品"[1]。史德耶尔由此发出疑问:"在这种时候,身份认同会发生什么变化呢?我们能去认同谁呢?当然,身份认同总是要跟图像连在一起的。但是试问任何一个人,他们是否真正愿意成为一个JPEG文件。而这正是我的重点之所在:如果身份认同要有所变化的话,那么其物质性层面,即与之相连的图像也要随之而发生

---

[1] Steyerl,"A Thing Like You and Me".

变化……"[1] 在另外的场合，她也曾指出，"[尽管]其非物质性特征也非常明显，但数字残骸依然牢固地保持了物质实体性"[2]。换言之，历史滚滚向前，导致了熵的碎片。但是，史德耶尔并没有去发展一种如罗伯特·史密森（Robert Smithson）那般的情境，在后者的作品中，每样事物都逐渐走向一种终极状态，即熵的千篇一律和冻结的停滞状态。她勾勒的则是一种垃圾空间——以及垃圾时间——在垃圾空间与垃圾时间中，存在着大量的运动变化；其间，影像疯狂地流通，它们被去情境化，继而又被再情境化，它们在屏幕上不断地变形，进行格式的转换。

主体成为图像，继而图像又成为客体；2013 年，史德耶尔制作了一部电影，名为《如何不被人看见。他妈的说教式教育。电影文件》（*How Not to Be Seen. A Fucking Didactic Educational. Mov File*），内容之混乱可谓惊人。在这部影片中，她实践了多种不同的方案，探索在一个全面监控的时代如何能够绕开那些检测。这些方案包括："成为图像"（becoming an image），像变色龙一样多变的图像；"成为像素"（becoming a pixel）——既然没有超出单一像素值之一侧的就不能被聚焦为特写（"快乐的像素跳至低分辨率"）。多个场景显示，演员身穿一种绿色屏风长袍——这种穿着使其构成了背景中的一部分——我们会看到，他们的头上顶着像素盒子。

---

[1] 同上。
[2] Hito Steyerl, "Digital Debris:Spam and Scam", in *October* no.138 (Fall 2011), p. 71.

这些提议并不是真的要去愚弄美国国家安全局或者谷歌,而是提醒我们,每个人都是数据对象(data-objects),我们最好要依照这一认知来行事。

在我们所谓的"视觉文化"中,真正重要的不是图像,而是卷入图像、深陷图像的主体:即使我们在看,我们依然是被看的,或者说被阅读、被扫描的。图像在某种程度上成了陷阱,这是拉康从未预想过的;它们引诱我们进入,在我们身上开采数据。因此,我们反而变得既可见又可读,但这种可见性、可读性未必是对人的眼睛而言——我们正是被扫描的对象。[1]

2. 流通与投机

在史德耶尔最近的电影作品《流动性有限公司》(*Liquidity Inc.*, 2014)中,主体和客体最终都落入一种液化与固化、流动与结晶的辩证关系之中。《流动性有限公司》"叙述的全都是物质的不同状态之间的过渡阶段,包括水、冰、资本、汗水、漏洞、多边形、液态晶体之间进行的转换。影片还关乎这些物质如何被整合为主体,然后继续反复不断

---

[1] 乔治·迪迪-于贝尔曼(Georges Didi-Huberman)长期以来一直批评在图像学和其他领域出现的一种倾向,即将可见的(le visible)变为可读的(le lisible)。如今,文本和图像都主要作为数据而被扫描;可见的和可读的都是被扫描的对象。参见 Georges Didi-Huberman, *Devant l'image*, Paris: Minuit, 1990, p. 21-64.

地发生转换"[1]。

这部视频的主角是雅各布·伍德（Jacob Wood），他在经济衰退时期离开了金融行业，转而在综合格斗（Mixed Martial Arts，又名 cage fighting）圈里重新开创事业。不过，作为这部电影中的主人公，伍德经常被水团团包围，这些水是用数字化技术制作出来的，或者淹没他的脚踝，或者出现在他身后的显示屏上（在《自由落体》中，史德耶尔已经采用数字化方式，将镜头编辑至笔记本电脑的屏幕上，就好像是要格外强调，她那位摄影师从好莱坞带过来的技艺已经过时了）。在《流动性有限公司》中，伍德和史德耶尔思考的是水在宇宙间的流动，水构成了人的身体，同时他们还思考金融的流动性与气候。"像水一样吧，我的朋友"[2]：格斗选手伍德必须得具备弹性，学会变通，就像他在新自由主义的金融贸易领域中一样。史德耶尔同样也得顺应这一需求。影片中包含一段在线交易，是在史德耶尔、合著者布莱恩·库安（Brian Kuan）及策展人大卫·里夫（David Riff）之间进行的。这场交易显示出，影片的部分预算已经泡汤了，史德耶尔没法再继续聘用数字特效（FX）专家去做那些关于水的特效。现在她只能根据教程自己学着做，从而导致电影最后只能延期完成。

影片中有一段"天气预报"，播报员是艺术家的女

---

[1] 史德耶尔所言，引自 Sven Lutticken, "Glitches of an Exhibition", interview with Hito Steyerl to be published in *Metropolis M*35, no. 2 (2014). 该文乃是斯文·卢提肯与黑特·史德耶尔的一次对话。
[2] 李小龙的名言。他的意思是，一个好的武术家就应该像水一样，因为水是无形的，所以应该像水一样柔软灵活。

儿，这个女孩子的脸被艺术家遮起来了。就在这段内容中，插入了凯特·布什（Kate Bush）的音乐视频《暴风雨》（*Cloudbusting*）[1]中的一段剪辑，即一把自然力（orgone，也有音译为"倭格昂"）[2]枪向着天空扫射的镜头。"地下气象员（The Weather Underground）组织正在使用自然力大炮，炮轰企业云。"私有化的云（privatized clouds）——这一术语不仅基本囊括了我们在数据云中储存的全部信息，而且还包含了在"自由市场"经济中普通人的廉价销售行为。在自由市场的经济环境中，每一样事物（水亦包括在内）都被寄希望于能够快速获得收益，而不考虑对其进行长期的投入。《流动性有限公司》中的这段天气预报显示出，在不同的系统或生态之间存在着一种全球性的相互依赖。[3]正如贝拉尔迪所说：

> 生产的精神品格日益增长［原文如此］，这使得经济

---

[1] 布什的歌曲与音乐视频《暴风雨》（1985）参考的是威廉·赖希及其"破云器"（cloudbusters）。作为一名精神分析学家，赖希在20世纪30年代将弗洛伊德的力比多概念转化为一种宇宙能量的活力论概念，对这种能量，他命名为"倭格昂"。1952年以后，赖希制作的"破云器"就是一种由金属管构成的装置，这种装置会连接到一口井或者其他有水的容器；当将破云器瞄向天空时，这些金属管就会像防范倭格昂能量的避雷针一样，赖希由此可以任意地影响云层的形成和消散。参见 Myron Sharaf, *Fury on Earth: A Biography of Wilhelm Reich* (Oxford: Da Capo Press, 1994): p. 378–383. 尽管夏拉夫笃信赖希的倭格昂理论，但他仍然是一个认真负责的、敏锐的传记作家。
[2] 倭格昂能是出生于奥地利的著名心理分析学家威廉·赖希（Wilhelm Reich）所提出的概念。他认为这是生命和性所特有的一种能量，可以看见，可以测量，也可以应用。如果把它收集在一个特制的储存器中，可用它来医治从歇斯底里到癌症等许多精神和肉体上的疾病。——译者注
[3] 在贝特森的《心灵生态学》（*Ecology of Mind*）之基础上，菲利克斯·伽塔利（Félix Guattari）提出了一种"生态知学"（ecosophy），围绕着"三个生态登记册"之间的关系：环境、社会关系与人的主体性。Félix Guattari, *The Three Ecologies* (1989), trans. Ian Pindar and Paul Sutton, London: Continuum, 2008, p. 19–20 etc..

> 系统越来越多地受到心理风暴的影响,这些心理风暴交错出现于群体的心智中。另一方面,经济引发了竞争情绪,这些竞争情绪又转化为焦虑,有时还会退化为各种形式的恐慌。金融的流动与心理的波动两者之间是密切相关的。[1]

在德国电视台,每天晚上八点的新闻节目之前,都会连续播放两个节目,即天气预报和从法兰克福证券交易所发回的现场财政报道。这个财政报道节目每天都要对市场的低迷状况、风暴和高压区域做最新报道。而事实上,由于天气愈发表现出反复无常的特征,气候变化已然成为日常生活的重要组成部分,而不再仅仅局限于对其做理论上的推断。史德耶尔由此提出,全球生态系统同时也与人类的心理,与金融系统息息相关。有感于资本主义社会的"激情混乱"(désordre passionnel)[2],查尔斯·傅立叶(Charles Fourier)曾经写过一篇文章,讨论"地球的物质衰变"(material deterioration of the planet)。在此意义上,史德耶尔的观点几乎就是对傅立叶这篇文章的当代阐释。正如在《流动性有限公司》中,那个被

---

[1] Franco "Bifo" Berardi, *Félix Guattari: Thought, Friendship, and Visionary Cartography*, trans. Giuseppina Mecchia and Charles J. Stivale (Houndmills: Palgrave Macmillan, 2008), p. 27.
[2] 参见 Charles Fourier, "Détérioration matérielle de la planète" (1820−21), in René Schérer, *L'Écosophiede Charles Fourier. Deux textes inédits*, Paris: Anthropos, 2001, p. 31-125. 对赖希来说,他是把对核毁灭的恐惧投注到一种神秘的形式,即"致命的倭格昂放射"(DOR, "Deadly Orgone Radiation")中;而傅立叶则提出了一种神秘而浪漫的看法,这种看法有时又会对人类社会与行星生态系统的相互依赖关系表现出一种惊人的敏锐。

遮住面孔的女孩说:"如果你能成功地让自己专注,一阵清风就会开始吹拂。"

《流动性有限公司》的标题乃是参考了德里达的《有限公司》(*Limited Inc.*, 1988)。在《有限公司》中,这位法国哲学家批评了像 J.L. 奥斯丁之类的实用主义者所提出的"言语行为理论"(speech act theory)——奥斯丁撰写了《如何以言行事》(*How to Do Things with Words*, 1962)一书。《有限公司》同时还包含了德里达对塞尔(Searle)的回应,因为后者曾经为奥斯丁辩护,并攻击过德里达。史德耶尔这样说道:

> 德里达嘲笑塞尔的实用主义观,因为后者认为语言可以发挥功能,比如建立合同、缔结婚姻等等。而在德里达看来,对语言的功能我们是无法预测的,也不可能对其进行充分的控制。语言的确会产生一些影响,但谁知道是什么样的影响呢?数字组合也是同理。要是将道琼斯指数与天气通过一些结构不稳定的系统串联在一起,谁知道会产生什么?其中一方将怎样影响另一方,或者根本不发生什么影响?我们可能也需要重新考虑德里达和塞尔对代码提出的问题:代码绝对会产生影响——但我们真的知道这是一种什么样的影响吗?高频交易到底是干什么的?这些机器人与其他机器人都在聊什么?它们彼此刷屏,会进入一种对机器的遗忘或狂喜吗?[1]

---

[1] 史德耶尔所言,引自 Sven Lutticken, "Glitches of an Exhibition".

实际上,史德耶尔以一种思辨形式对抗另一种:一种是高度思辨性的推理,由散文形式确立了其合法性,另一种则是一种超资本主义的思辨逻辑。事实上,正如不确定共同体(the Uncertain Commons)所言,资本主义现代性的标志是他们所称的一种稳健性(firmative)投机和积极性(affirmative)投机之间的辩证关系。前者要服务于控制,要预测和把握前途——它有效地涵盖了整个金融系统,及其权威机构、服务和产品,一直到像世界卫生组织(WHO)和联合国政府间气候变化专门委员会这样的组织。

> 当可靠的替代品包裹在投资对照品(期货、期权、互惠信贷)和个人投资组合的选择中,稳健的投机产生了多种可能的状态。这样的组合为了获取精确的收益率,排除了其他方式的可能性。[1]

然而,今天的全球状况实际显现为"对那些计划外的、前所未有的影响进行的一种异质性的累积"。比如像瑞士再保险公司(Swiss Re)甚至都在试图通过提供"天气衍生品"(weather derivatives)来应对天气的不稳定性,这些天气衍生

---

[1] Uncertain Commons, *Speculate This!*, Durham: Duke University Press, 2013, chapter 2, http://speculatethis.pressbooks.com/chapter/firmative-speculation/.
感谢瑞秋·奥莱里(Rachel O'Reilly),感谢扬·凡·艾克(Jan van Eyck)艺术学院"移动的投机影像"(Moving Images of Speculation)实验项目的参与者,是你们让我接触到这一文本。

品能让那些上了保险的公司防备严峻而恶劣的天气。[1]虽然保险业一直都很清楚气候变化的危险,这些状况很可能会导致风险的累积,直到最后保险业都不堪承受这些风险,而管理者亦无法对其加以遏制。

如今,对积极性投机的需求比以往任何时候都更加迫切。积极性投机破坏了获取暴利的潜能,它"让自身处在一种非确定性中,这种非确定性坚决不能降低到可被管控的程度"[2]。而这正是艺术与散文的入口。但我们也没有理由将艺术-散文的这一复合体浪漫化。如今,很多种艺术形式都具有投资功能,是一种物质化的期货产品,因此收藏家们都指望着某个艺术家的事业。尽管这种所谓的艺术世界与史德耶尔所在的艺术世界是截然不同的,但是史德耶尔也饱受指责,在批评者看来,她的艺术实践与那种以项目为基础的文化型经济太相似了。在这种文化型经济中,散文已经成为一种后福特主义的必需品,生命被视为项目。难道说,史德耶尔的散文观并非过于自由散漫,她的创作并非那种太具有艺术大师风格的作品,因此它们才能在 *e-flux* 杂志上获得点击率,也能在双年展的社会达尔文主义中受到欢迎?随笔散文,这一充满千变万化的形式,不正恰好完美地适应了流动

---

[1] Uncertain Commons, *Speculate This!*, Durham: Duke University Press, 2013, chapter 2;还可参见 http://insurance.lbl.gov/opportunities.html.
[2] Uncertain Commons, *Speculate This!*, Durham: Duke University Press, 2013, chapter 3, http://speculatethis.pressbooks.com/chapter/affirmative-speculation/.

的资本主义?[1]《流动性有限公司》以此作为前提,而事实上史德耶尔本人是第一个提出,在流动性与"准时化"(just-in-time)生产的时代,散文也能够成为一种表达服从的形式。[2]任何一种实践,只要是真正在做,都要冒险并会招致风险。与其说史德耶尔淡化其艺术散文中成问题的、服从性的一面,不如说她强化、加重了这一面,并且将内在于今日文化行业任意一种实践中的稳健性投机推向临界点。

在新作《春宫画》(*Shunga*,2014)中,史德耶尔给那些日本色情木刻版画(被称为"春宫画")的动画图片制造了一些"小故障",具体方法是将"那些从网络上获取的如何让春天快点到来(或者说不让春天来)的荒唐留言"插入到代码中。[3]"这些变革性的或色情化的建议包括,让地球向木星靠得更近一些,用法律判决春天到来,种植花木,等等。"[4]在此,史德耶尔的做法呼应了肯尼思·戈德史密斯(原文为Kenneth Goldmith,但实际应为Kenneth Goldsmith)所提出的主张,即"理解新的模糊性"(parse the new illegibility),把数码文件视为写作,视为可以挪用和重新润色的文本。[5]以

---

[1] 在扬·凡·艾克艺术学院"移动的投机影像"实验项目中,塞及·威迪(Thijs Witty)在2014年2月21日做了一次题为"空间化的散文:学会如何不投机"(Spatialized Essays: Learning to Live Without Speculation)的讲座。威迪认为:"这篇散文的形式很像是投机性融资,充满了水的隐喻。比如说,普遍认为这篇文章最好被理解为一种千变万化的形式。"
[2] Hito Steyerl, *Die Farbeder Wahrheit*, Dokumentarismenim Kunstfeld, Vienna: Turia + Kant, 2008, p. 139-142.
[3] 史德耶尔所言,引自Sven Lutticken, "Glitches of an Exhibition".
[4] 同上。
[5] Kenneth Goldsmith, *Uncreative Writing: Managing Languagein the Digital Age*, New York: Columbia University Press, 2011.

这种方式对图像进行再书写，就是一种发挥作用的流通主义：如果苏维埃生产主义是要呼唤作家为新生的共产主义工业设计产品，那么流通主义就并不关乎制造问题，而是专注于后期制作的多种可能性。正如史德耶尔所说，"斯大林主义者对生产力、加速度和英雄史诗衰竭的崇拜"[1]在当下有了新自由主义的版本，流通主义就与这种新版本混融在一起。于是，对这一现象就充满了各种形式与形态的推断。我们都是流通主义者，而史德耶尔的艺术作品开始应对这样一种流动状态的后果。

3. 活跃

在散文观上，史德耶尔认为散文所介入的是一种如亨利希·海涅所说的"大脑的物质性活动"（material activity of the brain），大脑的这种物质性活动在数字化时代又经历了格式化重组。[2] 这是二十一世纪初期唯物主义的一种形式：一个唯物主义者的实践绝不会仅仅在"主旨"（themes）意义上处理纯粹的主题（subjects），而是将主体（subject）视为图像的制作

---

[1] Hito Steyerl, "Too Much World: Is the Internet Dead?", in *e-flux journal*, no. 49 (2013), accessed February 2014, http://www.e-flux.com/journal/toomuch-world-is-the-internet-dead/.
[2] 参见海涅在《论浪漫派》中对让·保尔（Jean Paul，即德国浪漫派作家让·保罗·里奇特）的讽刺性描述："他给我们的不是思想，而是他的思维活动本身。我们看到的是他的脑子里的物质活动；可以说，他给我们的与其说是思想，不如说是脑髓。"Accessed February 2014, http://www.gutenberg.org/files/37478/37478-8.txt.

者、消费者（即循环者），而且主体本身也总是以图像的形式生产和流通。因此，史德耶尔这位艺术家本人就是一个不确定的主-客体，她的尝试（Versuch）是历史之自由落体中的一次自主实验（Selbstversuch）。在流通主义中，图像之存在就是为了以某种方式将其完成（被重复、重构）；后期制作图像意味着，人们需要不断地对这些数字材料进行完成与再完成的工作[1]。毕竟，如果不通过某种方式对其进行运转——执行——这些图像、声音或者文本文件就一无是处了。所以，为什么不劝说观众这样去做呢？反正人们可以利用自己所能挑拣出来的任何图像，或者轻轻松松拍摄的任意镜头。

史德耶尔在 2013 年做过一次讲座式表演活动，题为"我做了一个梦：大众艺术生产时代的政治"（I Dreamed a Dream: Politics in the Age of Mass Art Production），这次讲座活动本身其实就是一篇鲜活的散文，它同时具有艺术家从事写作和拍摄视频这两种艺术形式的特性。[2] 借助投影的图像，艺术家明确地表达了她对"大众艺术生产"这一现象的思考，她还推断这一现象是否会像大规模武器的生产那样改变世界的进程。在讲座之始，史德耶尔提及 X 同志，这是一个被关押在土耳

---

[1] 对数码文件的操作，还可参看 Boris Groys, "Religion in the Age of Digital Reproduction", *e-flux journal*, no. 4 (2009), accessed February, 2014, http://www.e-flux.com/journal/religion-in-the-age-of-digitalreproduction/. 然而，在声称"数码文件像天使一样——作为一个不可见的信使，传达神圣的命令"之时，Groys 又在不知不觉中陷入一种技术-理想主义，忽视了文件作为一种事物（matter），一种物质（material），可能会有无数种方式将其篡改。
[2] 2013 年 3 月 18 日，"我做了一个梦"这一讲演活动最早是在柏林的世界文化中心进行的；随后，在 2013 年 5 月 16 日，该活动又在阿姆斯特丹市立美术馆举行。

其的库尔德战士,他在关押期间开始迷恋《悲惨世界》,将其视为一部政治性的艺术作品,并很想为之写作续篇。对此,史德耶尔的口气是干脆的、冷冰冰的,她说这个例子足以证明她没有凭空编造出一个 X 同志,因为她自己绝对不会选择《悲惨世界》,这部作品是那些感伤的肥皂电视剧的原型,里面有太多扣人心弦的悬疑。

事实上,与 X 同志不同的是,史德耶尔并不关注《悲惨世界》那些伪装为革命的内容,而是更看重显现在其作品形式中的创作逻辑——十九世纪的报纸连载,以及由这种连载形式产生的生产与消费模式,共同塑造了这种作品形式。在此,史德耶尔强调了这一新兴文化产业的影响,由此回应了马克思的论断,即"因此,不仅消费的对象,而且消费的方式,不仅客体方面,而且主体方面,都是生产所生产的。所以,生产创造消费者"[1]。生产同时还生产了生产者本人。但是,在当代的非物质劳动中,生产与消费之间的这一分界线当然也就变得微不足道了——比如"凡夫俗子"[2]中的人们起身离开沙发,结束试镜,然后成为我们每周六晚上都要追捧的下一个"偶像"。

史德耶尔认为,《悲惨世界》就像那些"真正的"专栏

---

[1] Karl Marx, *Grundrisse* (1857), 92, accessed February 2014, http://www.marxists.org/archive/marx/works/1857/grundrisse/ch01.html.(本引文翻译转引自中央编译局编《马克思恩格斯全集》第十二卷,人民出版社 2005 年版,第 742 页。——译者注)
[2] 此处当指一部美国电影 *Ordinary People*(1980),中文译为《凡夫俗子》,或者《普通人》。

文人（雨果要与这些人竞争）所写的作品，读起来有点像作者在进行一场持续不断的公开试演；作为连载作者，雨果就这样"为了佣金而没完没了地写作"，在一张张支票的催促下完成了这部小说——这种基调已经成为故事情节中的一部分。从这里，史德耶尔跳切到苏珊·波伊尔（Susan Boyle）在英国一次达人秀活动中表演的《我曾有梦》（I Dreamed a Dream）——该歌曲来自音乐版的《悲惨世界》（作为一个悲剧性的职业母亲，芳汀的无望之梦）。这样，史德耶尔就在雨果所呈现的那场失败的 1832 年革命与 2011 年不稳定的无产者之社会境遇之间，锻造出一个"现在－时间"（now-time）。我们身边还有另一种遭受苦难的不幸者——他们在舞台上，作为"废柴"（losers）而被那些时髦的评委们所嘲笑。

我们生活在一个铸造的经济中，我们为此不断地投资项目，投资自己；德意志银行艺术空间发出"开放"展览的召唤后，柏林的艺术家们在那里排起了长队，史德耶尔将这些艺术家们的图像放到投影上，然后她就在 X 同志之梦想的基础上——对此，史德耶尔在卡拉 OK 屏幕前朗诵了《我曾有梦》的歌词（有音乐伴奏）——转而去想象并开展对一个项目的推介。她所提议的这一项目包含一段绿光屏的蒙太奇，既有十九世纪的民众，又有当代的博物馆建筑，还有后福特主义的一帮临时演员，他们即将在街垒上遭遇屠杀。在这一离奇的场景设想中，作为观众的我们变成了准评委，共同制造了一种永久性的试镜文化。

这种永久进行的表演文化同时也是一种永久性监视的文

化。在这样一种文化中,"变成隐形人"始终是一个挑战——一种疯狂的投机形式,因为没有任何清醒的投资者会去支持这样一种投机。正如乔纳森·克拉里(Jonathan Crary)之所言,"现在人们经常被动地参与对自身的监视和数据挖掘,但很多时候也是自愿的"[1]。面对这种状况,克拉里的论断是非常切中本质的:

> 正如许多理论家和批判家所做的那样,陶醉于数码图像的美学特性,就是对图像从属于更大的非视觉操作和要求这一点视而不见。大多数图像的生产和流通是为了最大限度地增加耗费在自我管理和自我控制上的时间。[2]

文化被"游戏化",在此过程中,它同时也被军事化了。在数字特效和 3D 时代,曾经的电影如今卷入了一种军备竞赛,与之相比,冷战都要相形见绌。伴随着数字商业大片的问世,电影在视频游戏的图像中得以重构。反过来说,视频游戏体现了普通民众对军事战斗模拟程序的适应。正如史德耶尔所言,在 3D 时代,"军事—娱乐复合体"只会变得越来越强大,"通过将令人眼花缭乱的航班送入深渊,航空勘测的新特征被充分地探索和利用",同时,"军事、监视和娱乐

---

[1] Jonathan Crary, 24/7, London/New York: Verso, 2013, p. 48.
[2] 同上。(34、35 两段引文翻译转引自许多、沈清译《晚期资本主义与睡眠的终结》,中信出版社 2015 年版,第 55 页、54 页。——译者注)

应用愈发充分地融合在一起"[1]。詹姆斯·卡梅隆的《阿凡达》(Avatar)让我们臣服于一种震惊与敬畏的文化,针对这部集军事-娱乐为一体的影片,史德耶尔展示了一种解除武装的艺术手法,这种手法同时作为一种纯粹的投机,似乎是要在所有的可能性和预测之外,实现一种不可能存在的、过度的潜能。2012年,史德耶尔和拉比·穆鲁维(Rabih Mroué)曾经合作过一次讲座/表演活动,题为"可能出现的标题:零概率"(Probable Title: Zero Probability),这次表演活动包含一段视频,其间,艺术家面对着摄像机,她将一枚硬币抛向空中,认为硬币正面向上和背面向上的概率各占50%,而硬币永远不再回落的可能性为零。当然,硬币没有落下来。在回忆早期电影的花招诡计时,史德耶尔制造了一个值得怀疑的奇迹——她推动我们去揣测这一奇迹(未)发生的条件。[2]

在她独立进行的讲座/表演活动即"图像的身体"(The Body of the Image,2012)中,史德耶尔又回到她的朋友安德莉亚·沃尔夫,以及安德莉亚被假定的死亡方式,那就是她很可能是在一个洞穴中被土耳其的军队给杀死了。[3]对洞穴的3D式绘图出现了错误,产生了一个充满盲点的扭曲空间:"数

---

[1] Hito Steyerl, "In Free Fall:A Thought Experiment on Vertical Perspective", in *e-flux journal*, no. 24 (2011), accessed February 2014, http://www.e-flux.com/journal/in-free-fall-a-thought-experiment-on-verticalperspective/.
[2] 2012年10月6日,"可能出现的标题:零概率"首次表演于泰特现代美术馆的"油罐空间"(the Tanks);随后,该活动又被反复表演或展示——比如说,史德耶尔可能会由另一个表演者替代,又或者播放视频影像,而取代史德耶尔与穆拉维。
[3] Hito Steyerl, *The Body of the Image*, lecture/performance at Haus der Kulturen der Welt, June 2, 2012.

字幻象"不适合去绘制法医所需要的证据。在这样的一种3D重构中,失踪的身体可能会再次全面失踪——就像一枚硬币可能会突然决定永远不再下降(概率被诅咒了)。如果后者即使在早期电影中也都是一种可能存在的伎俩,那么到了当代,后电影成像技术所产生的幻象还会有更多更厉害的技巧。

就在这次谈话中,史德耶尔提到,南斯拉夫联盟共和国实际上是在1943年的一个2D影院中宣告成立的,而这家电影院日后毁于1992年克罗地亚与波斯尼亚之间爆发的冲突。"我认为,电影就这样在战争中遭到了一种致命的伤害,而且此后再也没能恢复元气。"[1] 然而,(未)死去的电影却作为事件而存活。如果说,在今天的这些3D大片中,事件是由沉浸式技术(technology of immersion)制造出来的——这种技术有助于将影片变得类乎游戏,当观众跟随影片中的主人公一起跳下悬崖,会产生一种令人晕眩的视角——那么,史德耶尔的艺术实践之"事件化"就会采取一种艺术材料的现场表演形式。

"我做了一个梦"与"图像的身体"都没有形成视频散文。相反,史德耶尔选择将静止和移动的图像投影,并将投影与一种现场讲座联结起来——或者不如说,与以讲座为幌子的表演联结起来。当好莱坞大片为制作完美的"事件电影"(event movie),其预算一路高歌猛涨时,史德耶尔发现,她

---

[1] 讲座的讲稿可查询 http://eipcp.net/e/projects/heterolingual/files/hitosteyerl/print.

的预算——从一开始她的预算就不高——已经蒸发殆尽。《流动性有限公司》突出强调的是作为一种数码制品，它已经输掉了这场军备竞赛：因为预算的数额已经难以为继，无力聘用专业人员去做水生环境的特效，史德耶尔只好自己学习去做。在目前的金融危机中，每一个人都想放映她的电影，但是没有人愿意为其提供资金。

当然，艺术机构乐意邀请艺术家去做讲座，展示她的艺术创作。在此过程中，艺术家必须让自己流通起来，让自己液化，踏上讲台，参与到一种极为特殊的综合格斗形式中。当前的局面是，观众既成了潜在的监控仪器，又是流通的加速器——可能的形式是发短信，发表推文和照片，他们这样做会让艺术作品变得像天气一样难以预测，乃至将其变成一场完美的风暴。

三、人物：庄辉

祁连山系

秦思源 文

2006年，庄辉回到他的家乡甘肃玉门，在那里开始了一个长达三年的艺术项目。他与他的伴侣旦儿开设了一个为当地居民拍摄人像和集体照的照相馆。他们所拍的照片表现了一个衰败的油田城市对未来的寄望，创造了一幅当地居民的社会肖像。玉门照相馆是庄辉一系列概念摄影实践的一个自然延伸。他从九十年代开始就为中国不同的社会群体及各业人员拍摄肖像。与新作相比，旧作最大的不同在于艺术家总是出现在被拍摄者旁边，将他自己与所拍摄的人物联系起来。在他最著名的一系列作品中，庄辉曾成功地让整个学校、医院甚至是军队成员为了与他拍摄一张正式的集体照而暂时离开工作岗位。因参与人数有时上百，拍摄这些照片往往需要庄辉花上几周或是几个月的时间做说服工作。这种社会工程般的壮举也反映了在大规模转型过程中的中国社会政治结构。借助该系列作品，庄辉探索着中国社会主义阶级结构的根源以及他自身在其中的位置。作为一个曾在工厂工作多年的人，庄辉对中国工人阶级的考察也是他对自身生命源头的检验。通过把自己放进照片，庄辉展示了他与工人阶级的团结，认同他们的过去，同时也包括一种对未来共同的不确定。然而，在《玉门照相馆》中，艺术家将自己放了照片之外，并非因为团结的丧失，而是因为他的拍摄对象不再局限于照片里的人，而是延伸到了该项目的实施地点——他的家乡玉门。同一时期，庄辉还创作了大型装置《带钢车间》（2003），以超级写实主义的手法部分复制了他的老单位"东方红拖拉机厂"。作品里没有任何人物，只有一片看似被时间遗弃的空旷厂房以及艺术家本人。《带钢车间》和《玉门照相馆》这两件作品都浸透着一种痛切而又艰难的现实，既是社会学式的评论，也带有某种自传式的意味。不过，上述作品只是在探讨被社会主义理念所界定的身份。它只是在告诉你在一个经过规划的社会系统里你是谁，以及该系统与当前的社会经济现实之间的断层。玉门项目之后，庄辉感到自己被社会现实及其相关问题束缚，需要整理思路，重启他的创作自我。

中国历史上一直有文人和画家隐入山中以躲避乱世纷扰的传统。由于这样的乱世在中国历史上数不胜数，山水画也就成为中国文化里最重要也是历史最悠久的艺术形式之一。然而，各类新艺术媒介的到来使得这种充满道德与政治含义的创作类型逐渐丧失了原有的修辞力量。现代对山水主题的诠释主要透过西方艺术史的视角进行，而中国文化遗产在二十世纪的流失也进一步削弱了该主题的批判力度。对庄辉来说，处于自然之中就意味着处于社会之外，这让他能够思考一些比人类更久远、更广博的东西。令他感到局限的并非只有社会的各种条条框框,还包括他因为置身其中而无意间给自己制造的诸多创作上的限制。只有远离日常生活的烦琐世俗,他才能触碰到比以往的创作主题更为根本的事物。而最佳的起点也许就是玉门伴随他长大的群山——祁连山脉。这些山峦对他来说看似熟悉却又全然陌生。它们是他日常生活的背景,但也总是停留于背景。祁连山脉坐落于甘肃与青海省之间,连接哈拉湖与青海湖,有760平方公里的冰川,包含多种地貌。2011年,庄辉首度走进了童年时代的这个巨大"背景",探索其中的景观,看它能为自己带来何种可能性。此后,他每年都会进山一次,但并不带有任何具体的创作目的。然而,到2014年,庄辉决定进行一次具体而又不同寻常的干预行动:他将过往的一系列大型装置作品放进戈壁,距离最近的人居处至少有百十余里。这些作品长期曝露在烈日与寒月之下,如同被放逐一样。戈壁的广袤无垠并没有压倒作品,反而为其提供了一个意想不到的丰富语境,甚至比画廊或美术馆更适合它们。最后庄辉在站台中国个展上展出的现场照片并不是作为作品呈现,而是作为一个在戈壁中无人能看见的展览的记录。通过将他过往的作品"放逐"至戈壁,庄辉试图唤起该地区曾经作为流民集散地的历史记忆,同时也希望借此与自己过去的艺术创作暂作告别。光是走进祁连山脉这一行动还不够;他还必须主动地在象征层面上告别过去的创作,为新的想法与感受清理出生长的空间。

2011年,庄辉开始创作一系列以祁连山之旅为出发点的新作品。几乎所有在此次"庄辉·祁连山系"中展出的作品都是他于 2011 至 2016 年间拜访祁连山时创作的。常青画廊主展厅的作品可以理解为他在山间游历的缩影。《祁连山 - 03》(2011—2016) 包含了他在该地区拍摄的数千张照片,每张都被压缩至只有几个像素大小,合在一起形成了一段时间的蒙太奇,一种到目前为止整个项目的视觉呈现。与上述压缩的抽象形成巨大反差的是《祁连山 - 08》(2014),该作品由七个屏幕组成,每个屏幕都播放着庄辉放置于山区各处的小型红外线感应摄像机拍摄的片段,这些摄像机在山中一放就是两个多月之久,只有周围出现动静的时候才被激活。在白天,激活运动传感器的动物隐没于随天气变化的山区景观之下,你很难看见。但到了晚上,这些动物似乎主导了夜视镜下的鬼魅风景,暗示着另外一个世界的存在。每台摄像机的设置都不同,显示了日与夜的差别,也呈现了不同天时变化为风景带来的多种色调与意境。经过剪辑的拍摄素材分布于主展厅的各个墙面,将一座鲜活的祁连山带进了展览,让整个空间环绕在一种奇特的声音与运动当中。对山景的这一自然考察在另一组人工的视角中得到了对应与补充。在《祁连山 - 11》(2015) 的 30 张照片中,各种色彩艳丽的单色天空映衬着山顶的轮廓线。30 张图像里天空非自然的颜色都经过艺术家精心挑选,以便突出被拍景观独特的质感与色彩,在艺术家与自然之间创造出一种互为补充的碰撞。在这些看似完全不同的元素中,矗立着一块孤立的岩石——《祁连山 - 12》(2016):一块出奇光滑的砾岩在孔中喷出蒸汽,宛如一出自然现象的模仿秀。

画廊的二楼被两件视频作品占据。它们展示了庄辉"摹写自然"或"直描自然"的过程。视频里,艺术家背对镜头,一个视频拍摄于夏天,另一个拍摄于冬天。他以空气为"画布",在上面描摹眼前所见的景观,就像一场哑剧。这一行为让我们联想到艺术家与大自然之间的关系,中国艺术家与西方艺术家在处理这种关系时的差别,以及庄辉本人独特的视角。在中国艺术史上,自然一直是艺术家们主要的描绘对象,但中国艺术家从来不直接摹写自然。通过置身于自然之中,他们尝试与自然建立一种个人关系,然后将其带回书房,再把其中的精神铺陈到丝绸或宣纸之上。西方艺术家直接取材于自然,但直到十九世纪的浪漫主义运动,自然风景才开始成为独立的创作主题。庄辉的绘画行为强调了他作为一名创作当代艺术的中国艺术家所必然面临的困境。一方面,他想与童年时代的风景建立联系,以此感受东方理念中作为艺术家的真正意义。但另一方面,这种艺术传统已沉睡百年,深埋于多年文化交换的复杂历史之下。自然的概念通过西方艺术被重新介绍到中国——和老师下乡写生已经成为中国艺术院校的基础课程。在上述视频中,庄辉完成了摹写自然的动作,却没有任何东西产生。

正如东西方风景画不同的历史所展示的那样,在过去的一百年间,各种艺术概念源源不断地从西方涌入中国。民国时期,留学欧洲与日本的中国学生将最新的现代主义理念带回中国,为早已无力表达当时中国巨变的传统艺术注入了渴望已久的生机。但在1949年之后，社会主义现实主义成为主导性的文艺美学标准，在二十世纪五十年代后的30年间成为占绝对优势的艺术语言。到二十世纪七十年代末改革开放时期，中国又开始重新消化西方近百年来的各种艺术理念。包括祁连山脉在内的河西走廊便是对上述文化交汇历史潮流的一种地理例证。自从在汉朝被开拓成为贸易通路之后，河西走廊就一直是东西方文化理念交流的主要路径。它自身的文化身份便是多种元素的混合与流通，如同一个文化交流的活的隐喻。该地区的历史渊源为庄辉在祁连山创作的作品增添了另一层象征意味。和老一辈的中国艺术家们一样，他也站在东西方交汇的十字路口上，受到来自两边不同方向的影响。庄辉不仅明确认识到了这一点，同时也希望在该过程中成为积极能动者，而非只是被动接受。然而，庄辉的作品有意识地避免使用中国美学元素，避免创作有中国特色的当代艺术。他想要融入作品中的中国艺术理念必须像童年时代看到的大山一样——稳坐于他的生命背景之中，如DNA一般，深深铭刻于体内。

在画廊顶层，庄辉向该地区奇特的本地文化做了一次颇具私人性质的致意。在他拜访过的庙宇的壁画中，人与山都是按照同等尺寸表现的。人像坐在椅子上一样跨骑于山间，或是像在清晨起床一般从山中显现。他们的四肢与躯干穿透山体，头部从岩缝中探出。祁连山区的人与风景之间的共生关系已经融合到难分彼此的程度——人已经成为山的一部分。庄辉用色粉笔在手工纸上绘制的图像中，艺术家本人的肖像也进入构图,仿佛他幼年时的梦想成为了现实。

"庄辉·祁连山"仅是艺术家实现关于山水风景的长期艺术计划的第一步。通过四年对祁连山地区的观察与体验,庄辉逐渐与这片在文化上哺育他,并在他的意识中沉睡多年的土地建立起了某种个人关系。过往作品的多样性往往让人忽略了他的几乎所有创作背后都有一种自传元素在驱动。此次调用童年所见的山水也许是一种新的尝试——在他个人的社会经历与一个更大的文化传统之间搭建自然的通道,或者将他的集体存在转化为某种更为私人、更为持久的东西。就像庄辉对待生活与艺术的态度一样,此次的新作也是丰富与开放的,预示着前方一条更远更有意思的道路。

庄辉访谈(一):不在此地

杨青 采访

(一)

杨青:你最近的个展"祁连山系"引起了很多关注,表面上看对你以前的作品有很大的颠覆和突破,但是我觉得从头梳理的话,很多变化都是有迹可循的,所以我想和你从最初的经历开始聊起。你是从1979年进入工厂工作,当时的工人身份意味着什么?

庄辉:当时工厂已经不再招工了,如果是工厂的子弟,上一代人退休了你可以顶替,有"接班"一说。那时候工人的身份正好从老大哥到无产阶级转型,工人已经没有什么优越性,铁饭碗在瓦解,我进工厂的时候正好大锅饭开始出现裂缝。

杨青:那个时候除了当工人有没有别的选择呢?

庄辉：还有一个是当兵，也可以考大学，除此以外没有别的选择。当兵我眼睛视力不够，只有当工人这一种途径。

杨青：当工人可能是当时大多数人的选择，既然大家都是这样，其实是没有什么区别的。你会有不满足或者别的想法吗？

庄辉：别人我不太了解，反正我对当工人没有太多的兴奋，真的是无所谓的心态。我进去的第一个工种就是翻砂，翻砂和下煤窑差不多，进去的时候把工服换上，出来的时候要彻底洗一遍，每天的鼻孔都是黑的。而且主要是吃不饱，还没到下个月发工资就没有生活费了。

杨青：从1979年进厂到1992年创作第一件正式作品，这当中十几年的时间，你的主体身份都是工人，用艺术创作来表达是如何从这漫长的工厂生涯中孕育出来的？

庄辉：这要从更早的时候说起，涉及我对艺术对绘画一些最初的热爱。早期的启蒙和我父亲有关，他是肩背照相机到处行走的一个摄影师。那个时候没有照相馆，背着相机走到哪儿就在哪儿的露天钉一块布景，有兴趣的人就会过来拍照。我们在马克·吕布很早的照片里也看到过类似这样的生活影像，我父亲在1949年之前是这么一个角色。

杨青：到处行走，算不算居无定所呢？

庄辉：应该算，他们的生活是比较流浪的。我后来听别人说，1949年以后要修建兰州到新疆的兰新线铁路，我父亲当时在洛阳，他顺着这条铁路修建的进程先后去了西安、天水、兰州，都是这样一边行进一边给人照相，最后一直到乌鲁木齐。他觉得玉门这个小镇很安静，没有太多的人，也没有照相馆，就在这个地方安家，跟别的老乡开始合作搞了一个玻璃房子的照相馆，后来变成公私合营。我从小特别喜欢去他的照相馆玩儿，我记得父亲老的照片是玻璃底片，最有意思也最吸引我的是冲洗照片。把帘子拉开再合上就算是用自然光曝光了，放在盘子里的底片，一会儿就会有人影慢慢显现出来。而且父亲经常被请到附近戍边的兵团拍照片，父亲给他们拍合影，也拍单独的照片，都是由连队组织。这是我七岁以前的记忆。

杨青：你后来的《大合影》很像复制你父亲当年的行为，只是把你自己放进去了。

庄辉：所以我得往前回溯和你分析，所有的事都跟前世有渊源。

杨青：没有无缘无故的爱，也没有无缘无故的恨。

庄辉：玉门那个地方寸草不生，受到的文化影响比较少，这也算是一个比较小的启蒙。我从小就喜欢画画，小时候画的都是革命英雄，记忆最深的是连环画《英雄小八路雨来》。另外有机会接触画画还有一个原因就是"文革"。

杨青：精神生活特别亢奋。

庄辉：对，特别充奋。尤其是小孩，我们在小学每天上课的时间不是很多，挖防空洞和办黑板报都是当时比较重要的事。

杨青："文革"发动了各种宣传工作，全国上下都投入进来了，好像人人都受到一种历练。

庄辉：刚才说的是幼时受到的影响，到了十三岁我跟随出嫁的姐姐从甘肃回到洛阳。回去以后我们住在筒子楼里，邻居是一个画国画的老师，我就开始和他学画。老师也不让我拿毛笔，只是让我画素描，画小石膏球或者是三角形，有时候拿着工农兵形象丛书临摹，慢慢就这样一点一点地训练。后来社会上开始有了考大学的美术培训班，我白天工作，晚上就去工人文化宫这样的培训班去画画，基本上基础是这样打成的吧。

(二)

杨青：你1992年做第一件正式作品《为人民服务》的动机和由来是什么？是什么驱动你要做这件事？

庄辉：当时有一个大的环境，进入九十年代以后，整个中国的艺术界、思想界都掀起了反资产阶级自由化的运动。中国的发展走到了一个关口，如果当时一直沿着对西方全盘拿来的路线，现在看起来也是行不通的，否则不可能出现这么纠结的局面。艺术上也碰到同样的问题，但也不断地通过《中国美术报》《江苏画刊》《美术》杂志等等有限的渠道看到现代主义思潮的美术运动。渐渐我觉得非常不满足，那就是在艺术上产生的所有东西，实际上跟我们的生活不发生关系，和我们个体在今天遇到的问题也毫无交集。如何面对我们的现状，这个时候就显得特别迫切。我的青少年时期是在"文革"当中度过的，因为我们经历过"文革"，所以仍然有一种强烈的社会的主人公意识，尤其是还当过这么多年工人，总觉得这个世界所有的变化要跟自己的行为和命运联系到一起。1992年我做《为人民服务》就是在这样一个背景下开始的，这个作品实施的时候分为了农村、城市、工厂三个部分。

杨青：是有意识分成了三个场域吗？

庄辉：对，分成三个场域，对应三个时间段。

庄辉访谈（一）：不在此地

杨青：为什么在一个时间轴上铺陈这么长时间，大概都有三四个月了？

庄辉：也没有特别强烈的意识，自己当时没有多想，就是觉得要战线拉得长一点，后来发现我做事好像是有这个习惯。在不同的地理空间和时间发生同样的事情，这是最初的一个想法。

杨青：外出这么久，岂不是要经常请假吗？

庄辉：对，正常请假是不可能的，我通常都是先把假条给我的工友，让他们第二天再帮我递交，反正厂里知道的时候已是既成事实了。我虽然懵懵懂懂，但是有一个强烈的意识，就是我不在此地，我有其他的愿望。

杨青：但是当时做这种艺术是看不到希望和未来的，是这么一种地下的状态、被压制的状态，又没市场。

庄辉：有没有未来和市场我都不关心，仅仅就是喜欢。除了艺术还是活着的意义之外，其他都和自己的生命无关，这种热爱简直到了废寝忘食的地步。那时我上夜班的时间是从晚上12点到早上8点，下了夜班已经很累，但是仗着自己年轻，一下夜班就和朋友约着到郊外去写生。有一件事我记得特别清楚，有一年秋冬交季我和朋友骑车到洛河边上画风景，两个人各自画各自的，过一会儿他画完了叫我，我已经在那个土窝子里累得睡着了。

杨青：既然不好好工作，工人这个身份在你身上发生过太大作用吗？我听你这样说，觉得你在情感上肯定是没有接受这个身份的，好像是寄居在这个名义之身心都不在这里，所以要经常逃出去。但是我想这么漫长的工厂经历，应该或多或少都有烙印。

庄辉：实际上我跟这个工厂没有那么多的联系，和工友也比较少来往，下了班都是约画友一起画画，我们后来还租了一间十几平方米的房子做画室。现在也活跃在北京的几个艺术家，比如白宜洛、练东亚、李铁男，都是那时洛阳拖拉机厂的工友。

杨青：能够在工厂里找到这么多志趣相投的人也不多，工厂顶峰的时候工人有三四万吧？

庄辉：是的，加上家属可能有十几万人。那个时候画画的人多，工厂有自己的美术班，还有工人俱乐部，俱乐部专门负责做美术培训或者是书画交流的展览。这个跟洛阳的书画传统没有关系，应该是和"文革"的关系比较大。"文革"的时候都成立了工会，工会下面有负责搞宣传的工人俱乐部，黑板报大赛就是宣传的主要方式，需要培养插图骨干。我有时在黑板报大赛上又能派上点用场，其实我知道领导对我是又恨又气。

(三)

杨青：1998年有一个展览"是我"，这个题目非常直接和明确地提出了一个宣言，我理解"是我"的另外一种称谓叫"我是谁"。在二十世纪九十年代的一批实验艺术展览当中，我觉得"是我"和你的"大合影"的内在联系紧密度比较高，因为这个展览开始关注到艺术家看待个人与社会的角色等等关系。

庄辉：我的看法，与其说"我是谁"，不如说"我是我"比较准确。"我是谁"这个话题比较早就过去了，到这个时候就敢于正视"我是我"。二十世纪六十年代出生的一些艺术家对自己现状的关注非常强烈，一直到"是我"，有了这个阶段集体式的呈现，遗憾的是这个展览在开幕前就被封掉了。"是我"其实非常重要，和"89现代艺术大展"有完全的区别，我认为这是中国自己的当代艺术的开始。这个"当代"当然不是按照西方现当代划分的，可能用"当下"更准确一点。那个时候我们谈的都是当下的经验，正在经历逐渐向个人经验转化的过程。回到我做《为人民服务》的初衷，这句口号也是"文革"前后长期主导中国文艺路线的方针政策，我非常想做的是回到自己的现实来呈现工作。我在做这件作品的时候，朱发东也在做《寻人启事》，这些事情基本上就发生在1992、1993年之间。

杨青：你刚才说这是向个人化经验的寻找和转化，但是每个人的个人经验是不一样的，具体到你身上，为什么你关注集体化的这种社会结构，并诞生了《大合影》？

庄辉：这是由两个原因导致的。第一个原因我是在影像的范围里考虑的，我们从外来的资讯里看到新兴电子类媒体的出现，比如电脑、电视、数码相机等等，虽然还没有使用过，但是已经能看到新媒体的一个趋势，颠覆了对以前传统的影像的认识。我在思考影像和它的技术之间最初的关系，促使一个事物产生的原始动因是最有力量的，我很想在这个作品里强调影像最初的功能和意义。第一个原因是从大的社会环境来看，集体主义正在瓦解和消失，个人的生活和经验不断出现。中国历史上一直处在家国和集体制度之下，直到二十世纪九十年代之后开始松动、变化，我想这是一个历史转折的大时代。

杨青：这个时代和你1979年进厂时大锅饭开始出现裂缝也是一样的性质，都处在一个变革的点，而你抓住了这些点。

庄辉：这个阶段比较有意思，我要用最朴素的记录方式给它留下影像。

杨青：我觉得你的作品脉络是很清晰的，创作时间跨度都很长，每个作品都是时间和空间叠加的，比如说《为人民服务》《一个和30个》《大合影》。

庄辉：我想提到1999年我的另外一个作品《东经109.88°北纬31.09°》，这个也是空间和时间的关系。当时我在三峡大坝沿线的几个地方分别打了孔，2007年的蓄水大概到257米高的时候，我又派助手到这三个打孔的地方各做了30分钟的录像。三峡蓄水埋葬了中国一段非常重要的历史。我为什么派助手去而不是自己去？是因为我完全不忍卒看，你知道民族得以存活和延续下去的一个重要理由就是靠它的精神气质。我最近才看到当地诗歌的历史，三峡的奉节县产生过中国古代六七千首著名的诗词，杜甫三分之一的诗都是在这个地方创作的。刘禹锡、白居易、李白、杜甫、苏轼在这个地方来了又走，每个后来的人都会留下对前者的凭吊，一代一代相传累积下来这种文化。前段时间我正好去台北故宫看到宋代的绘画，南宋灭亡的时候让人感到这个民族似乎被彻底埋葬了，但是只要艺术还在，精神价值就能留存下来。所以我强调作为艺术家要明白什么东西是最重要的，否则的话就不值一提。

杨青：你对一个主题的关注，比如说三峡、大合影、玉门，在我脑海里浮现出来的图景，有点像是当年你父亲背着照相机的流浪，一个驿站接一个驿站在走。你似乎是在自己的谱系里行进，你对主题是怎么进行选择和评判的？

庄辉：做艺术"做"不重要，重要的是学习。每个作品从思考到完成实际上是一个自我学习的过程，往往通过一个作品的实施而帮我解决某个方面的问题。当作品呈现完成的时候，这个工作就结束了，如果对别的东西有兴趣我就再转到其他工作，所以我对下一步要选择什么并不是那么明确和具体。当然这种工作方式也有弊端，不过我喜欢活在当下的感觉，这会让你察觉到一些细微的问题和变化。

既然学习对于艺术家更加重要，那么你就要让自己保持比较敏锐的状态，你得像个精灵一样，对这个世界有敏感的察觉，让自己时刻能发现一些问题，时代则是你创作所投射的一个背景。在这个状态里你就会对你的工作方向做出选择。

杨青：做"玉门计划"的时候，也是由于你的敏锐和警觉而抓到的主题吗？

庄辉：这个有比较直接的原因，因为我妹妹就在这个城市。玉门市以前是政企合在一起，当地政府本来是以油田存活的，改革开放以后政企分家，油田归中石油管，市政归当地政府管，政府一下子失去了主要支柱产业。我妹妹一家就是属于市政单位的人,生活长期陷于困顿,我一直给他们提供经济帮助,后来就想去看看为什么生活会出现这样的问题。结果2006年去了以后才发现非常严重,然后简单调查了解到中国类似这样的城市原来有100多座,都面临同样的问题。我们那次回来以后又查了很多资料,考虑介入的方式,等到真的介入以后造访的频率更高。在之后那一年期间,我们为此走访了石嘴山、白银、大庆,还有攀枝花。当你翻过攀枝花的山往下走,黑的、黄的、红的、粉的各种烟到处冒出来,房子都是灰秃秃的,人在那里像小鬼一样拼命地炼钢。

杨青:这是资源枯竭型的发展模式,当不再有造血能力的时候,其实社会结构也会出现问题,像地下煤矿一样。

庄辉:我不想在这里搞纪实摄影,我是艺术家,我应该用自己的身份和方式介入到这个空间和事件里。我一方面要关注这个事情,另一方面还希望给艺术提供一个超越边界的平台。所以我们介入的方式是在玉门当地开设为期一年的照相馆,当然这个项目既有空间的因素也有时间的因素。

杨青:其实"玉门计划"相当于"攀枝花计划"、"大庆计划",可以这样说,它是这类城市或者是这种生活境况下人们共同的状态。

庄辉:不是状态,是最后的命运!看到人类膨胀的欲望,当时我是很绝望的，康学儒曾和我做过一个访谈，文章的名字就叫《没有未来》。你会觉得这个世界不是表面所描述的那样，科技的发展，人类驾驭世界的能力，全是神话，这些东西都不是真正的事实，你眼前的整个世界才是事实。我们也会在媒体上看到真相，但是你不深入进去就真的不知道具体细节。

杨青：面对这么严峻的现实状况，为什么你采用了这么温情的给家庭拍生活照的方式？

庄辉：因为我还是一个人，还保有良知和人性，我希望把玉门最后残存的表情保留下来。如果再过百年，当玉门成为历史以后，现场的照片也许不如这些人的形象更让观众揪心，更加有痛彻的感觉。

杨青：你二十世纪九十年代骑自行车去西藏时经过阿克塞哈萨克族自治县，2000年再去的时候就消失了，有点儿像玉门的隐喻。这种命运很像当时和牟莉莉留下的影像，只是牟莉莉这个影像当时是无意的，但是玉门是有意的，也许再过多少年就是历史存留的一个切片和证据。

庄辉：没有什么比人的肖像更能够传达出此时此刻人的精神活动，因为我相信当一个人面对镜头的时候，你的信息是被摄入在这个底片上，它会将此告诉后来的人。

（四）

杨青：你在"玉门计划"之前的作品都非常关注个体在社会转型期间的命运遭遇，那么之后的中国社会的转型只能说越来越剧烈。你为什么放弃了对社会的观察和介入，转而进入了戈壁滩的无人区，进入了祁连山里游荡？我认为这是一个特别耐人寻味的转变，希望你能谈谈。

庄辉：我在经历了"玉门计划"产生的思想上的困顿之后，觉得既然我们靠这种方式解决不了问题，那么我们应该怎么能找到一个参照系，让自己能够不断反躬自省。产生后来的转变可能有两个原因：一个原因是我觉得人解决不了自己的问题，往往走入困境的时候还不自知，而且欲望在到达了一定限度的时候已经变得忘乎所以，所以还需要另外一个参照系统，让人们能够看到除了现在这个世界以外还有另外的世界；另一个原因是刚才我们谈到现实当中有那么多问题，我们都在试图寻找解决方式，但是问题只会越找越多、越来越大，以至于我们忘记了最根本的东西，就是作为一个人活着的意义在哪里？活着的意义不是为了找问题而找问题，我们是否把其他更大的一个空间的事情忘记了。因为这两个原因，我开始离开了之前的创作轨迹，想要找一个更大的空间，这个空间就是现在我们看到的祁连山。

用一个具体作品来举例，《木工师傅边角料》那个作品产生的想法，就是我当时在木工房里看到木工把有用的板材都截走了，丢弃了剩余的一些形状奇怪的废料。当你把这些木块捡回来，用雕塑放大五倍做出来之后，突然发现它也是一个形状，它自己形成了空间。原本这个无形的空间我们是看不到的，是被忽略掉的，当我们现在所有的精力都集中在怎么样解决问题的时候，那个看不到的更广阔的空间反倒被我们丢弃掉了。

杨青：你所说的"看不到的更广阔的空间"应该怎样理解？

庄辉：就是指我们认识之外的空间，这个空间是无形的，它包括特别多的东西。比如说一种理性的和精神的价值体系，已经很少有人在谈这个东西了，我们一直在忙碌争执关于它的对错问题。这只是我们从无形空间当中随便找出来的可以感受的事物之一，我觉得人走到这一步的时候，应该要把自己放到一个更大的空间里看人类的这些活动和行为。

杨青：认识之外无形的空间也很大，自然只是其中的一部分，也可以包括宗教，但是你为什么落脚到了自然界的祁连山？

庄辉：因为我们现在认识的范围也就在自然当中，除了人的欲望之外，我们能感受到自然的存在。选择在祁连山也是因为它比较具体，观众能够感受到，我不希望把话题一下子拉到无限远的地方让人捉摸不到。我有哲学的思考，但我不是哲学家，我毕竟还是视觉艺术家，我的空间是靠视觉来打开，不是靠书本或者是言辞，所以还是必须有一个落脚的地方。

宗教虽然也是在欲望之外的，可是我对宗教没兴趣，因为宗教是一个过去式，并且在中国并没有真正形成过宗教。但是这不等于中国人没有精神生活，这就回到中国人讲的山水观念。中国历代知识分子有自己的精神归宿，那就是在山水当中，这个在绘画里体现得最明显。画里边讲究几法，其中就提到可观、可赏、可游、可走、可居，这几个都是人对自然和山水画赋予了精神的投射。我们没有宗教并不是多么遗憾的事，相反也许是更高级的层次。

（五）

杨青：“庄辉个展"也是很具有转折意义的展览，对于展览的方式、空间的定义和观众的观看都发生了改变，秦思源说"庄辉个展"是你对过去的一次告别，我个人反倒觉得"玉门计划"是告别，"庄辉个展"则是一个开始，从此之后开启了另一种工作方法和展览方式。

庄辉：我做"庄辉个展"其实特别想打开人对空间固有的认识。我们一般对空间的想象都在不断地设计当中，目的就是怎样形成一个展示空间。当我把设计这个概念全部丢掉以后，把作品放到戈壁滩，突然发现所有的设计是一个玩笑。也许我这样讲要招无数人的痛骂，可能会有人说这个无耻的艺术家，多少人都要靠设计这门行业生存下来。

杨青：这种变化也是很颠覆性的尝试，你不再设计空间了，或者说不再挑选空间了，这种重新寻找作品和空间之间关系的方式，会给你带来怎样的新的出发点？

庄辉：实际上就是打开人的空间意识，这个空间已经不再是具体到某一个白盒子、某一个建筑设计，而是时空。"庄辉个展"之所以会发生在这个地方，因为它和时空有关系，不是一个简单的空间。我也希望通过这种展览让我们看问题更宽阔、久远一些，人只要拥有了一个宽阔的眼界和心态，很多眼前具体的事情就会很容易解决，否则永远会陷入各种纠结。刚刚我们说的还有无数的问题等着我做，玉门之后还有无数个问题，那都是纠结的问题。

杨青：因为有了"庄辉个展"这次决绝的实验，有了这种对打破空间迈出去的一步，是不是才有了关联到祁连山的进一步的思考？

庄辉：这两个时期确实有关联，两条线既有平行也有交叉，在去戈壁滩之前就有出走祁连山。我觉得一个在生、一个在死，这两个时间关系上没有绝对的前后次序。

杨青：你在"庄辉个展"里面解释过这样做的原因，也包含了对艺术体制的反思。

庄辉：刚开始肯定有一些对应性的反思，后来觉得没有什么必要，这就是人类自己制造的游戏制度，在这个制度里大家的关系都特别单一，利益变得最重要。体制是一个很小的事，对艺术体制的反思其实也不需要，因为你打开的是另外一个空间，体制内所发生的事情都是无所谓的事情，这些在时空里边显得特别微不足道。

杨青：2014年你做"庄辉个展"的同时参加了一个群展"不在图像中行动"，展示的并不是作品的结果，作品记录的过程也并不是为了特定的展览而做，这也是一个非常特殊的展览。

庄辉："不在图像中行动"更多呈现的是一个艺术家工作的状态，而不是一堆视觉的产品。我觉得策展人是比较针对展览内部机制的一些问题展开探讨，这个话题恰好和你刚刚提到的我们现在艺术机制里的问题有关。

杨青：参加"不在图像中行动"这个展览也包含了针对体制的思考吗？

庄辉：我做完了"庄辉个展"才接收到这个展览的邀请，我感觉自己已经把"体制"这个事想明白了，所以这个对我来说没有太大的障碍。策展人看到我的"庄辉个展"之后就想把它放到"不在图像中行动"里，《安西风口》则是单独为这个展览做的。如果不是参与"不在图像中行动"，《安西风口》这件作品我就可能放在"祁连山系"展览里边了。

（六）

杨青：《安西风口》里拍摄的图像每两个小时自动回传到邮箱，拍摄是完全不控制的，而《祁连山-08》的录像是由红外线感应拍摄的，只有周围出现动静的时候才被激活，两个展览里的这两件作品都有某种不去控制作品发生的感觉。

庄辉：对，而且有一点，它的空间跟我们有一种隐隐的联系，比如两个作品都是把记录的仪器放在莫名其妙的地方，跟你有关系，但也没有直接关系，它只是自己拍了，发过来到邮箱里边。

杨青：我也感觉到这里面有某种内在的联系。"不在图像中行动"开启了另一种展览的视角，即呈现那些不可记录或者是无须被视觉展示的东西，这些会不会是跟"祁连山系"又有一个前后的逻辑关系？真正的东西并不在展厅里发生，而我们像一个滞后的二手资料的接收者,该怎么看这种展览的表达?

庄辉:我只能说说我的初步想法。既然我的前提是希望把另外一个空间给显现出来,我就在想如何显现的视觉方法,"祁连山系"相当于我把另外一个空间的东西在常青画廊这个地方显现出来了,我更多的是希望观众能感受到这个另外的空间的存在,而不是单单看我的作品多么的有意思和出彩,我不是为了这个目的而做。

杨青:也就是说你不是为了作品而做,也不是为了展览而做?

庄辉:对,我就是为了把那个空间给显现出来。那个无形的空间你总得用视觉传达出来,于是我从无形当中挑了一些有形状的显现,处理得不是特别过分,避免强调作品的完成度,或者是作品本身物质的那个状态会呈现到多么精确的地步。

杨青:你没有去强调作品的完成度,仅仅是因为"祁连山系"是你整个计划的第一步,抑或这是整个计划当中贯穿的原则?

庄辉:我想这个会有变化。"祁连山系"是这个项目的开始,第一步我觉得空间被显现是重要的,第二步可能根据我做艺术家的个人嗜好,慢慢地个人趣味就会出来了。下一步我会关注自己在祁连山这块地方感受到的另外的视觉经验,或者是个人体会更深刻的一些感官经验等等。以后也许会比较多呈现这些,可能在作品当中关注更多的是语言。

杨青:在"祁连山系"里面还可以看到你以前创作方式的一些延续,最近的像《安西风口》这种不受控制的拍摄,远一点的,例如一楼展厅里的在游荡中拍摄的几千张祁连山图片,经过高度的压缩,这个方式好像在《甲乙丙丁》的那个作品里也有出现。

庄辉:还真的是这样。《甲乙丙丁》那个作品都快消失了,它是1999年的作品,也使用了这种图片压缩的方式,当时是压缩成8厘米×15厘米的照片,模模糊糊有一点形状,没有"祁连山系"的图片压缩得这么极端。前后两个作品相比,前者是父亲,后者是儿子。

(七)

杨青:你从2011年就开始去祁连山,一直到今年做个展,在这个当中一定是有大量的素材搜集和创作的,为什么在展出时确定了常青画廊展厅里三个不同楼层的作品层次?

庄辉：这个展览交了一份大家看起来还算满意的答卷，秦思源功不可没。他的策展经验很丰富，工作也特别细致认真，也有国际视野。从2015年10月开始，我请他做策展人着手进行工作讨论，中间有一些小的变化，可是我们一直在保持讨论，有的时候我们可以一周讨论两次。这个展览的呈现不是特别具体的作品性很强的表现方式，而是包含了一些空间上的处理。我个人的经验，做展览一般来说要给观众有三个不同的观看阶段，否则的话就会显得非常单调，哪怕是一个绘画的个人展览。就算你没有三个阶段，也要多几个层次让别人去感受和观看，不然就特别单一。正好常青画廊有三个楼层，所以我们就做了对应的空间分配：第一层就是大自然；第二层是我个人在自然当中的投射；第三层是祁连山当地的人怎么看山和画山。

杨青：第三层的壁画很有意思，它提供了一种祁连山人观看山的心理视角。

庄辉：是的，我在祁连山一个庙宇当中发现了很小的壁画片段，是关于佛教里面的故事。我尝试用过油画和丙烯，但是都达不到壁画的墙面产生的那种滋润的感觉。这要归功于旦儿她这几年一直在画色粉画，我拿起来也并不陌生，而且我以前也画过板报，我就用色粉画尝试画了两三张，发现这个正是我要的效果：同样可以留下壁画的线条的痕迹，块面当你处理有两三层厚之后会产生很均匀的感觉，像是涂墙的质感，并且有纸质的温度在里边。

如果让我画祁连山，去表达人和山的关系，我可能处理的方法完全是透视学，或者是我们学过的一些视觉的方式来表现。可是当我把壁画画面当中的人移植到我的画面，我也就深刻体会到它为什么可以达到那种山和人的关系，只有一个特别简单的原因，这个原因和他们的想象力无关。

杨青：在当地人眼中，是不是山就等同于自己？

庄辉：对，就是这个原因！比如说现在这里就是一个空山，如果你走累了，就会打开羊皮袄躺着歇一歇，养足精神站起来继续走，渴了喝一捧泉水，饿了带着干粮补给一下，你和山是平行的。山既是山，但也不是山，只有在这样的状况下，你和山的关系才可能达到自由穿越的程度。这不是想象力的问题，这种感觉我们是感受不到的。刚开始我误以为壁画的画师是通过佛教的感觉达到了忘我的状态，然后进入到了天马行空的想象力当中，后来我发现不是这样，因为这个画师就是生于斯长于斯的普通人，他与山之间的心理自然而然能够随意穿越。

杨青：这个展览整个展厅的作品更像是一个整体的行为、一场行为的记录，我觉得艺术家在这个空间里用不同的方式把他的行为给显现出来了。

庄辉：这个问题实际上不是艺术家回答的，而是应该交由观众讨论。别人都在忙着做各种有意义的事情，都在工作室搞这个那个，而我实际上给人的感觉有点儿是在瞎转悠，山里边没事游荡游荡，拍点儿照片或者是捡点儿石头回来，你刚刚谈到这个行为是整个的气氛给外界形成的艺术家状态的认知。一个艺术家除了作品以外还是应该给外界带来一些有趣的话题。

杨青：到了祁连山这个阶段，你似乎也仍然在关注个体的存在。

庄辉：我也没有过度关注个体的存在，我只是离开了人群，离开了那种具体的关系。

杨青：在这个山里面是想发现另一个自己吗？

庄辉：跟自己没有太大的关系，但是也可以进入到这个空间里的自己的内心，能跟这个地方贴得更近。更近的话能发生什么事呢？我觉得能发生好多的事情。比如说你能够在这个地方感受到的某些东西，消化你身体里面的某些东西，至于日后会有什么样的作用也并不知道，这个反倒是我特别喜欢的一点。

杨青：未来有一些什么样的方向或者是可能性？

庄辉：任它流淌，自由地行走。我既然选择了祁连山这样一个没有人烟的地方，就是想撒点儿野，放开一点。

庄辉访谈（二）：每个阶段做每个阶段的工作

栾志超 采访

ArtWorld：从2014年在站台的"庄辉个展"到目前在常青画廊的"祁连山系"，这两个项目都是进入自然风景。我们先从风景聊起？

庄辉：在我看来，我进入的不是风景，而是山水。风景实际是一种色彩的进入方法。大学都有写生课，写生课是留法或留日这些早期的前辈带回来的学习绘画的经验。在中国古代实际上没有风景这个概念，中国存在的是山水的概念。我们先从素描开始学习西方绘画，其目的是用黑白铅笔通过空间关系来表达形体，素描是为了用黑白这样一个理性的方式来面对空间的概念。学习完素描以后便开始写生，学习色彩，进入到空间去面对风景。这阶段便开始强调人的感觉能力，从而激发视觉的敏感系统，而非刚开始的素描所需要的理智状态。山水其实是个世界观问题。我们讲山水的古训叫"搜尽奇峰打草稿"，和进入风景不同，进入山水强调的是行走和体验——强调身心体验和强调感觉系统是两个不同的入口。

ArtWorld：这两个项目都没有突出所在地点的具体特征，而是抽象化为某种普遍的、纯粹的自然。这是基于怎样的考虑？

庄辉：是的。实际上对观众来说是哪里并不重要，重要的是图像带给观众的角度。但对我来说，是哪里的重要性跟我自己的要求有关。我生长的环境就是一片什么也看不到的戈壁滩、无人区。在一个什么都没有的空旷田野上，我的想象力是打得开的；反倒是遇到青山绿水什么的我就懵了。这可能跟我自己的个人习惯有关。我不太强调作品最后的物质形状，重要的还是在这个时候、这个阶段，我在一个地方行走，在这个地方捡一些对我来说是宝贝一样的东西，拿到空间里来做展示和交流。重要的是我的行走和艺术状态，具体到一件作品物质上的饱满程度，我是略作减法的。

ArtWorld：包括"庄辉个展"中的作品形态和展览方式也是在取消作品，取消物质性的。

庄辉：是这样。我们现在的整个艺术制度实际离我们的初衷越来越远。我们的初衷就是绘画，但作为一个职业艺术家，进入到艺术制度比较成熟的阶段，却与初衷越行越远。这是需要警惕的。艺术家创作出来一堆类似产品的东西，变成了一个生产、销售、再加工、再生产、再销售的过程。个体的魅力逐渐被这个制度磨灭了。我已经五十多岁了，还能创作多少年？我希望把未来的时间多留给自己，更多地有一些自我表达、自己的思考空间，不去造物，不进入生产的环节。

ArtWorld：不去造物是不是也是创作从室内空间向室外空间的转化？

庄辉：实际上最开始的《为人民服务》《东经109.88°北纬31.09°》，以及《大合影》系列都不是在室内空间完成的。上世纪九十年代做《带钢车间》这种大型装置的时候，我没有工作室，只有一个两室一厅的房子，在当地租工厂做的作品。由于我的个人状态，不太适合在室内空间去深入地面对画布或某个问题。不是说在室内空间的创作就是物质性很强的，只是我个人的性格决定了这样的艺术创作方式——身体好，喜欢干活，无产阶级式的，喜欢有动作。

ArtWorld：这种创作方式牵涉到大量的行走以及与人的交流。但身体的投入部分在作品中反倒是不可见的。你在《大合影》中隐匿在几百号人里；"庄辉个展"只是穿插了一些像牟莉莉这样的个人性的元素；在"祁连山系"中，要么去除了你自己，只呈现对象，要么只让背影出现在图像中。这种相悖很有意思：一方面，身体在创作中历时弥久的投入对作品而言特别重要；另一方面，这部分又在作品中被最小化。

庄辉：对，这也是我考虑比较多的一点。但我做减法不是刻意地减掉，有些东西减太弱之后自己的样式也就不存在了。我尽可能让观众看到空间，而不是我。但没有我，展览和作品跟观众的内心视觉也发生不了交叉。我觉得这是一个度，一个伴随每个人成长至死还要考虑的一个问题。对我来说，就是找到一个恰当的度来平衡，让两方面的力量都显现出来。你的宽容度大，别人就进得了你的空间。这是一种内在的关系，艺术家一定要让观众看到自己的工作以及工作的方式。

ArtWorld：谈到"度"，"祁连山系"中的两件影像作品《祁连山系 - 04》和《祁连山系 - 05》记录了在山间假装绘画的行为。怎么控制这样一个绘画行为转化为影像作品的时间长度？

庄辉：时间是这样的——我首先是在表演，但也是真正投入的表演，颜料和画具都是真的。从开始画到结束，是我平时风景绘画觉得表达够了的时间，大概十多分钟。后来看下来，两个影像差了两三分钟。这个作品我拍了不止一个地方，最后选了一处山和一处水，是因为其中有的我觉得是在表演，从背影可以看出自己情绪的不确定。在最终选的这两段中，我起码忘记了背后的镜头。

ArtWorld：对作品和个展的绝对数量也有一个度的控制

吗？因为算上在常青画廊的最新个展"祁连山系"，你到目前为止只做了五次个展。

庄辉：我一方面做作品很慢，另一方面也没有特别合适的空间。走一步算一步，我希望创作更贴近自己的内心需要。只要我还保持着自己的愿望，创作就会像泉水一样慢慢流淌出来。中间阶段大脑空白的时候我就休息了，而不是硬做，硬做必然会被流放到戈壁滩。

ArtWorld：现在开始做"祁连山系"的总结了吗？就你个人而言，为什么最终展览是一个艺术家个展项目加一位策展人的组合方式？这次的空间设计及展览作品的选择是如何确定的？

庄辉：最近我在总结，每次采访对我来说都是总结，你问到的非常细节的问题对我来说都很重要。请策展人最重要的原因是可以打开自己的死角。一个艺术家自己的思路再开阔也还是一个人的思路，有时候根本意识不到自己的死角。进入到展览的体系中，它就是公共性的工作。创作是我个人的工作，我特别不希望别人介入；但进入空间展览的时候，我对空间的把握能力是有限的，策展人的经验及职业特征就是来完成这部分工作的。

空间的设计和布置得益于策展人秦思源的策展经验和对空间很强的把控。作品的选择挺纠结的，最后还是按照刚才所说的度的把握。《祁连山系-03》最初的原因是我在祁连山游荡了很久,日常拍摄的照片非常多。祁连山长有1000公里,南北宽窄不等。我在里面游走的时候发现祁连山是有南北之分的,我就想要把南边的山和北边的山区分开来,于是就用压缩的方式,一条一条地把南北分开。从心理的层面,我所有的经历都在照片当中了。观众可能看不到,但对我来说,我一看这块是黑色的,那大概是哪一年夏天去过的哪一块区域;那块是白色的,可能是冬天的雪山,等等。这就好像是把这些东西像一个密码一样储存了下来。对我个人来说有无数个记忆,但我不可能把每张照片都做出一个小样。《祁连山系-03》把多年的游历都叠拼在一起了。

《祁连山系-11》是我想要用速写的方式来处理我拍摄的很多山头,呈现出一些手感。但这个手感不是通过绘画,而是通过电脑来处理的。颜色也比较单纯,简单鲜亮的背景色,是我在祁连山时感受到的天气的气氛。有时候也没有那么多的层次变化,就是一块很平的颜色,像一个山的底色。这种强烈的视觉影响导致了我在这件作品中这样处理这些山头。

《祁连山系-08》这7件影像作品是希望让观众感受到祁连山真正的样貌。所以就在不同的地方埋放了红外线感应拍摄器,只要有热感应,有发出热量的动物过来,拍摄器就会自动打开拍摄1分钟。我把这些不同地方拍摄的电子卡片拿回家里在电脑上看。夜幕降临,各种动物都出来了。这个时候我就觉得人的力量是多么弱小。

庄辉访谈（二）：每个阶段做每个阶段的工作

ArtWorld：谈到红外线热感应的拍摄方式，之前的《安西风口》也没有对镜头做什么控制，把主动权交给仪器和自然。包括刚才提到的两件影像作品也是将镜头工具化，记录行为。包括展出的照片也是弱化了媒介，弱化了画面的内容，只是呈现为色彩和图像。

庄辉：在媒介的处理上，我的观点一向有点独裁和反动。我觉得媒介只是个工具，它最重要的作用是为艺术服务。安西风口是世界第三大风口，上世纪八十年代的时候火车就被吹翻过。我小时候在离安西几百公里的地方，经常听说有小孩被卷跑了。自然当中有一种非常奇怪的力量。我最先想到做《安西风口》的时候就在考虑要用怎样的媒介把它做出来。当时在网上发现了一种相机，可以控制什么时候拍摄，拍完的照片可以发到邮箱或手机上。当时我们到风口一带，把机器设置成每两小时拍摄一张照片，专门为它申请了一个邮箱接收照片。最后连着的几张照片都是黑色的，我觉得机器估计要死机，结果后来就消失了。这个拍摄就像你刚才谈到的把观看世界的角度交给了自然，机器有时候正好拍到太阳，那种光芒照射是我从来没有过的视觉刺激。如果我是把媒介作为主体的话，可能情况就发生变化了。所以我尽可能地调动媒介的特殊功能来为主题服务，包括这次"祁连山系"的那一组色粉画。我想把祁连山本地人对山水的认识挪移到我们现在的空间里，想把我自己也加到这些画里感受他们对山水的认识状态。我用了油画、丙烯，都非常失败，根本没有壁画带给我的质感。且儿画了有四五年的色粉画,我就想用色粉试一试,结果用色粉画了一张,觉得比较靠谱,有那种纸质感,又有厚度。那个厚度是粉的状态,一点都不飘,用平涂厚厚地一层层盖上去。我对媒介的选择往往是这么来的。

ArtWorld:从这个角度来说,你既不是材料先行,也不是观念先行,你是身体先行。

庄辉:我这个人喜欢什么事情都身体力行,个人经验多一些。我有意避开知识结构的部分,这跟中国在整个世界文化中的处境是有关的。我们的文化处境是弱势的,很多的文化概念是被翻译和移植过来的。我宁可自己笨一点,身体力行,琢磨到多少东西就干多大事情。另外,这也是我个人的内心需要。还有,我觉得艺术家既不是文化概念的传播者,也不是观念本身或者某种文化的反映。我觉得艺术家就是个体的存在,不是文化意义或技术层面的构成。我觉得个体在这个世界上给公共社会带来影响,或是提供观看的角度就够了。

ArtWorld:但其实不管是《大合影》还是《玉门》,尽管个体淹没在集体的图像海洋里,每个人仍然都无可替代地出现了。然而从"庄辉个展"到"祁连山系",有了一个从集体形象向个体体验的过渡。

庄辉:你说的没错。在"庄辉个展"之前的作品中,社会是底色和背景。但有一点是前后相通的：不管是《大合影》《带钢车间》，还是《玉门》，跟我自己的生活和生命是交织在一起的。底色可能从社会变成了自然，但我作为一个艺术家的状态是一致的。

ArtWorld：但其实如果真的要去谈无人区或者祁连山的文化、政治、经济、社会意涵的话，这些层面一定是存在的，只是你在作品中去除了。

庄辉：一个人朝着一个方向走久了，就会失去参照，甚至忘记自己的参照系统。这里要谈两个插曲。我和旦儿2009年合作创作了《木工师傅的边角料》，是我们去一个模型工厂看到很多废弃的小木块，比我们看到的很多雕塑都漂亮。我们就把它们拿了回来，用雕塑的方法放大五倍，做完之后再用丙烯把木纹复制上来。这些被丢弃的小木块放在一个展览空间的时候，空间就被显现了出来。空间是什么？没法界定，没有样貌，只有其他的东西才能让你发现另外一个空间的存在。还有一个插曲是我前段时间去洛阳龙门时想，如果没有北魏以来的浮雕、石雕，龙门这个山就只是山。然而有了这些石像，我们的注意力就在石像上，而看不到龙门这座山了。

ArtWorld：其实"庄辉个展"也有一个你人为地对空间的介入和改造。

庄辉：这个介入看上去好像跟龙门石窟相似，但我又觉得有所不同。不同之处在于，戈壁本来是一个空的无人区，我把作品放到了这里，这个空间才会被人注视。否则，我们可能不会去注视戈壁滩本身。人为的介入让空间的形体发生变化。如果极端地去谈的话，把作品放到戈壁滩和龙门石窟是一样的，都把空间具体化了。重点是怎么在空间里工作时掌握得当的度，空间实际上就是一个参考——在我们看石窟的时候，不要忘记龙门这个空间。

ArtWorld：最后谈谈《鸳鸯》《描摹吴哥》《中国绸缎》这几件和旦儿合作创作的作品。在整个的创作脉络中，这几件作品的线索某种程度上有些跳脱出去。能否谈谈当时的一些想法？

庄辉：是的，有时候必须承认自己的短板。2005年左右创作了《筒子楼》之后，我遇到了创作的瓶颈。旧的在个人集体主义的经验当中创作的思路我不满足，不想再这么深陷在自己的记忆当中去创作。记忆枯竭了，新生活没有开始，有挺长一段时间没有干活，还有一个问题就是自己的知识老化。大概就在此期间，我碰到了现在的妻子旦儿。旦儿比我年轻20岁，她年轻有活力，思路也比较简单，带给我生活新的气象。2006年以后，我们就开始慢慢试着合作做一些作品。最后的《玉门》我觉得自己的主题面貌回来了，做完了以后我们觉得还是应该分开创作——因为这样的一个状态很容易为了做作品一起讨论一个东西,然后开始工作。

2009年《玉门》结束以后,我很长一段时间什么也没干。2011年刚开始试图进入祁连山的时候,我没能一下进去,其中一个原因就是我自己的身体状况在变化。越过那个时间段后,看问题也相对宽一些,不会打破砂锅问到底了。年轻的时候有冲动凭自己的勇气想象来做事,现在会控制,勇气可能会弱一点。每个阶段做每个阶段的工作。我很早的时候对自己有一个小的要求。我特别希望作品展示在观众面前的时候就像一座山,每人去爬山、看山,会有不同的感受从多个方面进入;希望自己的作品不是趣味单一、指向明确的。我想尽可能让点消失在无形的空间里,不要让所有问题成为聚焦点。

四、经典文献

肉身公式

[法] 让-弗朗索瓦·利奥塔 文　白轻 译

塞尚曾对埃米尔·贝尔纳（Émile Bernard）直截了当地说：必须把面容当成一个对象来画。"如果我画出所有的蓝色小点和栗色小点，那么，我就让它们像看我一样去看。"面容（visage），人们过去所谓的脸（vis），看着我：面对面（vis-à-vis）的面容。当我是画家或作家的时候，它看着我正如我看着它。

塞尚的对象就这样看着。圣维托克山，苹果，黑城堡。调色板上搅拌的粉红色小点、绿色小点，作家在看似广泛的狭隘方言里收集的小词小句，就像亨利·詹姆斯（Henry James）或克洛德·西蒙（Claude Simon），他由此渗入了语言并在那里冒险，好让语言对他言说，在其位置上言说并且言说它自己——"细微的感觉"。画家说，微小的迹线，在其着迷的幅度中固守的虚无之痕迹，靛青色的远方，胭脂红的热气，或福楼拜（Flaubert）想染成棕褐色的包法利夫人的不幸——这微不足道的细微差别足以让面容从面容中浮现吗？

在视觉世界里,一切皆为面容。展现(faire voir)、绘画和书写的激情,不是展现可见者,好让人看到它,而是展现它身上那个看着你的可见者,也就是面容。面容,通过交错(entrelacs),把你的目光变成了一个可见的对象,而你,又用你词语和色彩的笔触,把你所看的物,变成你的视力超凡的闲语(commère en voyance)。在这里,我只是用物(chose)取代了对象(objet)。

闲语,物,因为,如我一般,它为之充当面容的那一视觉(vision),孕育了我们全部。塞尚清楚地、有力地看到了,山在看他。只有漫不经心的或低劣的哲学家才会从原则上假定,对象是盲的。然而,世界在看他们,而他们只相信自己,处在一种无所不见且无所不言的状态中。那么,心之眼(l'oeil de l'esprit)内在于思想,正如我们的肉之眼(les yeux de chair)内在于可感的世界。"纯粹的观念性",梅洛-庞蒂(Merleau-Ponty)写道:"既不是无肉身的,也不是摆脱了视域的结构:尽管这里涉及的是另一种肉身和另一种视域,纯粹的观念性也都是与之生死与共的。这就好像是使可感的世界获得生命的可见性,不是移到所有身体外,而是移入一个较轻的、更透明的身体中,就好像可见性交换了肉身,为了语言的肉身而放弃了身体的肉身,由此,它就不是摆脱而是超越了所有的境遇。"[1] 当苏格拉底询问正义、勇敢或虔诚

---

[1] 参见梅洛-庞蒂,《可见的与不可见的》,罗国祥译,北京:商务印书馆,2008年,第189页。

等理念的轮廓时,其简要的证明已从流俗的用法中向他走来,他任自己被它们所追问,期待他身上的精灵(daimôn)察觉它们的面容——同样,在其秩序中,塞尚怀疑一些山峰是否从山体中清晰地凸现,并竭尽全力地追随它们的真理。一旦进入了这个奇怪的领域,梅洛-庞蒂继续说,在那里,思维,根本不制造概念,而是和其思想的风景打交道,在那里冒险,试图围着它来转动,并让自身通过它来绕转和翻转,"一旦进入了这个奇怪的领域,人们就看不到从中走出来怎么会成为问题"[1]。

画家在其调色板上,作家、思想家在其左手的散乱纸张的末端,寻找色调,配制颜料,草拟必要的句线,不是为了恢复一张出现的面容的图像,而是为了抓住那正在看的面容的秘密。这不是说显现的神情标志了面容的潜在感知学(esthésiologie)——或其形而上学——因为只有当面容可见之时,它才在看,并且,它的真理必须在画布上看自身,或在书的字里行间读自己。

唯当意外或对可见者无感的意志已关闭了朝向面容的眼睛,唯当面具的坚实,以及那抵达其位置之物的不动声色的假面舞会,已取代了其不可把捉的肉时,面容才为盲目的模塑提供了把捏。留在其最终位置上的东西不再可见,亦不再观看。

视觉(vision)不是一个行为,它是一个先于动作和静止

---

[1] 同前,第188页。

及其构件的元素。神经末梢上连接的球体,视网膜的纤薄皮肤,水质的身体,晶状体透镜,如何这般巧妙地彼此镶嵌,以至于被解剖学和生理学视为精致的宝物——它们如何去看,它们如何"持有一个远处的世界"?皮层,那中心的电子仪器,或者整个的身体,它们如何去看,如果它们不已经沉浸在视觉里了?有必要想象一个自行地不可见的环境,某类透明的水,一种以太,它在静止的层叠中折合自身,一下子,就在其未完成的连接所留下的间隙里,诞生了可见者和视者(le voyant),一张面容,一次面对面。

艺术家和作家在其折叠的时刻抓住了这个元素。这正是他们在面容中看到的东西,其对于所见(vu)和视者的双重固有性(inhérence),并且它从不与其自身完全一致直至构成一体。因为存在(Être)的这一运动的两个构成成分,我看和我被看,如果它们相互交缠,就始终难以混同,所以,面容既是明证,又是幻影,如此的在场悬于存在的浪涛,且因一种本体论的跛足而拒绝憩潮。

仿佛一种轻微的中心偏移维持了你的视点(point de vue)和我的视点之间的距离,哪怕它微不足道,并使得我的场域从不完全就是你的场域,也不是山从中看着我们的那个场域。在绝对的连续体里,在世界和凝视(regard)的整体(conventus)里,有一种微弱却永恒的失落。视觉从这一裂缝中长出,如一朵花。如果你的面容和我的面容能够混同,在彼此之中混同,我们就看不到我们了。如果我们属于一些异质的实体,如果我看着你的时候,我是一个精神,你是一个肉体，情况就不再如此。看（voir）要求一击，它需要狭窄的亲密与距离的视域。在《眼与心》中我们读到，视觉是一种"狂热"，因为"看就是保持距离"。[1]

塞尚《枫丹白露的岩石》

"存在的自恋"，我们在同样的纸页中读到。但没有拢合（accolement），没有含并（accolade）。美丽的镜子磨得光滑，在精确的对称中，其反射可谓如此地忠实，其光学能够如此完美地进行表达——这也萦绕于文艺复兴的绘画技艺——这镜面甚至还保留了一个谜：那就是，一张面容，对自身而言并不可见，乃至于它在那里，在它之外，映照自身，揭示自身，被另一张面容所看，因此，在一个它无法对其自身采取的角度下，在一个它看不见的空间中，它并不认得自身，而当它迎面注视自己时，那空间就包围了它的背部和侧面。

然而，它的整个身体知道这个空间，知道它在此位置上注视的就是它，在和它自身如同和一个他者（autre）的相遇中，空间弯曲了。也就是说，它迎娶了视觉元素（élément-vision）的沉默的拱形弧线，正是这弧线让可感之物（le sensible）具有了感觉，正如当我的手触摸我的另一只手或别

---

[1] 参见梅洛-庞蒂，《眼与心》，杨大春译，北京：商务印书馆，2007年，第42页。

人的手时，这样的交织（chiasme），梅洛-庞蒂说，使得自身感觉的东西感觉到了自身，然而，作为可感的东西，它却有感觉。我们的面容，那喀索斯（Narcisse）的面容，亦是如此：我们认为，世界通过它和其自身相遇了，它会在自身之上，以一个打结的姿势，自身交错并自身环闭。但不，接合没有位置，总已经打上的那个结从未系紧过，凝视与其所谓之客体的股线没有缠在一起，它们还在寻找彼此。面容不允许任何的占有。甚至一切邻近的东西，它在那里，也加以悬置和回置。

尽管我试着接近它以触摸它，但随着这样的位移，我的整个世界也发生了移位，别的"那里"（là-bas）在我背后，在我周围浮现，而你皮肤的微粒，当我把鼻子放到其上方时，亦发生了后撤，就如荒漠里一个沙丘的地平线。思想也是如此：我自认为持有一个观念，能够对之进行构想，而当精神的手把捉它时，我的观念就像是一窝昆虫：它四散开来，在更远的地方等我，难以分辨。那喀索斯能够俯下身子，但他的面容不会进入其面容的影像。蒙娜丽莎也会在《蒙娜丽莎》中徒劳地寻找自己。肖像（portrait），我们清楚地知道，（在意大利语中）被称为 ritratto：面容的真理被回撤（retirée）了吗？不，它就是回撤（retrait），是视觉的开裂。

面容在那里吗，它在那，或者，它不在那？当克里特岛的埃庇米尼得斯（Épiménide）说自己是克里特岛人时，他没有撒谎，但他也撒谎了，因为克里特岛人都是骗子。在那（y être）之那（y），在不可反驳的事物的先行明证中，就是那里

(là),而在它仍然不可企及的意义上,又不在那。这就是面容的"状况",正如梅洛-庞蒂说的,是肖像凭借形象或凭借书写所追求的东西。视觉的(我会用意大利语说 visives)或文学的作品,和普遍的视像(vue)一样,沉浸于视觉元素,它们是和世上的客体一样的肉(chair),或许只是更轻,正如我们读到的那般,但未从世界中脱离。

塞尚《浴者》

这个古老的词语"肉",希腊语的 sarx,拉丁语的 caro,总是阴性的,它能够在异教的诗学正如在圣保罗的救赎论中,指定一个由死了的或注定要死的质料构成的身体所具有的奇迹和谜题,而一种气息的触摸,心灵(psuchè)或灵魂(anima),则把真正的生命,归还或给予了这个身体。在两个情形中,肉都诞生于两个饱满且异质的实体的结合,也就是,质料(matière)和那非物质(immatériel)的气息的结合。为了让它不知如何构想的这个肉得以可能,一种如此尖锐的二元论,要诉诸什么呢,如果不是恩典的话?

身体与灵魂的划分,一种实质的划分,源于这样的思想,它渴望摆脱它对于世界的内在性(immanence),试图遗忘其作为肉的自身,并且,在"明视"(voir clair)的托词下,它深深地切入了被给予者(le donné)。那么,为了把概念所分开的东西重新统一起来,一种天意的恩典事实上就是必需的了。但如果肉就是现象学家尝试描绘的这"从内部被加工的块体"[1],如果这加工属于一种总在默默进行的分娩的工作,并且后者把其在场和其距离授予了世界的面容,如果思想承认这肉对于其自身的先在性并把肉置于开端,如果思想用肉的名字把实存(existence)指定为永恒的开始与向着自身到来(venue à soi),那么,恩典就变得多余,最微小的视觉和最普遍的面容已被一种宽恕(rémission)触及,那种宽恕既不是偶然的,也从不是得到了的,实存。

然而,实存意味着加重其悖论,仿佛它不得不欢庆,而不满足于享受,它自己的出生(naissance)。所以,人们绘画,人们写作,不是为了再现、复制那里呈现的东西,而是为了展示(faire voir)不可见者,正是不可见者让在场的谜题或奇迹得以可能。镜子、画作、相片、浮雕、圆锥,广义(这是真正的意义)上的肖像,旧石器时代的洞穴岩壁上描绘和雕刻的母牛、野牛和奔马的肖像,苏巴朗(Zurbarán)画的一个泥罐的肖像,它们让面容转入第二种潜能。艺术不回避肉,它响应肉所固有的开裂,并把这一开裂写入表象(apparence),它追求那在肉当中形成的敞开与显现(apparition)的工作,它不过是对肉的一个潜在又显露的探问。

作为那喀索斯水中倒影的那幅不由自主的肖像已然勾勒了这一回转的运动。表面纵然无比光滑,但那喀索斯注视的那张面容却在液体的流动的底部漂移,因为液体的密度和折

---

[1] 参见《可见的与不可见的》,第182页,有改动。

射能力难以保持恒定。水试图在各个地方流出，落到最低处，它在其重力的影响下缓缓推动自身，这就是为什么，它闪光的表面，我们说，以一种哪怕微弱的方式，拆解了，驱散了，重组了，再造了面容的影像——给鼻子、面颊、眼睛添加一些体积、一些线条、一些仍然看不见的潜在的色彩，偷走一部分既定的、可以辨认的轮廓，以至于当那喀索斯靠近自身时，他便揭示了一个关于其自身的公式，这公式让他震惊，也让其他的一切目光震惊，如果那还不是艺术家或作家的目光的话。

无疑，这个怪物般的影像仍是水的囚徒，它不在一个可以由一切凝视所通达的时间内写于石头或纸张这样的介质上。它同样勾勒了艺术所固有的探问：从其逐渐的消逝中呈现的东西，如何在那里？

塞尚笔下的圣维克托山

"在那里让自己被画家看到的正是山峰本身，画家通过注视拷问的正是它。确切来说，何者为画家之所求？他之所求乃是揭示那些手段——那些可见的手段而非别的手段：借助于它们，山在我们的眼里变成为山。"梅洛-庞蒂补充说："光线、明亮、阴影、映像、颜色，画家所求的这些客体并非全都是一些真实的存在：就像那些幽灵一样，它们只有视觉上的实存。它们甚至只处在常人视觉的阈限之上，它们不能够被普遍地看到。画家的注视向这些客体询问它们如何被捕捉到，以便让某种东西突然出现，以便构成世界的这一法宝，以便让我们看见可见者。"[1]

绘画，写作，召唤面容的幽灵过来将它们萦绕。这些是想象物（des imaginaires）吗？不如说是形象化之物（des imageants），它们构成了可见者，作为其既不客观也不主观的维度。面容拒绝表达（expression），也拒绝印象（impression），它向艺术索求其可见的真理，其维度性（dimensionnalité）。风景在我身上思考，塞尚说，而我是它的意识。风景，就是面容，而所谓的意识并非关于它的清晰的思想，而是让可见者之问题显得可见的肉身模态。

无度的维度：在度量或被度量。对分散的凝视而言不可见的手段：借助于它，山峰、泥罐或野牛把自身给予了观看。乌尔比诺展出的《塞尼加利亚的圣母》的面容块体持有其圣洁的在场并被一道由灰色和深宝石蓝构成的黯淡光辉、一片熄灭的赭色和一束印度玫瑰所持有。其实存的维度，其"肉身公式"（formule charnelle），受到了皮耶罗·德拉·弗朗切斯卡（Piero della Francesca）的目光和姿势的接待，并根据这狭小的调色板，将自身写于木头上。当贝克特八十岁时，他的面容布满皱纹，眼窝深陷，如两个钻孔，通过把自身暴露给格线和黑点的唯一维度，它保留了其秘密。"六种红色，五种黄色，三种蓝色，三种绿色，一种黑色"，塞尚的调色板充满

---

[1] 参见《眼与心》，第44页。

暖色、冷色，以及黑色，它们被细微的笔触结合为原始色调，足以给出事物、对象、面容、风景的深度和无尽保留，而不草拟其轮廓："当色彩达到丰盛之际，形式亦趋于完满。"

若你还没在你身上制造空虚，就不要让你的画笔在纸上画下芦苇茎干的曲折线条。研究、学习你应知道的一切，然后忘掉它们，好让你的视觉和你的姿势不因你的老师而怀有偏见，也不受束于你的特异体质。中国和日本的论著向书法家-画家介绍了这个要在对象的面容前进行抹除的守则。所以，芦苇或许会在画笔下诞生，如果画笔以此开始其线条的话。至于达到这一贫乏所需的时间，则不可计量了。塞尚等候了数个小时，眼睛布满血丝，才让圣维克托山把其可能的出生交到他手上。马蒂斯像一头镇住了猎物又被猎物镇住的捕食动物，带着其利爪，扑向了画纸。

唯一的问题在于，面容所显示的可见性是否让面容所藏有的秘密的可见性，其超凡的视力（voyance），在绘画、摄影或雕塑的肉中产生了回响。眼睛将在那里依附于它所打量（dévisager）的东西，眼睛还有胳膊、手和画笔，那个要求去看的陌异的身体，与此同时，它也让自身被其对象所看，外部转入了其临时的内部。一种肉迎接另一种肉的图像并力求找到其公式，甚至其亲密的挂毯，好在一种公开的介质上，将它完全展现出来。

这样一种联姻，是神秘的吗？这，正如我们已经提到的，不如说是不可见的超凡视力及其呈现（présentation）的分娩。绘画或写作在那里同时充当了子宫、血浆和助产士；而从肉